本研究得到2021年江苏省高等教育教改研究立项课题

高职体育专业课程体系构建与实施

——基于现代学徒制视域

刘会平 著

GAOZHI TIYU
ZHUANYE KECHENG TIXI
GOUJIAN YU SHISHI

上海社会科学院出版社
SHANGHAI ACADEMY OF SOCIAL SCIENCES PRESS

图书在版编目(CIP)数据

高职体育专业课程体系构建与实施：基于现代学徒制视域 / 刘会平著. — 上海：上海社会科学院出版社，2023

ISBN 978-7-5520-4117-0

Ⅰ.①高… Ⅱ.①刘… Ⅲ.①体育—课程—教学研究—高等职业教育 Ⅳ.①G807.4

中国版本图书馆 CIP 数据核字(2023)第 070363 号

高职体育专业课程体系构建与实施
——基于现代学徒制视域

著　　者：	刘会平
责任编辑：	路　晓
封面设计：	杜静静
出版发行：	上海社会科学院出版社
	上海顺昌路 622 号　邮编 200025
	电话总机 021-63315947　销售热线 021-53063735
	http://www.sassp.cn　E-mail: sassp@sassp.cn
照　　排：	上海碧悦制版有限公司
印　　刷：	上海龙腾印务有限公司
开　　本：	787 毫米×1092 毫米　1/16
印　　张：	13.5
字　　数：	329 千
版　　次：	2023 年 6 月第 1 版　2023 年 6 月第 1 次印刷

ISBN 978-7-5520-4117-0/G·1255　　　　　　　　　　　定价:68.00 元

版权所有　翻印必究

前　言

体育在中国大国崛起的过程中扮演重要角色,加快体育产业发展、促进体育消费、深化体育事业改革已成为我国体育事业发展的主旋律。全民健身已上升为国家战略,体育产业的发展关键在人才。党的十九大报告指出:"完善职业教育和培训体系,深化产教融合、校企合作""建设知识型、技能型、创新型劳动者大军,弘扬劳模精神和工匠精神",都是中国特色社会主义新时代对职业教育提出的新要求。

学徒制作为最古老的职业教育形态,具有重要教育价值。现代学徒制等新型人才培养模式在西方发达国家焕发新的能量,德国"双元制"提供了蓝本,英国在此基础上发展了现代学徒制,世界职业教育界重新认识学徒制的价值。

本书运用文献资料法、文本分析法、问卷调查法、个案研究法、访谈法等研究方法,对国家政策文本、行业社会背景和我国职业教育发展等进行分析研究。通过提出研究目的和价值,结合个案研究,分析现代学徒制模式下,高职教育体育类专业课程体系的构建方法与过程,构建基于现代学徒制特色创新的高职体育类人才培养的科学课程体系。

本书的主要内容包含以下几个方面。

(1)问题的梳理与洞察。通过对文献资料、政策文本的分析,明确新时代我国职业教育发展的新动态与新方向,明确国家大力推进现代学徒制的深层次的缘由,探讨现代学徒制在职业教育过程中的价值,并梳理高职教育体育类专业现代学徒制培养高素质技术技能人才的现状、问题与困惑。

(2)全面分析现代学徒制的历史发展实践价值。通过文献资料法、对比研究法等对现代学徒制的发展历程做全面的梳理分析,对世界上推进现代学徒制比较成功的几个主要国家进行深入分析,并在此基础上分析我国高职教育实施现代学徒制的实践历程,探讨现代学徒制的课程论基因与教学论价值。

(3)深入研究高等职业教育体育类专业的建设。通过对高职教育的发展及专业设置等全面研究,对体育类专业的发展历程与现状进行分析,并以体育运营与管理为例,总结当前体育类专业在专业建设、课程体系建设方面所面临的瓶颈与难点,探讨现代学徒制对高职体育类专业人才培养的启示与意义,指出重构其课程体系的必要性。

(4)构建基于现代学徒制的高职体育类专业课程体系。首先,在对高职教育课程体系构建的原则与逻辑路径分析的基础上,对现代学徒制的课程论基因进行分析;其次,从新知识观、建构主义、新制度主义等教育学、心理学、社会学等视域分析其理论根源与基础;再次,从课程目标、课程内容、课程保障、课程实施和课程评价等方面构建基于现代学徒制的高职体育类专业课程体系。

(5)个案研究。对江苏省 W 高职院校体育运营与管理专业课程体系的构建背景、构建过程和实践创新做全方位分析,进行专业课程体系设计,构建适切高职教育发展特点的,在实施方面具有可操作性,在体制机制运行等方面具有现实可能性的现代学徒制人才培养模式。

通过对以上五部分的研究分析,得出以下主要结论。

(1)新时代职业教育发展背景下,现代学徒制人才培养模式具有重要创新价值。现代学徒制的创新价值主要体现在,把传统学徒制、现代职业教育与新的时代背景和情景有机融合,由此,校企"双主体"协同育人的新的人才培养模式,成为新时代我国职业教育改革趋势和创新举措之一。

(2)现代学徒制的教育过程蕴含着原始的课程论基因。学徒制的教育过程具有以下特点:职业生涯发展目标明确;教育过程与工作过程统一;学习内容以实用为导向;按照任务的复杂程度展开教学。

(3)构建了基于现代学徒制的高职体育类专业课程体系。

从职业能力、认知结构、技术实践知识、技术理论知识 4 个层次来构建现代学徒制人才培养模式下的体育运营与管理专业课程目标。

根据对目标体系、专业职业面向的分析,将现代学徒制人才培养模式下的体育运营与管理专业的课程内容分为 4 个课程模块,即职业素质养成课程模块、专业基础技术技能课程模块、岗位(群)技术技能课程模块、学徒个人职业发展需求课程模块。

保障体系主要包含引导校企深度融合的各项法规政策、校企"双师型"师资队伍、功能完善的实习实训基地、完备科学的组织与制度和丰富的课程资源等方面。

实施体系包括通过专业调研论证、职业岗位要求分析、岗位任务分解和课程结构分析等程序对职业能力进行分解,从行动领域到知识领域实施构建体育运营与管理专业课程体系,通过选取典型技术任务(项目)、序化典型技术任务(项目)、知识领域分析、模块化课程、螺旋式模块课程体系 5 个步骤,形成螺旋式模块课程体系。

最后,确定了课程评价的 3 个一级指标,即课程建设标准、课程实施过程、课程实施效果,以及 8 个二级指标,即课程目标、课程内容、教学方法与手段、支撑条件、活动主体状态、学生学习效果评价、校内评价、社会评价,并确立了相应的评价指标权重和方法。

(4)提出了基于现代学徒制的高职院校体育类专业建设实施对策。通过个案分析,从学徒、企业、学校、政府、行业以及制度等视角,提出具体措施。

目　　录

第1章　绪　论 ··· 001
　1.1　研究背景与研究缘起 ··· 001
　　1.1.1　中国特色社会主义新时代体育产业发展对体育专业人才的需求 ····· 001
　　1.1.2　我国高等职业教育人才培养质量和培养模式的反思 ··········· 003
　　1.1.3　国际高等职业教育实践教学模式的启示 ···························· 006
　　1.1.4　自身工作过程中的困惑与反思 ·· 008
　1.2　核心概念界定 ·· 008
　　1.2.1　高等职业教育 ·· 008
　　1.2.2　现代学徒制 ·· 010
　　1.2.3　高职体育类专业 ··· 012
　　1.2.4　课程体系 ·· 015
　1.3　研究目的与研究意义 ··· 016
　　1.3.1　研究目的 ·· 016
　　1.3.2　研究意义 ·· 017
　1.4　研究方法与技术路线 ··· 019
　　1.4.1　研究方法 ·· 019
　　1.4.2　技术路线 ·· 021
　1.5　文献综述 ·· 022
　　1.5.1　高等学校体育专业人才培养研究 ····································· 022
　　1.5.2　高等职业教育人才培养模式研究 ····································· 024
　　1.5.3　现代学徒制研究 ··· 027
　　1.5.4　高职体育类专业课程与教学改革研究 ······························ 030
　　1.5.5　实践课程与教学研究 ·· 032
　　1.5.6　高等职业教育专业课程体系研究 ····································· 033

第2章　现代学徒制的起源及实践 ·· 036
　2.1　学徒制的起源与发展 ··· 036
　　2.1.1　传统学徒制 ·· 036
　　2.1.2　现代学徒制 ·· 038

2.2 国外现代学徒制的发展 ·· 039
2.2.1 德国"双元制" ·· 039
2.2.2 英国现代学徒制 ·· 044
2.2.3 美国注册学徒制 ·· 048
2.2.4 日本现代学徒制 ·· 051
2.3 现代学徒制的本土化发展及实践 ······································ 053
2.3.1 我国发展现代学徒制的时代背景 ······························· 053
2.3.2 我国发展现代学徒制的实践历程 ······························· 054
2.3.3 现代学徒制试点工作的全面推行 ······························· 056
2.4 现代学徒制的课程论特征 ·· 058
2.4.1 独特的教育过程 ·· 059
2.4.2 丰富的课程基因 ·· 060
2.5 现代学徒制的教育学价值 ·· 063
2.5.1 现代学徒制视域下职业知识的表征 ··························· 063
2.5.2 现代学徒制视域下教育价值的实现 ··························· 065

第3章 我国高等职业教育体育类专业的发展现状 ····················· 067
3.1 我国高职教育体育类专业人才培养的背景与现状 ············ 067
3.1.1 我国高职教育体育类专业人才培养的背景 ··············· 067
3.1.2 我国高职教育体育类专业人才培养的现状 ··············· 072
3.2 现代学徒制培养模式对高职体育类人才培养的启发 ········ 074
3.2.1 高等职业教育人才培养模式类型与特征 ··················· 074
3.2.2 高职体育类专业实施现代学徒制的创新 ··················· 076
3.3 重构课程体系：提升高职教育体育类专业人才培养质量的必然选择 ····· 078
3.3.1 国内外高职教育课程体系构建的类型 ······················· 078
3.3.2 重构高职体育类专业课程体系的意义 ······················· 080

第4章 基于现代学徒制的高职体育类专业课程体系构建——以体育运营与管理专业为例 ······································· 083
4.1 课程体系构建的指导思想 ·· 083
4.1.1 基于学生发展的指导思想 ··· 084
4.1.2 基于职业分类的指导思想 ··· 085
4.1.3 基于社会发展的指导思想 ··· 085
4.2 课程体系构建的逻辑路径 ·· 087
4.2.1 目标确定：专业课程体系构建的基础 ······················· 087
4.2.2 知识生成：专业课程体系构建的核心 ······················· 087
4.2.3 课程匹配：专业课程体系构建的关键 ······················· 088

4.3 高职体育类专业课程体系构建的理论基础 ……………………………… 096
　　4.3.1 新知识观 …………………………………………………………… 096
　　4.3.2 建构主义学习理论 ………………………………………………… 098
　　4.3.3 新制度主义理论 …………………………………………………… 098
　　4.3.4 利益相关者理论 …………………………………………………… 099
4.4 基于现代学徒制的高职体育运营与管理专业课程体系构建 …………… 101
　　4.4.1 基于现代学徒制的高职体育运营与管理专业课程目标体系 …… 101
　　4.4.2 基于现代学徒制的高职体育运营与管理专业课程内容体系 …… 108
　　4.4.3 基于现代学徒制的高职体育运营与管理专业课程保障体系 …… 112
　　4.4.4 基于现代学徒制的高职体育运营与管理专业课程实施体系 …… 116
　　4.4.5 基于现代学徒制的高职体育运营与管理专业课程评价体系 …… 124

第5章　个案研究：江苏省 W 高职院校体育运营与管理专业现代学徒制的实践探索 …………………………………………………………… 138

5.1 江苏省 W 高职院校体育运营与管理专业现代学徒制实践背景 ……… 138
5.2 江苏省 W 高职院校体育运营与管理专业现代学徒制实践举措 ……… 140
　　5.2.1 人才培养机制举措 ………………………………………………… 140
　　5.2.2 人才培养模式举措 ………………………………………………… 141
　　5.2.3 课程体系建设举措 ………………………………………………… 142
　　5.2.4 课程资源开发举措 ………………………………………………… 144
　　5.2.5 教学团队建设举措 ………………………………………………… 144
　　5.2.6 教学条件建设举措 ………………………………………………… 145
　　5.2.7 教学组织管理举措 ………………………………………………… 146
　　5.2.8 质量监控评价举措 ………………………………………………… 147
5.3 基于现代学徒制江苏省 W 高职院校体育运营与管理专业人才培养方案 … 149
　　5.3.1 人才培养方案（学校）……………………………………………… 149
　　5.3.2 人才培养方案（企业）……………………………………………… 160
5.4 基于现代学徒制江苏省 W 高职院校体育运营与管理专业课程实施对策 … 167
　　5.4.1 加强政府引领，完善法律法规建设 ……………………………… 167
　　5.4.2 吸纳行业协会，借鉴行业协会标准 ……………………………… 168
　　5.4.3 激发企业动力，提升企业参与活力 ……………………………… 169
　　5.4.4 优化共育方案，创新合作机制体制 ……………………………… 169
　　5.4.5 加强制度建设，配套组织管理办法 ……………………………… 170
　　5.4.6 强化学徒权益，保障培养学习质量 ……………………………… 170
　　5.4.7 加强顶层设计，制定行业职业标准 ……………………………… 171
　　5.4.8 举办技能大赛，提升专业培养质量 ……………………………… 172
5.5 基于现代学徒制江苏省 W 高职院校体育运营与管理专业课程与教学"诊改" … 174

第6章 主要结论与后续思考 ·· 177
6.1 主要结论 ··· 177
6.1.1 新时代职业教育发展背景下,现代学徒制具有重要创新价值 ········ 177
6.1.2 现代学徒制的教育过程蕴含原始的课程论基因 ··················· 177
6.1.3 构建了基于现代学徒制的高职体育类专业课程体系 ················ 178
6.1.4 高职体育类专业实施现代学徒制项目的具体对策 ··················· 179
6.2 后续思考 ··· 179
6.2.1 寻找两平衡点:现代学徒制中的学校与企业、理论与实践 ·········· 179
6.2.2 完善顶层设计:探索建立现代学徒制国家标准 ····················· 181
6.2.3 维护师徒关系:从教育关系到生产中的互动 ························ 181
6.2.4 思考专业差异性:是否所有专业都适合现代学徒制培养 ············ 182
6.2.5 考量学历延伸性:现代学徒制的学历层次与培养对象 ·············· 182

参考文献 ·· 184

附 录 ·· 193
附录1 调查问卷 ··· 193
1.1 "基于现代学徒制的高职体育类专业课程体系建设"调查问卷（教育专家）··· 193
1.2 "基于现代学徒制的高职体育类专业课程体系建设"调查问卷（校内专业教师）·· 196
1.3 "基于现代学徒制的高职体育类专业课程体系建设"调查问卷（企业师傅）··· 199
附录2 访谈提纲 ··· 202
2.1 "基于现代学徒制的高职体育类专业课程体系建设"访谈提纲（企业师傅）··· 202
2.2 "基于现代学徒制的高职体育类专业课程体系建设"访谈提纲（学校教师）··· 203
2.3 "基于现代学徒制的高职体育类专业课程体系建设"访谈提纲（学生/学徒）·· 204
2.4 "基于现代学徒制的高职体育类专业课程体系建设"访谈提纲（课程专家）··· 205
2.5 "基于现代学徒制的高职体育类专业课程体系建设"访谈提纲（企业领导）··· 206
2.6 "基于现代学徒制的高职体育类专业课程体系建设"访谈提纲（学校领导）··· 207

第 1 章 绪 论

1.1 研究背景与研究缘起

1.1.1 中国特色社会主义新时代体育产业发展对体育专业人才的需求

党的十九大报告指出:"中国特色社会主义进入了新时代,我国社会主要矛盾已经转化为人民日益增长的美好生活需要和不平衡不充分的发展之间的矛盾。"[1] 2017 年 2 月 24 日,习近平总书记曾指出,"少年强则中国强,体育强则中国强,推动我国体育事业不断发展是中华民族伟大复兴事业的重要组成部分"。可以看出,体育事业作为民族伟大复兴事业的不可或缺的重要组成部分,其奋斗目标不能置身事外,游离于"人民对美好生活的向往"。新时代中国体育事业发展目标的必然体现和内在诉求,就是将"人民对美好生活的向往"作为奋斗目标。体育自身"不平衡不充分的发展"导致了体育不能满足人民"美好生活"的基本需要。这种不平衡和不充分的现象表现在场地、政策和产业结构等方面。要想更好地解决这一不平衡不充分的现象,国家在大力发展体育产业的同时,应不断提升专业体育人才的培养,从而提升体育在履行中国特色社会主义新时代中的使命和担当[2]。

要想实现中国梦,需要全体国民具有强健的体魄。众所周知,体育最重要的功能就是强身健体。中华民族伟大复兴是全中国的梦想和愿景。在这个复兴过程中,需要伟大的、强有力的具有中国灵魂的中华精神做支撑。中华体育精神是中国体育事业发展历史中形成的宝贵财富,为中国梦的实现提供了强大的精神动力。与此同时,中国梦的实现还需要有丰富而多元的物质支撑和财富基础。并且近年来,中国体育产业的快速发展,极大地推动了体育消费,进而有利于产业结构调整,促进经济增长。中国梦的实现需要全体中国人的努力,也需要得到全世界各个国家的肯定与赞赏。体育与生俱来的参与群体广、娱乐性强、社会影响大等特点正好可以成为中国梦和中华精神对外传播的

---

[1] 习近平.决胜全面建成小康社会夺取新时代中国特色社会主义伟大胜利——在中国共产党第十九次全国代表大会上的报告[N].人民日报,2017-10-28.
[2] 周细琴.体育在中国特色社会主义新时代的使命和担当[J].武汉体育学院学报,2018(3):5-10.

媒介。

体育在中国大国崛起的过程中扮演着非常重要的角色。习近平总书记等党和国家领导人多次强调了实现伟大复兴中国梦的历史进程中体育不可替代的重要作用。近现代世界历史发展的经验也显示,世界各大国崛起的过程其实也是各国体育强大和崛起的过程,甚至体育的崛起被提到"优先崛起"的地位,成为带动大国崛起的一份重要力量和昭示渠道[①]。2015年2月,习近平总书记在有关会议上提出,实现中华民族伟大复兴的中国梦与中国体育强国梦息息相关[②]。

随着中国社会经济的快速发展,中国体育事业也得到较大发展空间,体育消费已然成为国民消费的重要组成部分。体育在全面深化改革、建设小康社会的历史潮流中不能缺位,可以也应当发挥不可替代的作用,为强国富民贡献力量。同时,国家的顶层设计、政策支持为体育产业发展提供了制度保障和资源扶持,体育产业正迎来其发展的黄金时期。2014年10月,国务院印发《关于加快发展体育产业促进体育消费的若干意见》(国发〔2014〕46号)(以下简称《意见》)。《意见》明确提出,2025年中国体育产业总规模要力争超过5万亿元。这一重要文件的发布,表明加快体育产业发展、促进体育消费、深化体育事业改革已经成为我国体育事业发展的主旋律。2019年,国务院办公厅印发《关于促进全民健身和体育消费推动体育产业高质量发展的意见》(国发〔2019〕43号),全方位、多层次、立体化地提出高质量发展的路径,明确体育产业的新方向,体育产业迎来新的更大的发展机遇。无论是社会经济发展还是人民身体健康水平都与体育产业和体育事业的发展密切相关。国务院的战略目标表明,国家非常重视体育的发展。起点和目标不仅是促进经济发展,也是为了民生。在中国改革开放的现阶段,体育已经成为经济结构调整的重要突破,促进了新兴服务业的发展,培育了新的消费热点,有望成为促进经济社会可持续发展的重要力量。

全民健身已上升为国家战略,体育产业的发展也成为推动体育发展方式转变的新切入点。体育产业的发展关键在人才,作为体育市场较为活跃和重要的行为主体之一,体育产业类人才有着举足轻重的作用,主要表现在开发体育商业价值、活跃体育市场方面。当前,我国体育产业从业人员占总就业人口的比例约为0.4%,但美国体育产业从业人员占总就业人口的比例达到2.5%。这表明我国体育产业人力资本严重不够,体育营销、俱乐部管理人才严重不足,高水平的体育职业经理人更是罕见,所以,体育产业发展的需要就难以得到满足。《意见》专门提到"鼓励有条件的高等院校设立体育产业专业,重点培养体育经营管理、创意、设计、科研、中介等专业人才"。

---

① 牛晓东.试论体育发展与大国崛起[J].体育文化导刊,2013(4):5-8.
② 林扬.论体育在实现伟大复兴中国梦中的地位——基于习近平系列讲话的解读[J].南京体育学院学报(社会科学版),2016(05):25-29.

作为国家培养人才的重要阵地,高等职业教育应以全民健身提升到国家战略地位为契机,通过人才培养战略的实施,尽快培养出大批能够适应社会需要的、高质量的体育专门人才,促进体育产业化进程和社会经济的发展。

所以,对体育专业人才培养的理论及实践进行研究有着重要的现实价值和意义。

1.1.2 我国高等职业教育人才培养质量和培养模式的反思

党的十九大报告在提到职业教育的内容时,指出"完善职业教育和培训体系,深化产教融合、校企合作""建设知识型、技能型、创新型劳动者大军,弘扬劳模精神和工匠精神",都是中国特色社会主义新时代对职业教育提出的新要求。

近年来,我国高等职业教育发展规模逐渐增大。据教育部统计,截至2018年,全国共有普通高校2 663所,其中高职(专科)院校1 418所;全国普通专科招生368.83万人,占普通本专科人数的46.63%;全国普通本专科在校生2 831.03万人,其中普通专科在校生1 133.70万人,占总人数的40.05%[1]。高等职业教育的规模已经占据了高等教育的"半壁江山"。高等职业教育在高等教育从精英教育模式向普通大众教育模式的过渡中承担着重要功能,为全国适龄青年接受高等教育和掌握就业的技术技能提供了更多帮助。

近年来,国家对高等职业教育越来越重视,于1996年就已颁布实施《中华人民共和国职业教育法》,成为世界上最早以立法形式明确实施高等职业教育的国家之一。高等职业教育事业快速发展,教育教学改革成果显著,为社会培养了大批高素质技术技能人才,为推动社会经济发展做出了重要贡献。据《2015中国高等职业教育质量年度报告》(以下简称《报告》)数据显示,2010—2013年高职院校毕业生毕业后的就业率和平均月收入都呈增长态势。其中,就业率达到91%左右,2010—2015年,月收入提高了59.1%[2]。同时,高等职业教育在发挥教育脱贫、阻断贫困代际传递等方面,也起到十分重要的作用。《报告》数据显示,2014届高职毕业生当中,有91%的是家庭第一代大学生,52%的毕业生家庭背景为"农民",高于本科院校[3]。

但是,我国职业教育在发展过程中还存在着诸多与社会发展需求等不相符的现象,教育教学理念有待更新,人才培养质量有待提高,办学条件有待改善。为了加快我国现代职业教育的发展,党中央、国务院近年来做出一系列重大战略部署,深入实施创新驱

---

[1] 教育部网站.高等职业教育已成高等教育半壁江山[EB/OL].http://www.moe.gov.cn/jyb_xwfb/s5147/201606/t20160629_270038.html.

[2] 中华人民共和国教育部网站.《2015中国高等职业教育质量年度报告》发布[EB/OL].http://www.moe.edu.cn/jyb_xwfb/s5147/201507/t20150723_195187.html.2015-07-23.

[3] 中华人民共和国教育部网站.《2015中国高等职业教育质量年度报告》发布[EB/OL].http://www.moe.edu.cn/jyb_xwfb/s5147/201507/t20150723_195187.html.2015-07-23.

动发展战略,对社会经济发展创造更大人才红利、加快转变方式、调整结构、促进升级具有非常重要的意义。

高等职业教育应在国家职业教育政策的指引下,服务发展,促进就业。培养什么样的人才?如何高质量地培养人才?如何提升职业教育在国家经济社会发展过程中的服务能力?国家必须进行全方位的职教体系改革,完善体系建设,加强深度产教融合。为此,国家发改委等部门与国家人社部联合于2016年发布《关于编制"十三五"产教融合发展工程规划项目建设方案的通知》,指出在5年期间,国家各部门将加大投资力度和广度,支持部分符合条件的优质高职院校与行业企业深度合作,深化产教融合、校企合作,提升办学质量。《高等职业教育创新发展行动计划(2015—2018年)》[①]提到了"坚持教学改革与提升院校治理能力相结合""推进专业课程体系的构建工作与教学模式的改革工作"。

学徒制是全球范围内一种历史久远的职业教育形态,其以师傅带徒弟、"做中学"的特征成为传承社会知识、技术与文化价值的方式,现重新被教育界发掘出它的强大生命力。在大工业时代,机械化的生产体系高速发展导致学徒制失去了其魅力,学校职业教育的兴盛,导致知识与技能的传授方式发生重大变化,也导致学徒制被边缘化。在当今高等职业教育深入探索改革路径的过程中,现代学徒制等新型人才培养方式与途径在澳大利亚、英国、法国、丹麦等西方发达国家焕发出新的能量,成为职业教育战略发展新的选择。我国职业教育大力推进的"工学结合"与西方学徒制的发展初衷有相似之处,对职业教育的人才培养起到了很大的作用,但仍存在学校比较主动、企业有所顾虑的"一头热"现象等问题。

同时,职业教育在发展的过程中,逐渐呈现出重理论轻实践等弊端,逐渐被社会产业界等忽视。尤其是20世纪以来,科技迅猛发展、经济全球化趋势、产业结构愈加丰富,职业结构发生巨大变化,产业界发展对劳动者的综合素质和专业能力提出了更加严格的要求。以德国、英国和日本等为代表的国家采取的经济发展方式,使人们深切体会到职业教育与企业培训相结合的魅力。在此时代背景下,世界职业教育界逐渐重新认识学徒制的价值。德国"双元制"为现代学徒制的发展提供了蓝本,英国在此基础上发展了带有自身国家产业发展特色的现代学徒制,被认为是职业教育改革史上的成功典范。为什么一度被摒弃的民间性育人模式,如今又重新获得青睐呢?技艺传承从最初的学徒制教育到学校教育,再回归现代学徒制教育,是简单的教育循环,还是教育思维模式的革新与变革?中国的"学徒制"基因与西方的"学徒制"基因有何不同?只有对以上一系列问题进行深入思考,才能把握现代学徒制教育模式回归的动因与动向。

---

① 中华人民共和国教育部网站.高等职业教育创新发展行动计划(2015—2018年)[EB/OL].http://www.moe.edu.cn/s78/A07/zcs_ztzl/ztzl_zcs1518/.

高等职业教育体育类专业在体育类高素质技术技能人才培养过程中,必须顺应现代职业教育改革,才能体现职业教育的生命力和优势。体育运营与管理专业可以探索以现代学徒制模式,开展人才培养道路,构建课程教学体系。通过校企双方组建优秀的教学团队,充分发挥校企双方优势,全面践行校企全程双元育人模式。学生在学习期间,学校和企业根据职业发展现状,共同制订人才培养方案,进行全方位地指导和技术技能的训练。中国要想成为"智造大国",必须提升行业技能和产业质量,必须实施现代学徒制等职业教育改革,为企业提供更多优秀人才,提升企业核心竞争力。

高等职业教育的课程体系是决定教育实施的方向的重要因素,对人才培养目标的实现起到重要影响。对高等职业教育课程体系的研究,是目前高等职业教育的热点与亟待解决的问题。近年来,国家及相关部门对高等职业教育全面推进现代学徒制都做出一系列的工作(见表1-1)。

表1-1 国家及部门领导关于现代学徒制重要讲话观点

时间	发言人	发言场景	主要言论
2014年2月	李克强	国务院常务会议	开展校企联合招生、联合培养的现代学徒制试点
2017年2月	陈宝生	全国教育工作会议	推广现代学徒制,明确学徒双重身份,形成校企联合招生、联合培养长效机制,真正实现校企一体化育人
2011年10月	鲁昕	现代学徒制实践经验交流全国研讨会	发展中国特色的现代学徒制是发展职业教育生命力的重要手段。也可以有效解决中国产业核心竞争力的困境
2016年8月	王继平	加快发展现代职业教育的行动指南	全面推进现代学徒制试点,探索校企双主体育人模式,实现教学过程对接生产过程
2016年12月	王扬南	教育部首批现代学徒制试点工作经验交流活动	把握质量核心——质量是现代学徒制培养矢志不渝关注的核心
2017年11月	林宇	全国现代学徒制工作专指委成立大会	推进我国职业教育和国家劳动用工制度的紧密结合,实现更高形式的校企合作、产教融合

本书拟根据《教育部关于开展现代学徒制试点工作的意见》(教职成〔2014〕9号)的要求,以国家相关政策会议精神为指导,以实地调研为基础、理论研究为辅,以信息技术为手段,结合体育运营与管理类人才紧缺、健身行业与市场发展势头强劲等有利条件,对体育运营与管理专业在政策引导、企业参与、联合招生、人才培养、体制完善,以及师资建设等方面的建设与创新机制进行大胆实践和探索;并基于个案研究进行课程体系设计,构建适切高等职业教育发展特点的,在课程教学实施等方面具有普遍可操作性的,在体制机制运行等方面具有现实可能性的现代学徒制人才培养模式,切实提升体育类专业人才培养的质量,大力推广现代学徒制在高职院校体育专业中的广泛应用。

因此,梳理现代学徒制的发展背景、现状及存在困惑等方面的问题,考量我国高等职业教育发展的现实特征,借鉴发达国家的实践经验,可以把握职业教育教学的本质特征,通过创新实施人才培养模式提高人才培养质量。依托江苏省的健身市场和高等教育资源,通过构建全面科学的基于现代学徒制的课程体系,探寻一条适合我国职业教育改革的道路,建设具有我国高职特色的体育运营与管理专业,培养高质量的体育类(体育运营与管理)专业人才,具有非常重要的现实意义和必要性。

1.1.3 国际高等职业教育实践教学模式的启示

高等职业教育是我国职业教育的高级阶段,无论是规模还是国家重视程度都占有举足轻重的地位,在加快推进社会主义现代化建设进程中具有不可替代的作用。

高等职业教育的培养目标决定了其办学特色必须注重实践能力的培养,要求以培养技术应用能力为主线。其专业课程是整个课程体系中非常重要的组成部分。通过综合运用所学的知识和技能解决实际问题,在具体的实际职业工作中进行实践,逐步培养科学的职业意识、职业情感和职业道德,提高学习过程中的专业技能。它是高等职业教育区别于学术性、工程性高等教育的根本特征。实践性课程建设和教学模式的成败直接关系高等职业教育人才培养质量的高低。它在高等职业教育人才培养中占有举足轻重的地位,因此显得尤为重要。

在国际上,实践课程教学在许多发达国家的高等职业教育实践中占有很大的比例和重要地位。为了培养学生的职业技能,英国的多科技术学院普遍实施"三明治"文凭课程,包括第一年学习、第二年实习和第三年学习。将理论与实践相结合的"三明治"课程在企业界很受欢迎,因为它们允许学生在毕业后立即掌握专业技能并立即工作。德国职业教育体系始终注重实践和严格的培训,加拿大能力本位教育 CBE(Competency Based Education)课程设计模式也是典型代表。

德国职业教育的课程设计是以职业活动行为过程为导向,将基础知识和专业知识合理地结合到专业知识体系中,重视培养"广基复合"的职业技术人才。同时,增加学生的实践课程和实习学分,增强学生对企业生产经营的适应能力,使他们能够尽快就业和适应岗位的要求。

加拿大的课程设计分为两个步骤:第一步是开发 DACUM(Developing A Curriculum)表;第二步是准备课程大纲。DACUM 表是一个由大学邀请的企业代表组成的委员会,为负责分析和总结该专业应具备的综合能力而设计的。首先,将相同或类似的知识分类在一起形成教学模块(即课程),然后仔细安排课程。根据基本专业和实际工作需要,构成教学大纲。这种课程设计不仅有助于激发企业的积极性,而且可以在很大程度上避免培训目标脱离现实的现象。

高职院校课程体系与教学体系必须有法律的保障。西方国家在职业教育立法保障方面做法值得借鉴。比如德国,其职业教育的双元制就是建立在法律基础之上,《职业教育法》《实践训练师资格条例》《青年劳动法》和《职业促进法》等法规在课程体系、实践教学等部分都明确了企业必须深度参与的责任。美国政府为了推动学校和企业合作,1982 年制定了《职业训练合作法》,1988 年颁布了《美国经济竞争力强化教育、训练法》,1990 年颁布了《帕金斯职业教育法》,2018 年颁布了《强化 21 世纪职业与教育技术法》,等等一系列法规,积极倡导社区学院与当地企业开展合作教育,强调职业教育的有效性与合作关系;日本有专门组织机构,比如产学恳谈会等,作为联系企业界与学校的桥梁,对人才的培养目标和要求提出反馈;英国政府也强调了企业与工商界等的责任与义务,颁布了《面向 90 年代的就业》白皮书,充分发挥企业、地方工商界的作用①。

有了国家层面的法律保障,行业对职业教育的参与更加深入。澳大利亚政府对职业教育课程有严格的规定。专业设置和课程设置依据行业组织制定的专业能力标准和国家统一的认证体系,具体内容和安排由企业、专业团体、高校和教育部门共同制定,并继续根据劳动力市场的变化进行调整。课程开发由国家或相关课程开发机构负责。澳大利亚教育部规定,行业咨询委员会的专业设置权、指导教学计划和教学大纲由教育部教育服务部门制定。德国双元制课程的实施是以校企双方合作为基础的。教学计划的制订基于两个方面:一是参与制订教学计划;另一种是基于政府或行业设置的标准。学校按照国家总体教学计划实施理论课程;企业按照联邦培训条例在企业内实施实训课程培训。

有了法律的保障和行业的深度参与,部分西方国家职业教育的校企合作程度非常高。德国"双元制"教学形式不同于纯学校制度形式,是企业与学校职业教育形式的结合。企业接受学生实习,不仅让学生学习知识、技能,还让学生感受到公司的关怀和良好的前景。企业经常选择优秀的工程技术和管理人员作为培训教师。政府还将对企业给予一定的优惠政策,规定企业的职业教育费用可以包括在生产成本、免税等方面。澳大利亚政府非常支持建设培训基地,各行业通过帮助学校建立培训基地和接收学生实习,参与学校的实践教学工作。大学与企业合作办学被认为是加拿大职业教育的亮点。学院通常设立咨询委员会,是学校与企业之间的中介。通过委员会的协调,让学生交替工作和学习进行理论研究和野外实习。这不仅加强了学生的理论知识学习,还培养了学生的实践技能。

在我国,校企合作取得了许多实践和理论成果,但是仍有许多方面需要澄清。例如立法和利益相关者之间的利益平衡。基于以上情况,学生实行企业实习效果和质量难以得到保障。在课程开发中,行业和企业人员参与较少,课程规划和职业要求仍然模糊不清。鉴于此,现代学徒制人才培养模式为高等职业教育人才培养开创了一条新的道

---

① 廖波光.高职商务英语专业实践课程开发[D].长沙:湖南农业大学,2008:35.

路,提供了更多的可能性。

1.1.4 自身工作过程中的困惑与反思

当前,开办高等职业教育体育类专业的高职院校逐渐增多,在人才培养过程中,课程实施与专业建设都面临着诸多共性的问题与矛盾。比如:体育运营管理类人才的社会需求与学生就业难之间的不协调;人才培养目标没有考虑与社会行业发展前景、用人单位需求相吻合,与本科体育管理类专业人才培养模式重叠;等等。这些问题导致了高等职业教育体育类人才培养的"趋同"和"双供需"。如何从课程体系重构、创新人才培养模式等角度来改善学生的培养质量,满足社会发展需求,是高职体育专业教育面临的现实问题。因此,在深化全民健身活动和群众体育文化市场的快速发展的同时,高职院校体育类专业的建设应以社会需求为导向,面向服务,深入与用人单位的合作,积极推进改革和创新,特别是与用人单位进行深度合作、与产业进行深度融合的培养模式创新研究,成为体育运营管理人才培养面临的关键。

要想改变人才培养模式,提升人才培养质量,首先必须转变教育教学理念,从教育学原理出发,进行科学的课程体系设计,突出高职院校人才培养的职业性、实践性和专业性,坚持与企业进行产教深度融合,企业全方位全过程参与人才培养各个阶段。虽然选择高等职业教育为研究领域有太多的局限性,面临着诸多的无奈,但是一定是有价值的研究。确定研究方向与论文主题的过程也是一个结合自身的工作经历和反思的过程,即努力寻找高职体育类专业学生在学习和培养过程中有价值内容的过程。

1.2 核心概念界定

1.2.1 高等职业教育

关于教育的阐释,因为社会发展时期的不同,对其内涵与定义有着许多不同的见解与阐述。在西方教育史的研究历程中,关于教育,有代表性的观点主要有 5 种表述①②③④⑤(见表 1 - 2)。

---

① 吴式颖.外国教育史教程[M].北京:人民教育出版社,1999:64.
② [捷克]夸美纽斯.大教学论[M].傅任敢,译.北京:人民教育出版社,1984:39.
③ 吴式颖.外国教育史教程[M].北京:人民教育出版社,1999:266.
④ 吴式颖.外国教育史教程[M].北京:人民教育出版社,1999:292 - 293.
⑤ [美]约翰·杜威.民主主义与教育[M].王承绪,译.北京:人民教育出版社,2001:14.

表1-2 西方国家教育概念代表性观点

序号	主张者	观点	内涵
1	柏拉图	隐喻说	教育即"灵魂的转向",教育培养人从可见世界上升到可知世界,即看到真理、本质、共相(理念),认识最高的理念——善
2	夸美纽斯	"生长"说	人人具有学问、德行和虔信的种子,但这些种子不能自发地生长,需要凭借教育的力量。"只有受过适当教育之后,人才能成为一个人"
3	卢梭	自然教育	教育的核心是回归于自然,要求遵循自然天性,儿童在自身的教育和成长中取得主动地位,无须成人的灌输、压制和强迫
4	裴斯泰洛齐	完整的人的发展说	"教育意味着完整的人的发展",教育应使儿童的德、智、体诸方面的能力得到均衡、和谐的发展,成为个性"完整的人"
5	杜威	生活说	教育即生活,教育即生长,教育即经验的改组或改造

在我国教育研究史中,教育有广义定义与狭义定义之分。广义上说,凡是增进人们的知识和技能、影响人们思想品德的活动,都是教育。从狭义上讲,教育主要指学校教育,即教育者根据一定社会(或阶级)的要求,有目的、有计划、有组织地对受教育者身心施加影响,将其培养成一定社会或阶级所需要的人的活动[①]。作为一种社会实践活动,教育具有以下基本特征:教育首先是一种教学双方主体参与的实践活动;教育是个体与社会相互耦合的历程;教育活动具有"动力性";教育行为是在一定的社会背景下发生的。所以,教育与一定的社会政治、经济和文化等条件存在联系,教育活动具有社会性、历史性和文化特征[②]。

高等职业教育作为我国高等教育的重要组成部分,其发展水平与质量是体现一个国家综合实力和经济社会发展水平的重要标志。与高等职业教育的相关定义有,"高等职业教育属于第三级教育层次的职业技术教育,包括就业前的职业技术教育和从业后的有关继续教育"[③]。"高等职业教育第一属性是高等教育,目的是培养高技术的专门人才"[④]。王根顺等人将"高等职业教育"解释为"学习职业技能,培养技术技能型高级专门人才的实践活动"[⑤]。陈英杰认为:高等职业教育的本质属性是高等教育;社会属性是行业教育的高级形式;表现属性是有明确的层次实体;发展属性是终身教育的初级

---

① 全国十二所重点师范大学联合编写.教育学基础(第2版)[M].北京:教育科学出版社,2008:3.
② 全国十二所重点师范大学联合编写.教育学基础(第2版)[M].北京:教育科学出版社,2008:4.
③ 教育大辞典编纂委员会.教育大辞典[Z].上海:上海教育出版社,1990:134.
④ 张海峰,王义谋.高等职业教育概念的科学界定[J].中国职业技术教育,2002(18):34-35.
⑤ 王根顺,王成涛.高等职业技术教育的概念、性质与作用初探[J].当代教育论坛,2003(6):89-92.

形式①。

综上所述,本书拟从如下角度定义高等职业教育:高等职业教育是界定在高等学校教育范围之内的,处在全日制高等学校教育体系的专科学历层次,简称高职教育,是以培养高素质技术技能人才为目的,以技术知识为主要内容,通过对教育对象进行职业能力、职业道德和职业精神等教育的应用性教育。

1.2.2 现代学徒制

在正规的职业学校诞生之前,学徒制已经以职业教育的形式存在,并且逐渐成为知识、技术和文化传承的主要形式。学徒制的初始形态最早存在于奴隶社会,在历史发展过程中一直都以各种形式存在于行业与经济社会中。18世纪下半叶,产业革命的发生使得社会生产主要依靠高效率的机器,学徒制已经不能符合日益精细化和生产过程流线型的发展速度,师徒之间、学徒与雇主之间存在更多不可调和的矛盾。学徒制的弊端日益显露,不可避免地被学校形式的职业教育所替代。然而,职业学校的偏重理论轻实践的弊端使得职业学校毕业生越来越不受行业欢迎。

20世纪初以来,全球经济的快速发展和高科技在各个领域的广泛运用,各个产业领域的结构发生了翻天覆地的变化,相应地,人们对从业者的能力和知识结构有了不同以往的要求。日本、德国等国家的经济发展态势较多地采取了生产与职业教育领域的培训深度结合。学徒制在世界职业教育改革的进程中逐渐得到重新认识和恢复。作为职业教育史上成功的典范,英国和澳大利亚在德国"双元制"的基础上,发展出了各具特色的现代学徒制。各国传统学徒制都衍生出更多的内涵和价值,被冠以"现代学徒制"名称②。

"现代"虽然是一个有时间属性的词,但是与历史意义上的时代发展概念并非一致的。一般认为,世界范围内的历史学意义上的"现代"是从1917年(俄国十月革命)划分的。而中国历史发展的"现代"史主要有两种观点。一种观点认为,1919年五四运动到1949年新中国成立之间的历史称作中国现代史③。另一观点认为中国近代史和现代史是以新中国的成立为分界点④。

西方学界认为,现代学徒制的发展最早追溯至20世纪60年代,当时,德国进行了"将学徒制现代化"(modernizing the apprenticeship)的改革实践。1969年"双元制"的诞生被认为是现代学徒制的开端。2003年,英国政府宣布实施"现代学徒制计划"(modern apprenticeship),被认为是世界上第一个从国家层面以现代学徒制推行的职业教育改

---

① 陈英杰.高职研究中概念和问题的梳理[J].职业教育研究,2006(09):4-6.
② 熊苹.走进现代学徒制[D].上海:华东师范大学,2004:8.
③ 王桧林.中国现代史·上册(第二版)[M].北京:高等教育出版社,1989:序.
④ 张海鹏.中国近代史和中国现代史的分期问题[N].人民日报,2009-11-20(7).

革①。从此引发包括中国在内的世界各国教育界的关注。

通过以上分析,可以发现现代学徒制是由一种由传统学徒制发展而来的知识技能传承传授方式,是企业培训与现代学校教育在一定社会背景下的融合。现代学徒制作为创新校企合作途径与方式,与传统学徒制有较大区别②③④⑤⑥(见表1-3)。

表1-3 传统学徒制与现代学徒制的主要区别

区别点	传统学徒制	现代学徒制
经济社会背景	小农自给经济与农业社会	知识经济与信息社会
生产组织形式	家庭作坊或手工作坊	产品导向
技能传播范围	(近)家庭与氏族成员	职业共同体
身份	学徒与师傅	学生、学徒,教师、师傅
师徒关系	亲密且等级分明	平等合作关系
学习目标	熟练工人	高技能、高素质人才
学习内容	操作实践	操作理论与实践
知识类型	以隐性知识为主	隐性知识为主,显性知识为辅
学习方式	工作(徒弟在师傅指导下亲身实践)	工学交替(企业实训和课堂学习有机结合)
学习场域	生产一线	职业院校、生产一线
学习时间	相对自由	相对固定
教育机构是否参与	否	是
评价标准与考核方式	师傅、行会检验学徒掌握技能的熟练程度	教师、师傅、教育部门结合国家职业资格认证

纵观历史研究历程,不同国家、不同领域的专家对现代学徒制的内涵和概念有着不同的理解。

德国菲利克斯·劳耐尔(Felix Rauner)认为,现代学徒制是职业教育和学徒培训的现代整体概念。即具有学员、职业学校学生和企业员工身份的年轻人在实践小组中学习;他们在从学校到工作的过渡过程中,完成从新手到专家的转变,促进了个人职业能力的发展⑦。

---

① 关晶,石伟平.现代学徒制之"现代性"辨析[J].教育研究,2014(10):97-102.
② 陈俊兰.职业教育现代学徒制研究[M].长沙:湖南大学出版社,2014:7.
③ 芮小兰.传统学徒制与现代学徒制的比较研究[J].消费导刊,2008(4):216-217.
④ 胡秀锦."现代学徒制"人才培养模式研究[J].河北师范大学学报(教育科学版),2009(3):97-98.
⑤ 宋晶.传统学徒制的伦理精神探寻[J].职教论坛,2013(28):48.
⑥ 徐朔.国际职业教育的基本模式及国别比较[J].外国教育研究,2005(8):68.
⑦ [德]费利克斯·劳耐尔.在实践性团体中学习:现代学徒制[A].石伟平.时代特征与职业教育创新[C].上海:上海教育出版社,2006:330-340.

瑞士教育学家菲利普·高农(Philipp Gonon)认为,现代学徒制既是一种在特定场所进行的现代学习途径,也是一种有着合法目的帮助年轻人适应未来工作与社会需求的组织方式[①]。

关晶认为,现代学徒制是以学校本位教育与工作本位培训的紧密结合为典型特征的新型学徒制度[②]。

陈俊兰认为,现代学徒制是一种建立在我国学徒制传统与广泛存在的非正式学徒制现实需求基础之上的,能够提高经济效率,并在很大程度上解决目前职业教育校企合作的困难,体现社会公平与正义的技能型人才培养途径[③]。

赵鹏飞认为,现代学徒制是将传统的学徒培训与现代学校教育思想结合的一种企业与学校合作的职业教育制度,是一种新型的职业人才培养实现形式,校企合作是前提,工学结合是核心[④]。

李梦卿认为,现代学徒制是通过学校、企业的有效合作,学生在校学习期间由教师传授专业知识和基本的技能及要领,在企业里由师傅传授操作规范和对应的岗位操作技能,并通过岗位实践加强技能操作的熟练程度,促使学生/学徒掌握相关行业/职业的基本知识和技能的人才培养模式[⑤]。

徐国庆则从学习、培养、制度等层面将现代学徒制内涵进行了归纳,认为这是一种基于现代职业教育技术技能人才培养制度[⑥]。

教育学界对现代学徒制的概念研究表述虽然有所不同,但是本质上具有趋同性。研究者们一致认为,现代学徒制结合了技能传承的学徒制和学校形态的职业教育。不同观念主要表现在对实践主体的认识上,所有研究都认同现代学徒制的实践主体有政府、企业、学校、学校与企业双元主体或者相关利益主体组成的多元化主体。

结合本研究的研究目的和研究对象特征,依据相关实践,本书将现代学徒制定义为:基于政府引导与规制,依据国家法律法规保障,将自然形态的学徒培训与学校形态的职业教育相结合,通过校企深度合作,充分发挥政校行企等利益相关方的作用,以培养适应社会经济发展需求的高素质技术技能人才为目的的现代职业教育制度。

1.2.3 高职体育类专业

《普通高等学校高等职业教育专科(专业)目录》(以下简称《目录》)是教育行政部

---

① 田英玲.瑞士现代学徒制"三方协作"研究[D].沈阳:沈阳师范大学,2014:3.
② 关晶,石伟平."现代学徒制"为何国际上受青睐[N].中国教育报,2014-9-29(6).
③ 陈俊兰.职业教育现代学徒制研究[M].长沙:湖南大学出版社,2014:180.
④ 赵鹏飞,陈秀虎."现代学徒制"的实践与思考[J].中国职业技术教育,2013(12):38.
⑤ 李梦卿,杨妍旻.现代学徒制发展的诸种背景要素支撑功能比较研究[J].职教论坛,2013(16):19.
⑥ 徐国庆.我国职业教育现代学徒制构建中的关键问题[J].华东师范大学学报(教育科学版),2017(1):30-38.

门对高职专业规划布局、统筹招生计划、进行教育统计和人才预测等工作的主要依据，是学校设置专业、调整专业、人才培养和组织招生等工作的根本性指导文件，是学生入学选择就读的参考依据，是社会用人单位选用接受毕业生的重要参考，对我国高等职业教育具有非常重要的指导性功能。

最新的《目录》(2015年版)是2004年印发的试行版《目录》的进一步修订与改进，是根据教育部的政策要求，在经广泛调研与充分论证与研讨全面修订而成。

《目录》以产业和行业分类为主要依据，兼顾学科分类，具体专业对应职业岗位群(技术领域)，专业类对应行业，专业大类对应产业。新版《目录》设置了"接续本科专业举例""衔接中职专业举例""主要对应职业类别"及"专业方向举例"4项内容(见表1-4)。专业大类一共有19个维持不变，排序和划分有所调整；专业类的数量增加了21个；专业数减少了423个。

表1-4 高等职业教育新旧专业体育类专业目录

专业类	专业代码	专业名称	专业方向举例	主要对应职业类别	衔接中职专业举例	接续本科专业举例
6704 体育类	670401	运动训练		体育专业人员	运动训练	运动训练 体育教育
6704 体育类	670402	运动防护		体育专业人员 医疗辅助服务人员 健身和娱乐场所服务人员	运动训练 康复技术	运动康复 运动人体科学 康复治疗学
6704 体育类	670403	社会体育		体育专业人员 健身和娱乐场所服务人员	休闲体育服务与管理 健体塑身 休闲服务	社会体育指导与管理 体育教育
6704 体育类	670404	休闲体育	时尚有氧运动 户外运动 攀岩 滑雪 棋艺	体育专业人员 健身和娱乐场所服务人员	休闲服务 休闲体育服务与管理	休闲体育
6704 体育类	670405	高尔夫球运动与管理	高尔夫球运动技术 高尔夫球服务 高尔夫球场维护与管理	体育专业人员 健身和娱乐场所服务人员 植物保护技术人员 园艺技术人员	休闲体育服务与管理	运动训练 社会体育指导与管理 休闲体育
6704 体育类	670406	民族传统体育		体育专业人员	运动训练	武术与民族传统体育

(续表)

专业类	专业代码	专业名称	专业方向举例	主要对应职业类别	衔接中职专业举例	接续本科专业举例
6704 体育类	670407	体育艺术表演		体育专业人员 健身和娱乐场所服务人员	运动训练 社会文化艺术 舞蹈表演	运动训练 舞蹈表演 舞蹈学 体育教育
6704 体育类	670408	体育运营与管理	体育运营管理 体育服务	体育专业人员 健身和娱乐场所服务人员 商务专业人员	休闲体育服务与管理 体育设施管理与经营 休闲服务 市场营销	体育经济与管理 休闲体育
6704 体育类	670409	体育保健与康复		体育专业人员 医疗辅助服务人员 健身和娱乐场所服务人员	康复技术 中医康复保健	运动人体科学 康复治疗学 运动康复 针灸推拿学
6704 体育类	670410	健身指导与管理	健身运动指导 健身机构运营管理	体育专业人员 健身和娱乐场所服务人员	健体塑身 运动训练 体育设施管理与经营	运动训练 社会体育指导与管理 运动人体科学
6704 体育类	670411	电子竞技运动与管理				

现行的高职专业目录是分 2015 年、2016 年两次修订确立的。根据教育部印发的《目录（2015 年）》以及《目录》2016 年增补专业可知，目前我国高职专业共有 19 个大类，共 761 种专业（2016 年增补专业 13 个）。其中体育类专业一共 11 个，体育运营与管理专业由原体育服务与管理和体育场馆管理专业合并而成（见表 1 - 5）。本书选取体育运营与管理专业为主要研究对象。

表 1 - 5　普通高等学校高等职业教育新旧专业对照表
（2015 年与 2016 年增补）（6704 体育类）

序号	专业代码	专业名称	原专业代码	原专业名称	调整情况
1	670401	运动训练	660301	竞技体育	合并
			660302	运动训练	
2	670402	运动防护	—	—	新增
3	670403	社会体育	660303	社会体育	保留

(续表)

序号	专业代码	专业名称	原专业代码	原专业名称	调整情况
4	670404	休闲体育	660315	自行车运动与推广	合并
			660312	棋艺	
			660309	运动休闲服务与管理	
5	670405	高尔夫球运动与管理	660307	高尔夫球场服务与管理	合并
			510218	高尔夫场地管理	
			660310	高尔夫服务与管理	
			660311	高尔夫运动技术与管理	
			660316	高尔夫俱乐部商务管理	
			560309	高尔夫球场建造与维护	
6	670406	民族传统体育	670209	武术艺术表演	合并
			660241	民族传统体育	
			660306	武术	
			660308	太极拳	
7	670407	体育艺术表演	660313	体育艺术	更名
8	670408	体育运营与管理	660305	体育服务与管理	合并
			650110	体育场馆管理	
9	670409	体育保健与康复	660304	体育保健	更名
10	670410	健身指导与管理	660314	健身运动与管理	更名
	—		660223	教育管理	取消
			660224	对外汉语	取消
			660226	俄语教育	取消
			660245	实验管理与教学	取消
			660250	幼儿园管理	取消
			660288	音乐舞蹈教育	取消
11	670411	电子竞技运动与管理			新增

1.2.4 课程体系

《辞海》对"体系"一词是做如下定义的:"若干有关事物相互联系、相互制约而构成的一个整体。"①课程有着广义和狭义之分,因此课程体系也相应有广义和狭义两种定义。广义的课程体系是指在一定的教育价值理念指导下,将课程的各个构成要素加以

---

① 辞海编辑委员会.辞海(第六版普及本)[M].上海:上海辞书出版社,2010:3867.

排列组合,使各个课程要素在动态过程中统指向课程体系目标或专业目标实现的系统①。狭义的课程体系是指课程结构,是特定学校或专业开设的各类课程之间的组织和配合。也有学者认为课程体系为在一段持续时间内达到预定的学习目标而设计或组织的序化的教育活动,是对构成要素加以排列组合而的系统②。课程体系纵向可分为宏观、中观、微观3个层次。宏观层次上是指整个国家的专业设置,即高等教育的学科及专业设置;中观层次上是指特定专业的课程体系,即指某个专业的课程设置、课程内容、课程结构、课程评价等问题;微观层次上是指特定专业内某门课程的教学内容之间的组织和配合。对于高等职业教育来说,课程体系的构建路径主要有3个,即按照产品生命周期构建课程体系、按教学对象技术技能成熟度、按理实一体化构建课程体系③。

本书探讨的课程体系是指中观层次上的课程体系,即指特定专业的课程体系,包含公共基础课程和专业课程,主要是研究专业课程的体系构建。本书选取的是高职体育类专业中的体育运营与管理专业进行课程体系构建的研究。由于课程体系是一个具有特定结构和功能的组合系统,具有其特定的目标、内容和过程要素,因此本书在将课程体系定位于中观层次后,主要研究体育运营与管理专业课程体系中课程目标、课程内容、课程保障、课程实施和课程评价5个互相独立又互相联系的组成要素。

1.3 研究目的与研究意义

1.3.1 研究目的

如何从课程论与教学论的视角出发,在教育学、经济学、法学以及社会学的视域下,对基于现代学徒制培养模式下的高等职业教育体育运营与管理专业进行课程体系构建?如何确定课程目标、选择课程内容、实施课程教学?如何评价课程效果?如何科学地区分本科教育与高等职业教育的内在逻辑?如何找到课程教学与学科课程教学之间的平衡点?如何厘清学术体系与工作体系的区别?都是本研究的关键。构建既有共性又有特性的高等职业教育体育运营与管理专业课程体系,需要从教育学的基点、经济学的机理出发,探寻现代学徒制的理论意义和实践价值。厘清内在逻辑,构建符合教育本质规律、学生发展规律、体育学科特质的人才培养模式是本研究的主要目的;对当前健康中国国家发展战略、全民健身背景下,体育运营与管理类专业人才培养质量的提高,也有着重大意义。

---

① 胡弼成.高等学校课程体系现代化研究[D].厦门:厦门大学,2004:42.
② 崔颖.高校课程体系的构建研究[J].高教探索,2009(3):88-90.
③ 张永林.高等职业教育专业课程设计研究[D].天津:天津大学,2015:139-140.

1.3.2 研究意义

理论意义

国际劳工组织曾指出:"在国际劳工组织的三方会谈中,国际社会普遍对学徒制体系重燃兴趣,因为事实表明,拥有学徒制的国家青年失业率更低。"[①]在青年人从事工作的过程中,学徒制成为他们主动地或者被动地沟通学校与工作世界重要途径。因为可以使他们在学徒制培养过程中接受技术传授与专业训练,并且获得只有在实践工作环境中方可得到的知识和技能。

现代学徒制有利于促进行业和企业主动积极地参与到职业教育的过程中。在此过程中,学校和企业能找到双方的共同目标,实现专业布局与产业发展相通、课程内容与职业资格相容、教学过程与生产过程相接、终身教育与职业教育互动的目的,从而提高高职教专业人才培养的质量和就业针对性。现代学徒制的建立是我国教育改革中的重要举措,是当前职业教育主动服务经济和适应社会需求,促进职业教育体系改革创新发展和劳动就业体系多元化科学化发展的重要途径,是拓宽技术和技术人员的培训和发展渠道的战略选择,是推动建设现代职业教育体系教学整合、校企合作、促进工学结合、知识与实践融合的重要举措。

学习借鉴西方国家职业教育的现代学徒制度,有助于改造我国占主导地位的学校本位职业教育,有效整合学校职业教育和现场实践,通过知识技能的学习,可以获取实践工作经验,推进我国职业教育的校企合作与工学结合向纵深融合发展,培养企业所需要的职业技术人才,促进我国职业教育毕业生的社会就业。

高等职业教育人才培养目标决定了其社会职能是以技术运用与技能应用能力的培养为基础的。专业课程体系的主要功能就是能使学生掌握运用理论知识和综合技能解决生产技术问题,在实际职业状态环境中锻炼,逐步培养合格的职业意识、情感、伦理和技能以及专业能力的培养过程。这是高等职业教育不同于普通学术性高等教育等的基本特性。

现代学徒制对职业教育课程和人才培养的重要功能和启发主要表现在以下几个方面。首先,职业教育课程必须要有很强的实用价值。这意味着普通教育课程或许是基于个体的多方面需求,如何获取身份、满足学习兴趣、开发智慧等,但职业教育课程必须有很强的经济价值,能增强个体的谋生能力,并深刻感知到这一价值。这一观点或许过于

---

① Axmann, M. (2013) Overcoming the work-inexperience gap through quality apprenticeships-the ILO's contribution [A] In Akoojee, S. Apprenticeship in a globalized world: premises, promises and pitfalls [C]. Berlin: LIU VERLAG Dr.W.Hppf, P.19.

功利,却是职业教育课程的基本价值所在。其次,职业教育课程内容和体系必须与工作体系中的技能传授内容互动。因为在学徒制中,其工作过程与学习过程存在内在的一致性。在其他形式的职业教育中,工作过程与学习过程联系的紧密程度会有所变化,但有一点是不能变的,即职业教育与工作体系之间的内在逻辑联系决定了其课程体系与工作体系之间的内在统一与价值趋同。没有这种紧密互动关系,就无法实现在工作体系获得完整知识的目标,就不可能培养个体的科学的职业意识、情感、伦理和技能以及专业能力。事实上,职业教育存在一个最基本的规律,那就是深度、全方位、全过程参与,世界各国不同历史时期都是如此,只不过参与的程度和方式有所差异而已。再次,学习的基本形式应该是模仿实践与反思,古代学徒制中师傅不会像今天的课堂教学,从概念到原理系统地给学生讲解知识。当时,知识讲解完全属于学术教育的基本方式。学者们用语言形式或是系统地阐述自己的思想,或是解读先贤的思想,学生则用心记录和领会;而在学徒制中,师傅则完全采取让学徒边模仿边实践的方式进行学习。在实践之余,还会对操作过程进行反思,寻找更佳的记忆形式。这种学徒有可能最终"青出于蓝而胜于蓝"。这种学习形式和当时以经验格言为主要内容的职业知识的特征完全吻合。

课程是推进内涵发展、提高教育质量的核心。课程体系的构建与实施则是高等职业教育人才培养的核心手段和重要途径。高等职业教育在新时代的教育使命中,应当适应行业产业的发展规律,通过调研专业的发展状况,确定行业领域典型岗位的职责,确定其岗位能力及工作规范,进而选取典型工作项目(任务),以典型工作项目(任务)为起点,分析其知识结构和表征,构建课程体系。

加快发展现代职业教育是党中央、国务院做出的重大战略部署。在职业教育领域进行的人才培养创新模式的实践探索中,实施现代学徒制主要是使职业教育体系与就业系统协调与融合,使学生更好地适应"从学校到职场"。通过现代学徒制的机制创新,构建符合高素质技术技能型人才的培养规律、行业企业人才需求规律的现代学徒制制度体系。现代学徒制是近年来世界范围内现代职业教育制度创新、模式探索的重要实践手段。建立现代学徒制是主动服务经济和适应社会需求,促进职业教育体系改革创新发展的战略选择,是培育学生职业认同感、实践能力和社会责任感的重要举措。积极推进职业教育现代学徒制培养模式制度创新,对我国职业教育质量的内涵提升和质量提高,促进青年就业都具有非常重要的社会意义。

实践意义

近年来,高质量的体育运营与管理类的专业人才的需求越来越大。主要有以下几个方面的原因。首先,休闲体育的快速发展。随着科学技术的进步,人的劳动方式经历了从体力型、半体力型与智力型的发展过程。健身休闲运动不仅可以用来缓解神经压力,维持能量代谢的平衡,而且可以强健体魄、增进健康、减少医疗开支,显著改善和提高生活与生命质量。在此背景下,社会对高素质的体育运营与管理专业等体育管理类的人才的需求大大增加。其次,体育产业发展的机遇。大型赛事的举办、体育场馆的建设、体育用品市场的活跃等都需要大量的高素质体育管理类人才。大力发展健身产业,必须拥有大量休闲体育行业的专业从业人员,所以这也是有效解决体育产业休闲俱乐部在发展过程中人员匮乏、技术短缺、管理不规范、赢利困难等问题的重要举措。

然而,由于多种原因,此类人才的培养质量却不容乐观。近年来,我国职业教育的快速发展培养了大批中高级技术技能人才,为国家经济社会发展和就业促进做出了重要贡献。然而,目前的职业教育人才培养的规模与质量都未能满足社会发展需求,还存在诸如结构不尽合理、质量有待提升、办学条件薄弱、体制机制不畅等弊端。体育运营与管理类专业也存在着同样的问题。如:培养目标不明确;教学方法不能适应学生发展;教学内容落后于社会需求;教师的知识结构没有及时更新;教学理念落后;人才培养模式不能满足现代行业企业发展的内涵需求,不能体现职业教育的本质属性。因此,对高职体育类专业的人才培养模式进行梳理和反思,从课程体系构建和课程教学模式等方面进行课程整体设计研究,有助于提高高等职业教育体育管理类专业人才的培养质量,对其他体育类专业的人才培养也有值得借鉴的实践价值。

同时,科学的课程体系构建为教学提供了保障和教学素材。现代学徒制的核心功能是通过校企双元共同育人,提升学生的专业实践能力,是高等教育教学活动的重要组成部分。实践教学的方式、场所和开展方式等有很多种,而现代学徒制的实践可以为高等职业教育实践知识和技能的获得提供新的思路和可能。

本研究的可能创新之处主要有以下两点,第一,挖掘现代学徒制在现代职教课程体系中的重要价值。第二,通过对高等职业教育体育运营与管理专业的课程进行整体设计和体系构建,来提高高等职业教育体育类专业的人才培养质量。体育学科是一门实践性很强的学科,本研究不仅对高职体育运营与管理专业以外其他体育类专业有很重要的借鉴意义,对我国本科教育体育管理类的人才培养也有一定的借鉴意义。

1.4 研究方法与技术路线

1.4.1 研究方法

文献资料法

文献资料法也称历史文献法、文献法,主要以搜集、分析和研究各种现存的文献资料,从中选取有效信息达到某种调查研究目的的一种专门的研究方法。文献研究法可以系统地梳理研究问题的历史与国内外现状,有助于对研究对象系统的把握,通过文献梳理获得更多的理性认识,从而比较系统地、全面地了解研究课题。本研究系统地梳理我国高等职业教育30余年来的理论文献资料,特别关注人才培养模式、高职体育类专业课程与教学改革等领域的研究成果,在此基础上系统地、深入地梳理教育学、社会学和体育学领域对现代学徒制以及高等职业教育体育类专业课程建设方面的研究,通过系统梳理高等职业教育人才培养、高等职业教育体育专业人才培养、现代学徒制、高等职业教育体育类专业课程与教学改革与教学设计等相关领域的研究文献,了解此领域国内外的研究现状、存在的问题、研究的可能性及必要性、研究的理论意义和实践意义,为本研究的顺利开展提供理论参考与支撑。

个案研究法

个案研究法作为社会学与教育学中较为常见的研究方法,是对一个个人、一件事物、一个社会团体或一个社区进行深入全面的研究的方法。该研究方法在心理学和教育学研究中是非常常用和重要的方法。主要是通过在科学研究中,对个案的观察研究,发现和总结出科学规律,用于指导实践活动,解决实际问题。在教育领域的运用,是通过对纷繁复杂的教育环境和因素进行分析和解释,试图找出课程教学等与人的成长之间的因果关系,主要包括对教育环境中的对象进行资料收集与分析,通过个案发现适应其他情景的规律①。

本研究拟以江苏省W高职院校体育运营与管理专业近5年来的课程建设与教学实践为个案,探讨体育运营与管理专业课程实施过程中的困惑与面临的问题,拟从个性中找到共性,从而为高职教育体育运营与管理类专业课程建设提供有价值的研究素材。

文本分析法

文本分析法是一种从文本的表层深入到文本的深层,从而发现那些不能为普通阅读所把握的深层意义的方法。本研究拟从现代学徒制的历史研究文本中探索学徒制的历史价值及在现实实践中的运用价值;对国务院办公厅、教育部、国家体育总局以及地方政府等国家、地方行政机构的政策文件、法律文本等进行详细的研读,寻找有价值的信息。

问卷调查法

问卷调查法是常见的、典型的量化研究的一种方式,是科学研究常用的基本方法,需要通过编制问卷、发放问卷、填写问卷、回收问卷,总结分析问卷一整套研究过程。本研究在研究过程中采用问卷调查法作为辅助研究方法,选取个案研究对象(江苏省W高

---

① 陈向明.质的研究方法与社会科学研究[M].北京:教育科学出版社,2000:276-277.

职院校)为研究对象,以 W 学校 5 年来体育运营与管理专业的专业教学建设改革为研究对象,以教育部门专家、校内专业任课教师、校外企业师傅、体育运营与管理专业在校学生与毕业生为调查对象,形成相关问卷多份,对 W 高职院校的体育运营与管理专业的专业课程建设、实践教学改革情况进行深入的调查,应用相关数据处理软件等处理工具对数据进行统计分析,为论文的主体提供研究条件与研究背景。

访谈法

访谈法即研究者与受访问者之间通过面对面的对话互动中,获得第一手材料的过程。访谈可以分为结构性访谈和非结构性访谈两种。访谈的过程中需要设计访谈提纲,对问题有所预设。访谈前要实行预访谈,并根据访谈内容及时调整访谈结构;访谈结束后要进行及时的整理与分析。它是通过收集资料、整理资料、分析资料和提炼资料,将其上升到理论高度的一种研究方法。在本研究中,访谈主要用于对高等职业教育专家、用人企业单位负责人、体育运营与管理专业校外兼职教师等群体的深度访谈,从而深入了解高等职业教育的最新、最核心的价值;了解用人单位对高职体育类人才的真实要求等,了解江苏省内招收体育运营与管理专业的高校(高职及本科)体育运营与管理专业人才培养的现状,以及社会对体育运营与管理专业人才质量的期望,探寻影响高等职业教育体育运营与管理专业人才培养质量提升的影响因素,同时也会对高等职业教育体育运营与管理专业的部分学生进行访谈,从学生的视角探寻高等职业教育体育运营与管理专业的课程与教学改革路线。

1.4.2　技术路线

本书的研究技术路线从以下几个方面(见图 1-1)展开。首先,通过对国家政策文本、行业社会背景、文献的初步分析和我国职业教育发展、人才培养模式等进行分析研究。然后提出研究的目的和价值,结合个案研究,分析现代学徒制的人才培养模式下,重构专业课程体系,构建符合职业教育发展规律的高职体育类专业人才培养的科学课程体系。

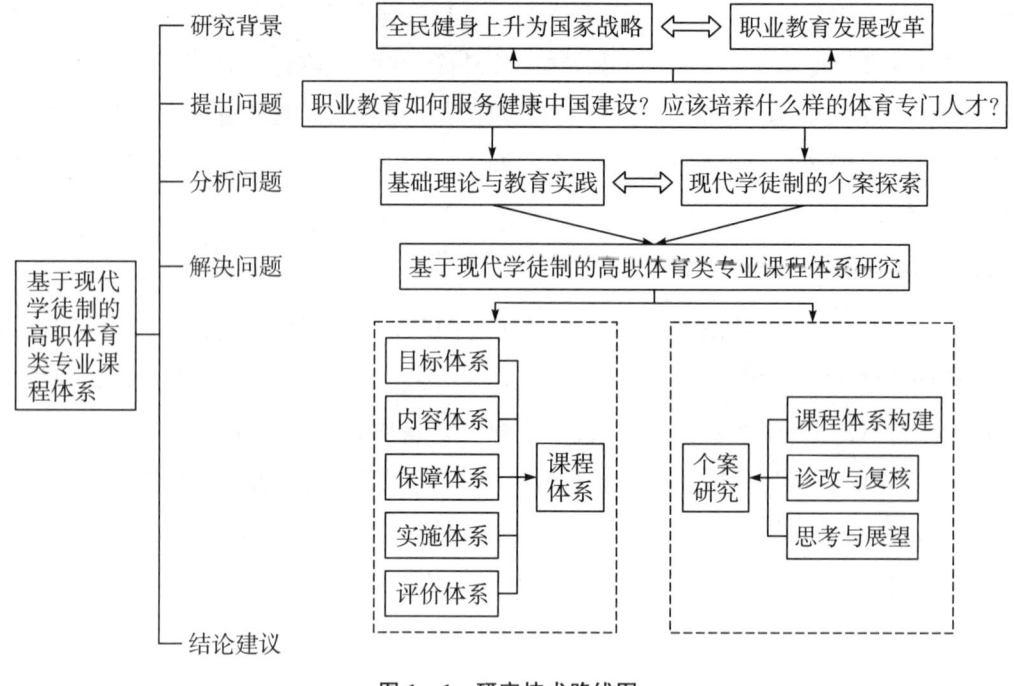

图 1-1 研究技术路线图

1.5 文献综述

基于本书所研究的主题，研究拟从高等职业教育人才培养模式、高等学校体育专业人才培养、职业教育现代学徒制、高职体育类专业（体育运营与管理专业）课程与教学改革、实践课程与教学研究、高等职业教育专业课程体系等视角对研究文献进行梳理分析。

1.5.1 高等学校体育专业人才培养研究

本书的研究目的之一就是通过创新人才培养模式，提高高等职业教育体育专业人才培养质量。在进行文献综述的过程中，以"高校"+"体育人才培养"为主题在中国知网进行文献检索，一共检索到607篇期刊文章，576篇硕博士论文（截至2016年12月）。可见近年来，在国家政策的指引下，在国家体育产业快速发展进程中，高等教育体育人才方面的研究等越来越受到更多教育界专家学者们的关注。为了便于分类和聚焦更高质量的研究，进行了二次筛选，以"高校"+"体育人才培养"为篇名在核心期刊数据库和硕博士论文库进行检索，检索到91篇期刊论文、8篇硕博士论文。笔者以此近百篇研究成果为主要研究文献，发现关于高校体育专业人才培养主要集中在以下几个方面。

人才培养模式方面的研究。黄泽江等①(2014)指出,高校体育人才培养模式近年来面临着进退维谷的境地。高校体育人才培养模式需具备前瞻性与科学性,并就此探析根源,提出对策。司亮②(2014)在研究中指出,重点对体育专业学生的体育特长进行培养,重新设置课程,可以达到提高专业学生综合素质的目的。梁江岳等③(2012)、侯广庆④(2012)、韩潇⑤(2012)、任宏⑥(2013)等人在研究中详细分析我国高校体育专业类人才培养的模式及现状,提出如何制定出符合我国现状的有针对性的人才培养模式;进而提到要培养出适合社会需要的体育人才,就必须在高校专业结构设置、课程内容和教学方法进行改革创新,在实践中探索适合我国社会事业发展的培养模式。李宝宅⑦(2011)从我国举国体制与高校体育教育之间的关系的视角探讨更多值得商榷的问题。范世晔等⑧(2007)从中美体育人才培养模式之间的不同的研究角度进行比较分析,指出发展高校体育教育的重要性。吕文辉⑨(2007)分析了现代奥林匹克运动对我国体育专业人才培养过程中的模式带来的影响,指出培养模式的制定与发展过程中应渗透奥林匹克价值。

高校体育人才培养现状与对策的研究。孙华清等⑩(2008)、徐勇⑪(2011)、王强⑫(2012)等人从不同角度对当前高校的体育人才教育与培养现状进行了分析,如奥运会历史上,中美两国都是夺得金牌较多的国家,但是在培养体育人才方面却有着较大不同之处。对我国来说,想要进一步促进体育的发展,必须改革当前我国的体育教育体制,开辟新的体育人才培养路径。有的研究指出,体育教育是高校教学的重要组成部分,在体育教学中应注重和开展创新教育;有的研究指出,随着人们对小康社会的内涵和特征的认识不断深入,体育人才的专业门类、体育人才的需求数量、体育人才的素质、层次要求,以及体育人才的服务领域等也在发生着变化,培养领域也需随着变化。李新(2015)指出,在新时期社会发展背景下,高校体育人才的培养现状和方式存在的弊端。在新时期背景下,我国高职教育体育人才培养需要面向社会、面向现代化、面向世界。

---

① 黄泽江,孙德朝,蔡存军.高校体育人才培养模式的进退维谷与创新路径选择[J].广州体育学院学报,2014(4):100-102+113.
② 司亮.特长班教学对高校体育人才培养的影响[J].辽宁体育科技,2014(3):108-110.
③ 梁江岳,罗永利.高校体育人才培养模式建构[J].洛阳师范学院学报,2012(11):116-118.
④ 侯广庆.新形势下吉林省高校体育人才培养模式研究[J].长春师范大学学报,2012(9):109-111.
⑤ 韩潇.我国高校体育人才培养模式探讨[J].人才资源开发,2012(12):21-22.
⑥ 任宏.我国高校体育人才培养模式探讨[J].搏击,2013(8):31-32.
⑦ 葛长钰,李宝宅.创新型体育人才培养研究[J].河北体育学院学报,2004(3):68-69.
⑧ 范世晔,于静.我国高校体育人才培养模式探讨[J].廊坊师范学院学报(自然科学版),2007(4):31-32.
⑨ 吕文辉.浅谈奥运会对我国高校体育人才培养模式的影响[J].教育与职业,2007(17):115-116.
⑩ 孙华清,孙华敏,付毅,等.高校体育人才培养对策研究[J].体育文化导刊,2008(8):80-82.
⑪ 徐勇.新时期高校体育人才培养的现状与对策研究[J].中国人才,2011(14):164-165.
⑫ 王强.创新教育是高校体育人才培养的重要途径[J].河南教育(高教),2012(6):86-86.

特定地域高校体育人才培养的研究。李继国[①](2001)、李瑞洗等[②](2013)、朱韬等[③](2014)等研究从特定地域与民族的体育人才培养视角指出，在高等教育扩招的背景下，如何提高教学质量已成为高校体育专业发展的瓶颈问题，构建新型人才培养模式势在必行。有的则对民族高校的体育人才培养做了相关的研究，指出其培养的核心是培养高素质的体育人才。

与医学、体育产业、心理学等结合的其他方面的研究。沈友清等[④](2011)指出，在高校开展医疗体育的普及教育教学的必要性，具备医疗特征的体育活动以其自身的特点和作用必将成为人们推崇的锻炼手段。何芳雄等[⑤](2007)的研究指出，在体育产业化进程过程中，体育院校的人才培养如何进行改革与调整，拓宽课程设置，以适应新时代体育产业的快速发展，提升适应体育管理与服务市场的能力。余友儒等[⑥](2007)从心理学的视角对我国体育院校专业学生的心理状态进行科学的调查分析，指出造成体育类专业学生心理问题的各种因素，提出人才培养过程中要运用各种手段进行改善。

综上所述，通过文献整理与分析，高等学校体育类专业人才培养研究主要集中在模式、现状与对策、特定地域人才培养，以及与其他学科和领域等结合的其他方面的研究。已有研究表明，为了提高高校体育人才的培养质量，在对当前的人才培养现状进行全面分析，高校应在培养目标、课程内容选取和综合能力提升等方面进行精准把握。在结合地域特色的基础上，强化人才培养质量观，为适应21世纪人才市场的需要，拓宽课程设置、适应体育产业化的发展，突出培养学生的市场适应能力。

1.5.2 高等职业教育人才培养模式研究

在进行文献综述的过程中，以"高职"+"人才培养模式"为主题在中国知网进行文献检索过程中发现，一共检索到5 700余篇文章（截至2016年10月）。可见近年来，在国家政策的指引下，在职业教育快速发展进程中，高等职业教育的人才培养模式等越来越受到更多教育界专家学者的关注，研究成果较为丰富。为了便于分类和聚焦更高质量

---

① 李继国.关于民族高校体育人才培养的思考[J].湖北民族学院学报(哲学社会科学版),2001(3):114-116.
② 李瑞洗,程红艳,覃朝玲.本科高校体育人才培养问卷编制及信效度初步检验——以重庆市为例[J].南京体育学院学报(社会科学版),2013,27(5):78-88.
③ 朱韬,徐志平.安徽高校体育教育专业程设置调查研究与思考[J].赤峰学院学报(自然科学版),2014(18):87-89.
④ 沈友清,徐祥峰,等.高校体育人才培养中开展医疗体育教学必要性研究[J].湖北体育科技,2011(1):103-105.
⑤ 何芳雄,胡金慧,付弟雯.体育产业化与高校体育人才培养[J].景德镇高专学报,2007(4):64-65.
⑥ 余友儒,杨智琼,傅秋仁.高校体育人才培养中的心理健康状况及培养对策[J].中国市场,2007(13):48-49.

的研究,进行了二次筛选,以"高职"+"人才培养模式"的题名方式在核心期刊数据库开展检索,检索到 838 篇文献。为了更好地分类研究,考虑到文献资料研究成果的引用和创新,本研究以近 5 年(2012—2016)来的 349 篇研究成果为主要研究文献。发现主要在以下几个方面进行了研究。

高等职业教育人才培养模式的基础理论研究。鲁岩等[①](2016)的研究提出,新时代对高等职业教育在社会主义生态文明建设方面提出了新的要求和期待,指出生态力在引领高职人才培养方面的重要作用。钮小静等[②](2016)从供应链的研究角度出发,认为高职院校应与企业需求互相呼应,真正发挥人才培养的作用。张健等[③](2016)对高等职业教育领域内的人才培养模式的应然逻辑和发展趋势做了总结与介绍。陈相芬[④](2016)的研究结合"一带一路"倡议的提出,对人才培养提出了新的要求,高职院校需探索协同创新人才培养模式。

人才培养模式的类别研究。刘哲[⑤](2015)研究指出,现代学徒制已成为世界大多数国家职业教育发展的战略选择,赋予高职人才培养以新内涵,应由政校企三方共同参与,以课程体系设计与实施为着力点构建新的培养模式。刘洪波[⑥](2016)总结出高职院校在创新创业人才培养过程中存在的问题,积极探索创新创业人才培养模式的改革与创新。张健[⑦](2015)、谭焱良[⑧](2015)等研究指出,高职"四维整合""五环相扣""共建实体公司"等人才培养模式的重要意义。创新提出了"学研训赛产"五环相扣人才培养模式,研究构建了相应的人才培养模式的长效运行机制,提出高校与企业创立以实体公司合作培养人才模式。

高职具体专业的人才培养模式的研究。杨柳群[⑨](2016)研究中提出,采用"特质选拔、分类复合"人才培养模式更加适合高职工商企业管理专业的实际。曹璟等[⑩](2016)对高等职业教育安全防范技术专业"工学结合"人才培养模式进行了研究。其他更多研究从不同专业出发,分析实行现代学徒制人才培养模式的必要性、可行性,试图探索出

---

① 鲁岩,胡小玉.高职人才培养模式要关注技术力、文化力、生态力[J].职业技术教育,2016,(18):57-59.
② 钮小静,武立栋,盖海红.供应链管理视域下的高职院校人才培养模式[J].教育与职业,2016(12):53-55.
③ 张健,吕永安.就高校体育资源谈高校竞技体育人才培养的分析研究[C].全国高校田径科研论文报告会,2006.
④ 陈相芬."一带一路"背景下高职院校协同创新人才培养模式研究[J].中国职业技术教育,2016(4):42-45.
⑤ 刘哲.基于现代学徒制高职人才培养模式研究与实践[J].中国成人教育,2015(24):124-125.
⑥ 刘洪波.基于产教融合的高职多元化创新创业人才培养模式重构[J].教育与职业,2016(13):83-85.
⑦ 张健,吕永安.就高校体育资源谈高校竞技体育人才培养的分析研究[C]全国高校田径科研论文报告会,2006.
⑧ 谭焱良,唐年生.高职"学、研、训、赛、产"五环相扣人才培养模式研究[J].教育与职业,2015(36):16-20.
⑨ 杨柳群.基于教育供给侧改革的高校本科创新人才培养模式探究[J].高等教育研究,2016(3):12-16.
⑩ 曹璟,张勇.高职安全防范技术专业人才培养模式探索[J].教育理论与实践,2016:23-25.

具有借鉴意义的人才培养途径。其他学者对日语专业、汽车类专业、种子生产与经营专业、会计专业人才、生物技术专业、水产养殖专业、自动化专业、宠物养护与疫病防治专业、电子商务专业、外贸相关专业、高职司法助理专业等的培养模式进行了深入的探讨和研究。其他如机械电子工程专业、高职移动通信技术专业、高职思想政治理论课、高职服装设计专业、高职道路桥梁工程技术专业、高职酒店管理专业等高职专业都有大量的相关研究。

各层次衔接的高等职业教育人才培养模式相关研究。周佩秋[①](2016)提出了通过对中高职院校人才培养方案进行整体设计。李敏等[②](2015)指出,高职院校与本科高校"3+2"是现代职业教育体系的重要组成,是对现代职业教育体系的积极完善。探究并创新高职与本科对口贯通的人才培养模式,可以培养高层次应用技术型专业人才。伍鹏[③](2015)的研究是对高职、应用型本科、专业硕士一体化人才培养模式构建的探索。

其他教育人才培养模式启示的研究。路晓丽等[④](2015)指出了中国台湾地区私立高职院校人才培养的特点。兰伟等[⑤](2015)通过研究德国"双元制"职业教育办学模式,再结合我国国情,提出具有鲜明中国本土特色的"3+1"人才培养模式;提出学生在校期间应当接受素质教育、专业教育和拓展技能教育。其中,专业教育是核心,素质教育和拓展技能教育是培养高素质人才的重要保障。

与高等职业教育人才培养模式相关的其他研究。邬艳艳等[⑥](2015)指出,在工学结合人才培养模式下,高职院校课程体系的构建是一项非常重要的教学管理内容。分析构建出以培养学生职业发展能力为核心的"工学结合"课程体系("螺旋上升"式课程体系)。黄玲青[⑦](2015)指出,高职教育的教学管理是人才培养过程中非常重要的一个环节。其他研究成果则从产业转型升级、高职学生职业发展能力养成体系、基于学习共同体、教学计划管理、企业办学视角、体制机制研究、教学质量监控体系构建等视角对人才培养进行了模式相关研究,形成了一批具有较强实践指导价值的研究成果。

综上所述,通过文献整理与综述发现,近年来,高等职业教育的人才培养模式等越来越受到更多教育界专家学者的关注。主要集中在高等职业教育人才培养模式的基础理论研究、类型研究、结合具体专业的培养模式研究、各层次衔接的培养模式相关研究以及其他国家和地区高职人才培养模式启示的研究等。其中,就人才培养理念目标、课

---

① 周佩秋.中高职衔接"2+3"人才培养模式实施策略[J].教育与职业,2016(9):45-47.
② 李敏,刘春艳.高职与本科对口贯通人才培养模式的研究[J].中国成人教育,2015(22):100-101.
③ 伍鹏.我国旅游高等职业教育人才培养的沟通与衔接初探[J].河南科技学院学报,2015(10):24-27.
④ 路晓丽,胡全裕.我国台湾地区私立高职院校人才培养的特点与启示[J].中国成人教育,2015(22):141-143.
⑤ 兰伟,冯刚.借鉴德国"双元制"构建高职"3+1"人才培养模式[J].继续教育研究,2015(11):13-15.
⑥ 邬艳艳,郭珊珊.工学结合人才培养模式下高职课程体系的构建[J].中国教育学刊,2015(12):31-32.
⑦ 黄玲青.基于"学产服用"人才培养模式的高职教学管理研究[J].教育与职业,2015(35):35-38.

程设置与实施、培养方式以及教学方法、课程建设、师资培养等方面对高等职业教育"工学结合、半工半读"人才培养模式等类型有大量有价值的研究。大量研究结合具体专业对人才培养模式进行研究。近年来对现代职教体系的研究逐渐增多,高职院校与本科高校"3+2"、与中职院校的"3+3"等,都是现代职业教育体系的重要组成。也有研究探索了高职、应用型本科、专业硕士一体化人才培养模式的构建等创新机制。对其他国家和地区高等职业教育人才培养模式及其启示的研究也为我国高等职业教育提供了思考价值与借鉴。诸如其他教学管理、教学质量监控体系构建等视角对高等职业教育人才培养模式进行研究,取得了大量具有较强实践指导价值的研究成果。

1.5.3 现代学徒制研究

高等职业教育的人才培养模式具有整合化、本土化、创新化、实用化和多元化等趋势。高职人才培养模式是内涵多元的构建,是理论与实践的融合,是创新与超越的产物,是特色与多元的存在。学徒制作为历史最为久远的职业教育形态,蕴含丰富的课程论基因。我国学徒制发展相关的系统全面研究,职业教育研究界涉及还不够深入。

著作方面。主要基于经济视角或者历史视角,比如彭南生[1](2003)的著作《行会制度的近代命运》。杰弗里·A.康托(Jeffrey A.Cantor)[2]的著作《美国21世纪学徒制——培养一流劳动力的奥秘》(孙玉直译,中国劳动社会保障出版社,2016年)一书以美国的学徒制发展为研究对象进行了全方位研究。其目的在于激发美国劳动力教育领导阶层的兴趣,将注册学徒制视作一种积极的劳动力教育和培训方式,不断增强由雇主发起、实施并与社区学院合作开展学徒培训的理念。《欧洲现代学徒制》(欧盟委员会,欧洲学徒联盟组织,孙玉直译,2016年)一书从企业、雇主、社区学院,技术标准、行业资质等角度阐述了欧洲各成员国在学徒制实施方面的先进做法和成功经验,以及未来继续实行学徒制的建议,对当前中国急需解决的明确现代学徒制的制度性特征并建立相应的管理体系具有借鉴意义,并可对相关试点工作进行科学的引导。陈俊兰[3](2014)著作《职业教育现代学徒制研究》、黄日强[4](2014)著作《中国职业教育现代学徒制度研究》、赵有生[5](2015)著作《职业教育现代学徒制的实践探索》等对现代学徒制在中国的实践进行了全面的探讨。

---

[1] 彭南生.行会制度的近代命运[M].北京:人民出版社,2003:78.
[2] [美]杰弗里·A.康托.美国21世纪学徒制——培养一流劳动力的奥秘[M].孙玉直,译.北京:中国劳动社会保障出版社,2016:36-40.
[3] 陈俊兰.职业教育现代学徒制研究[M].长沙:湖南大学出版社,2014:1-3.黄日强,等.中国职业教育现代学徒制度研究[M].北京:中国原子能出版社,2014:1-4.
[4] 黄日强,等.中国职业教育现代学徒制度研究[M].北京:中国原子能出版社,2014:1-3.
[5] 赵有生.职业教育现代学徒制的实践探索[M].北京:高等教育出版社,2015:1-4.

期刊论文方面。以现代学徒制为题名在知网展开检索,可以检索得到 1 412 篇期刊文章(截至 2016 年 10 月)。为提高研究的价值,在核心期刊库中进行了二次检索,得到 239 篇期刊论文。笔者进行了分类归纳并发现,学界对现代学徒制研究内容,集中在以下视域。

现代学徒制历史缘起与发展。徐国庆①(2015)指出,教育改革是一种社会变革,而且是关于人才培养的社会变革。一种教育模式的形成往往需要一个相当长的稳定过程。对为什么要发展现代学徒制进行了探讨。杨黎明②(2013)在一系列文章中指出,现代学徒制强调"做中教、做中学"和传统学徒制是内在一致的,即是都由师傅对徒弟的培训和指导进行的,同时指出,现代学徒制形成的社会背景、意义和价值与传统的学徒制有很大的不同。法制化与法治化是现代学徒制应有之义。程宇③(2015)的研究探索了我国现代学徒的政策推动逻辑道路与发展轨迹,指出从国家意志的角度来探索发展历程,从制度层面探索法律保障,从实践层面探索学校在课程、教学模式及指导方面的改革。

教育学视域下的现代学徒制研究。李国艳等④(2016)从专业课程体系、实训教学体型等对现代学徒制进行探索与实践,提出重构"课、岗、证、赛融通"的实训教学课程体系,建立"双导师"的师资培养机制,健全"多元参与"的考核评价体系。吴海东⑤(2016)论述了现代学徒制课程以能力本位为学习目标、以工作任务为导向的学习内容、以"做中学"为主导学习方式的基本特点,提出了职业教育项目课程开发、实施和评价的方法和手段。陈星毅等⑥(2016)开展 CDIO 教学模式的应用研究。韩天学⑦(2016)指出,企业师傅在现代学徒制中既承担着传授缄默知识的职责,也承担着传输职业素养的重任以及传承企业文化重要角色。祝成林等⑧(2016)对当前高职院校教师课堂教学行为探究进行了研究。

现代学徒制的本土化运用研究。桑雷⑨(2016)指出,中国特色现代学徒制本质上是属于"借鉴型"的,并对其最鲜明的特征进行了分析。他在对中国特色现代学徒制人才培养模式的特点分析基础上,深入剖析了现代学徒制人才培养现状及存在问题,提出了

---

① 徐国庆.高职教育发展现代学徒制的策略:基于现代性的分析[J].江苏高教,2017(1):79-84.
② 杨黎明.关于现代学徒制——什么是现代学徒制[J].职教论坛,2013(6):1-1.
③ 程宇.我国现代学徒制的政策发展轨迹与实现路径[J].职业技术教育,2015(9):28-32.
④ 李国艳,盖馥,朱宇,等.现代学徒制专业"双体一翼"课程体系的建构与实践[J].中国职业技术教育,2016(23):75-79.
⑤ 吴海东.职业技术教育中现代学徒制项目课程的开发[J].实验技术与管理,2016(7):12-14.
⑥ 陈星毅,张伟杰.基于现代学徒制的 CDIO 教学模式研究与实践[J].中国职业技术教育,2016(14):35-39.
⑦ 韩天学.缄默知识理论视域下现代学徒制企业师傅的角色定位[J].高教探索,2016(4):91-94.
⑧ 祝成林,柳小芳,张宝臣.现代学徒制课堂中高职院校教师教学行为探究[J].职教论坛,2016(9):72-77.
⑨ 桑雷.中国特色现代学徒制的三维透视:内涵、困境及突破[J].现代教育管理,2016(6):94-98.

重构课程体系等改进策略。还有学者对本土化特征做出解答与研究,指出我国现代学徒制在历史发展过程中呈现的本土化特征,一共有3种发展形式,具备自身特有的内涵、形态与特征。万妮娜[1](2016)则通过个案研究,对艺徒学校进行深入研究,分析近代中国现代学徒制的社会表征与发展逻辑路径。

对国外现代学徒制的研究。徐春梅等[2](2016)对国外部分国家现代学徒制的课程体系进行分析,指出部分国家先进的课程观以及对我国实际的启示等。多淑杰[3](2016)指出,德国现代学徒制被公认为是世界职业教育典范,其形成的示范体系为我国高等职业教育提供了借鉴。吴学仕等[4](2015)、王建梁等(2016)研究从发展因素、发展历程与成效、发展启示等视角对英国现代学徒制进行了深入探讨与研究。刘亮亮等[5](2016)人研究从多个角度对英国现代学徒制进行了探讨和研究,从5个方面指出英国学徒制改革的新动向,为我国提供了有益的借鉴。关晶等[6](2016)在研究中对当前主要国家现代学徒制的组织制度、相关方参与制度、经费制度、人才培养制度进行了横向的综合梳理。李俊[7](2015)在研究中对德国职业培训市场、德国现代学徒制制度进行分析,进行特征总结,提出对我国的启示。郑玉清[8](2017)指出,国外在成本分担上的成功做法将对我国现代学徒制的开展提供有益的借鉴。贾文胜等[9](2015)分别对瑞士、加拿大、爱尔兰等多个国家的现代学徒制的历史、现状和实施进行研究,指出国外的理念与构建路径对中国的启示;研究集中分析了西方部分国家现代学徒制的发展历程与主要特色,并提出对我国实践中借鉴先进理念与经验是非常必要的。刘晓明等[10](2016)的研究指出了现代学徒制的困境与理性思考,认为国家要从顶层设计思考现代学徒制推行的困境,需要从理念、实践、方式、制度等方面探寻解决问题的路径。

相关研究从不同的视角指出,现代学徒制是世界各国高职院校人才培养的重要形

---

[1] 万妮娜.现代学徒制早期实践的个案考察与反思——以民国京师第一艺徒学校为例[J].北京社会科学,2016(3):50-57.

[2] 徐春梅,赵兴民.国外现代学徒制课程体系的特点与启示[J].教育与职业,2016(19):92-95.

[3] 多淑杰.我国企业参与职业教育的制度困境与突破——兼论德国现代学徒制发展与启示[J].中国职业技术教育,2016(24):5-10.

[4] 吴学仕,伦凤兰.英国现代学徒制发展因素分析及其启示[J].职教论坛,2015(12):91-96.

[5] 刘亮亮,李雨锦.英国现代学徒制改革的新动向:2020发展愿景[J].职业技术教育,2016,(6):36-40.

[6] 关晶,石伟平.西方现代学徒制的特征及启示[J].职业技术教育,2011(31):77-83.

[7] 李俊.德国职业培训市场的分析——兼谈对我国现代学徒制建设的启示[J].德国研究,2015(4):109-120.

[8] 郑玉清.现代学徒制成本分担机制研究[J].职教论坛,2017(7):15-19.

[9] 贾文胜,梁宁森.归属感提升:高职院校兼职教师激励与培养路径探析[J].高等工程教育研究,2015(6):162-166.

[10] 刘晓明,朱向楠.高职院校转型发展背景下现代学徒制推行的困境与路径[J].现代教育管理,2016(8):111-115.

式之一,实施现代学徒制也是当前我国高等职业教育改革和发展的重要趋势,现代学徒制实施试点当中存在的问题和困境,并提出相应的对策和建议。

经济学视域下的现代学徒制的研究。丁雯等[①](2016)研究分析了现代学徒制中人力资本的因素。宾恩林等[②](2016)的研究指出,我国应探索基于市场环境外部制度与内部动力相结合的机制,系统化构建符合经济发展规律的现代学徒制。王为民(2016)认为,明晰企业在学徒培养中的培养产权是现代学徒制建设的关键,能促使企业在学徒培养中的外部性得到内部化,有助于形成该制度的内在利益机制。也有学者在从企业成本—收益理论视角出发,阐释了企业参与现代学徒制的内在动力。

现代学徒制的其他方面研究。杨红荃等[③]指出,现代学徒制为当代工匠精神培育提供了体制基础。当代工匠精神是在传统工匠精神基础上的传承与发展。陈嵩等[④](2015)对现代学徒制与"新型学徒制"进行了比较,指出应把两个实施方案相结合,做到职业院校和企业紧密合作,教学管理科学有效,多部门协同推进,才能有效推动现代学徒制试点工作。

综上所述,通过文献整理与综述发现,以现代学徒制为题名搜索,从2001年,中国知网收录的第一篇期刊论文《英国的现代学徒制》[⑤](发表于2001年《中国培训》)开始,我国教育学界、社会学界等对现代学徒制进行了大量卓有成效的研究。近20年有逾5 500篇研究成果,高质量的核心期刊论文有600余篇。主要集中在现代学徒制的历史发展、模式、成效及反思;现代学徒制的教育学原理探寻、国外现代学徒制介绍与启发、现代学徒制的本土化实践、现代学徒制的培养模式国内外比较研究。其中,结合具体高职专业就人才培养目标、课程建设与教学改革、校企合作模式创新等方面的研究比较集中,也取得了大量研究成果,但是结合体育类专业的实践与理论研究比较少。

1.5.4 高职体育类专业课程与教学改革研究

体育运营与管理专业(专业代码:670408)是由教育部2015年10月颁布的《普通高等学校高等职业教育(专科)专业目录(2015年)》体育类专业体系中的一个专业,由原体育服务与管理(专业代码:660305)与体育场馆管理专业(专业代码:650110)合并而成。专业的设立与建设都处于初始阶段,所以本研究文献综述检索的研究成果主要以"体育服务与管理"为篇名进行检索,仅检索到30篇论文,以"体育运营与管理"为篇名搜索,仅2篇论文研究成果(截至2018年12月)。主要原因是该专业的设立时间不长,

---

① 丁雯,阚雅玲.人力资本视域下企业参与现代学徒制动力机制研究[J].教育与职业,2016(19):15-18.
② 宾恩林,徐国庆.市场化视野下中国现代学徒制之建构[J].教育与职业,2016(18):6-10.
③ 杨红荃,苏维.基于现代学徒制的当代"工匠精神"培育研究[J].职教论坛,2016(16):27-32.
④ 陈嵩,韩保磊.关于"现代学徒制"与"新型学徒制"的比较[J].职教论坛,2015(28):67-71.
⑤ 何小瑜.英国的现代学徒[J].中国培训,2001(3):17-18.

研究成果较少。主要有以下几个方面的研究。

体育服务与管理专业建设方面的研究。陈秀花[①](2015)指出,在高职院校体育专业教育方向主要是朝着产业服务方发展,实现产业建设后的产业对接,最终目的是为各个体育产业提供重要行业人才。基于这种情况,对体育服务和管理专业方面建设现状和人才培养提出探讨。李雪松[②](2015)以建设专业骨干教师队伍为突破口,提出该专业教育教学水平纵深发展的重要性。谈群林等[③](2014)指出,专业实践教学运行依赖于深度校企合作,为实现校企双赢目标。毕文军等[④](2011)就新形势下高职高专体育服务与管理专业课程改革做进一步探讨,提出科学进行课程设置的实践。张启平[⑤](2013)探讨了体育服务与管理专业的实践教学方法。吕秀娟[⑥](2013)对体育服务与管理专业实训课程进行分析,提出改善实训课程的针对性的方法与策略。刘会平[⑦](2011)指出,高等职业教育体育服务与管理专业而言,如何将学历教育与行业职业标准有效衔接,在人才培养过程中实行行业职业资格证书制度,对提升人才培养质量和就业竞争力具有重要意义。康伟[⑧](2011)对专业建设的组织机构建设、培养方案的制度设计、课程教学安排、师资队伍建设、培养目标等方面对体育服务与管理专业建设进行了阐释。

体育服务与管理专业人才培养方面的研究。彭新社[⑨](2016)探索体育服务与管理专业发展现状与学生就业之间联系。母庆磊等[⑩](2015)对具体学校的专业人才培养模式进行调查与分析,对具体地区专业就业面向相关企业进行问卷调查,了解企业人才结构现状与人才需求等,分析了行业对人才标准的诉求。有相关研究从就业和创业两个方面对高职体育服务与管理专业学生进行了分析并得出了相应的对策。也有相关研究通过对粤西地区体育产业的发展和体育休闲行业的现状分析,了解粤西地区体人才需求现状及对人才质量要求,并提出建议。

---

① 陈秀花.浅析高职体育服务与管理专业建设及培养[J].当代体育科技,2015(34):169-170.
② 李雪松.浅谈休闲体育服务与管理专业骨干教师的培养[J].吉林省教育学院学报(中旬),2015(9):153-154.
③ 张艳美,谈群林.体育服务与管理专业实践教学保障体系[J].现代企业教育,2014(8):172-173.
④ 毕文军,杨英,马会清.体育服务与管理专业建设的探索和实践[J].教育与职业,2011(26):110-111.
⑤ 张启平.以就业为导向的高职教育体育服务与管理专业实践教学方法探讨[J].湖北体育科技,2013(9):817-818.
⑥ 吕秀娟.构建"3+3"中高职体育服务与管理专业"双证融通"的课程[J].科技视界,2016(25):29-30.
⑦ 刘会平.高职教育体育服务与管理专业"双证融通"人才培养模式研究[J].成功(教育),2011(20):7-9.
⑧ 康伟.体育服务与管理专业建设的探索[J].辽宁高职学报,2011(1):23-24.
⑨ 彭新社.我国高职体育服务与管理专业人才培养与就业的探索[J].运动,2016(7):132-133.
⑩ 母庆磊,贺刚,熊志锋.高校体育服务与管理专业国际高尔夫方向人才培养模式探析——以四川外国语大学成都学院为例[J].企业改革与管理,2015(11):155.

其他方面的研究。刘亚玲等①(2016)建议把素质教育目标纳入体育运营与管理专业课程教学目标中。孙海艳等②(2012)则从心理学的角度中运用症状自评量表(SCL-90)和数理统计方法,对100名体育专业的学生进行调查,提出心理干预在人才培养中的运用。

综上所述,高等职业教育体育服务与管理专业(体育运营与管理专业)因专业的设置时间较短,研究成果相对较少,但研究视角较为广,涉及课程设置、专业建设、教学设计、校企合作等各个方面。但是对课程体系构建的研究相对较少,更是没有论文等形式的研究成果对基于现代学徒制体育类专业建设与课程体系等研究。

1.5.5 实践课程与教学研究

在《中国期刊全文数据库》中,以"高校实践课程"或"高校实践教学"为关键词,查阅了20多年来(1997—2017)公开发表的学术论文,结果发现610篇,其中2017年有50篇,2016年有80篇,2010年以后都有50篇左右,但1997年到2003年这5年,每年发表的学术论文都在5篇以下。不难看出,实践课程与教学的研究近年来受到更多重视。这些研究主要集中在以下几个方面。

高校实践课程与教学的相关理论研究。刘帅霞等③(2017)对实践教学过程中的问题提出分析并指出对策。程海涛④(2017)对新发展理念下创新实践教学模式实践保障体系进行了探讨。罗兰芳等⑤(2017)指出,高校实践教学是培养创新人才的重要手段,必须进行实践教学的改革才能从根本上提高大学生适应社会的能力;并且针对高校实践教学内容和实践教学手段等方面提出了实践教学改革的几个建议。还有部分文章从高校实践课程与实践教学的重要性、意义等方面进行了理论方面的探讨。

高校实践课程教学的实施研究。从文献检索的结果可以看出,很多文章的研究以某个专业或者某个高校为例,对实践课程的教学的实施过程进行了具体研究。王娟娟等⑥(2017)以西北农林科技大学林学院为例,全方位剖析了农林高校实践教学存在的问

---

① 刘亚玲,何沿.用人单位对不同专业高职学生素质需求的比较研究——以行政管理、市场营销和体育服务与管理专业为例[J].赤峰学院学报(自然科学版),2016(2):215-219.
② 孙海艳,邓雷.体育服务与管理专业学生心理健康调查分析[J].江苏经贸职业技术学院学报,2012(6):51-53.
③ 刘帅霞,高顺成.高校实践教学存在的问题与对策分析——基于问卷调查的分析[J].黑龙江教育(理论与实践),2017(6).
④ 程海涛.基于新发展理念的地方本科高校实践教学模式的研究[J].山东化工,2017(7):181-182.
⑤ 罗兰芳,王翠红,王改兰,等.高校实践教学改革与创新人才培养[J].教育教学论坛,2017(15):119-120.
⑥ 王娟娟,欧文军,谢寿安,等.农林类高校实践教学创新模式构建——以西北农林科技大学林学院为例[J].高校实验室工作研究,2017(3):41-44.

题,并针对存在问题构建了创新模式。彭虹等①(2017)指出,专业实践教学中创新创业教育的重要性。还有如《基于创新创业能力培养的地方本科高校实践教学体系研究》(陶秋香,2017)、《地方高校实践教学改革研究》(霍春宝,2017)等文章。

高校实践课程教学的管理与评价研究。学界对高校实践课程教学的管理过程与实施效果的研究也较重视。苏百荣等②(2017)指出,实践教学是高校日常教学的重要组成部分,为了提高实践教学质量,可以从监控状况、监控过程、监控方式等几个方面探索有效的实践教学监控模式。《地方高校实践教学督导指标的建立及督导评价》(张成兴,漯河职业技术学院学报,2017)、《对构建高校实践教学质量监控机制的思考》(陈宝琪,教育教学论坛,2017)等文章都从质量监控与评价的角度进行了研究。

对国外实践课程与教学的研究。近年来,在国外高校实践课程与教学的研究也得到更多重视和关注。田莉等③(2017)对美国高校实践教学与思政课实践教学的异同进行了比较。孙莉莉等④(2017)对中外实践教学模式进行了比较分析,分析了美国高校实践教学模式。还有很多研究从模式、实施、评价等各个角度对中外高校实践课程体系的构建进行了比较研究,为中国当前的高校专业课程体系的构建提供了有价值的参考。

综上所述,职业教育的职业性特征有别于本科层次教育的学术性,无论是人才培养规格还是课程建设目标,其实践性课程的重要性不言而喻。通过文献整理,可以发现高校的实践课程与教学研究主要是课程实施、质量监控与评价及相关基础理论研究,研究成果主要集中在近10年。

1.5.6 高等职业教育专业课程体系研究

因为高等职业教育的人才培养目的和定位的原因,高等职业教育更重视专业教育过程中的职业性与实践性。在进行文献综述的过程中,以"高职"+"课程体系"为题目在中国知网进行文献检索过程中发现,一共检索到4 113余篇文章(截至2016年12月)。可见,高等职业教育课程体系建设的研究等受到更多教育界专家学者的关注,研究成果丰富。为了便于分类和聚焦更高质量的研究,进行了两次筛选,以"高职"+"专业课程体系"的题名方式在核心期刊数据库开展检索,检索到179篇文献。在当前的高等职业教育课程体系研究中,主要是集中在以下几个方面。

---

① 彭虹斌,袁慧芳.高校人文社会课程实践教学环节问题的探讨[J].集美大学学报(教育科学版),2006(2):66-70.
② 苏百荣,范青.地方本科高校实践教学质量监控机制研究[J].昭通学院学报,2017(2):75-79.
③ 田莉,柏洁茹.美国高校实践教学与我国高校思想政治理论课实践教学对比研究[J].黑河学刊,2017(5):132-133.
④ 孙莉莉,赵慧娥."双创"背景下中外高校实践教学的比较与启示[J].产业与科技论坛,2017(17):169-170.

高等职业教育课程内容与体系方面的研究。周薇等[1](2017)指出,高职院校大力建设各类教学资源库,通过教学资源库的建立进一步提高教学质量。她还分析了建设实践教学课程微视频的必要性和目前存在的主要问题,提出了建议。马洪霞等[2](2015)指出了实践教学体系和实践课程的开发过程与建设的意义。晋智红[3](2009)探讨了在高等职业教育中构建面向岗位和岗位工作流程的实践课程体系,提出在校内仿真企业教学环境中项目驱动的核心模式下,以岗位职业角色的工作流程和能力需求为出发点,设计实践训练课程。学生通过在其中扮演具体的职业角色进行实践,以全面提升专业技术应用能力和个人职业素质。尹红莲等[4](2007)通过定量计算与定性分析相结合的方法,指出利用层次分析法原理构建 AHP 实践课程体系模型,从而构建实践课程体系。

高等职业教育课程教学方面的研究。孙华[5](2012)指出,针对高职学生的学情和教学现状,从教材、教学内容、教学方法方面提出了教学改革思路,并针对高职园林专业的"植物学"课程实践教学环节,采用兴趣教学方法进行了实践探索。蔡明[6](2015)指出,在高等职业教育中在校实践教学环节,提出了一种开放式教学模式,即在不改变教学条件的情况下,调整教学过程设计,以提升设备的使用效率,强化学生的实训效果,实现因材施教。周芳[7](2014)指出,可以将服务学习这一教学方法、学习理念运用于高职实践类课程中。刘民健[8](2014)指出,在实践教学过程中可以探索多种教学方法,促使学生在学习中训练、在训练中学习,培养出高素质的实用人才。对高职实践课程的教育模式的特征进行分析,并指出实践教学改革的关键之处。

基于现代学徒制专业课程体系构建研究。以"高职"+现代学徒制+"课程体系"方式进行检索,聚焦相关研究(截至 2016 年),发现共有 12 篇文献研究成果。主要分为两个类别。一是介绍国外现代学徒制的启示,如徐春梅等[9](2016)从分析现代学徒制和高职课程体系入手,分别就课程观、课程目标、课程内容、课程模式 4 个方面总结了德国现代学徒制课程体系的特点;在此基础上,结合我国高职课程体系的现状,提出改革措施。二是其研究成果主要是针对具体专业进行探讨,欧阳斌[10](2015)等多篇文章对会计专

---

[1] 周薇,何尔纯."信息素质教育"课程体系的构建[J].浙江高校图书情报工作,2006(2):178-180.
[2] 马洪霞,滕美方,许鲲鹏,等."专业群"背景下高职实践课程开发与实践[J].大学教育,2015(10):55-56.
[3] 晋智红.立足于职业角色的高职实践课程体系初探[J].长春理工大学学报(高教版),2009(11):38-39.
[4] 尹红莲,梁秋生,张本昌.基于 AHP 的高职实践课程体系研究[J].职业技术教育,2007(16):55-57.
[5] 孙华.行动导向课程体系开发的实践探索[J].考试(教研版),2012(11):69-69.
[6] 蔡明.浅析高职实践课程开放式教学组织与设计[J].企业导报,2015(13):105-107.
[7] 周芳.基于服务学习的高职实践课程组织实施研究[J].机械职业教育,2014(1):42-44.
[8] 刘民健.电子类高职实践课程教学改革与探索[J].科技视界,2014(22):204-204.
[9] 徐春梅,赵兴民.国外现代学徒制课程体系的特点与启示[J].教育与职业,2016(19):92-95.
[10] 欧阳斌.现代学徒制下高职会计专业校企双课程体系开发的研究[J].湖北成人教育学院学报,2015(4):36-39.

业、物流管理专业、模具专业、电梯工程专业、机电一体化专业、财经类专业、软件技术专业等具体专业结合现代学徒制探讨了专业课程体系构建。

高等职业教育课程其他方面的研究。孙莹[①](2014)、石丽莉[②](2015)等研究指出,高等职业教育必须建立具有高等职业教育特点的实践教学质量指标体系。徐跃帼[③](2014)指出,高等职业教育在增强学生的核心竞争力,满足市场和产业对高素质技能型人才的需求,同时也促进高等职业院校实训基地和"双师"型教师队伍的建设和发展。

综上所述,高职教育专业课程体系方面的研究主要集中在课程体系设置与优化、课程体系开发与评价、从工学结合、校企合作的创新视角,以及结合具体专业探讨课程体系的构建,其中结合具体专业基于现代学徒制的课程体系研究集中在2015—2016年两年期间,可见相关研究起步较晚、成果数量较少,有待进一步加强研究。

---

① 孙莹.地方高职院校实践课程的改革[J].长春工业大学学报(高教研究版),2014(1):55-57.
② 石丽莉.建立基于工作过程的高职实践课程教学质量评价指标体系探索[J].成都纺织高等专科学校学报,2015(2):111-114.
③ 徐跃帼.浅议高职实践课程内容与国家职业标准的衔接[J].山东纺织经济,2014(5):30-32.

第 2 章 现代学徒制的起源及实践

2.1 学徒制的起源与发展

在进入机器生产以前,人类社会主要是通过手工劳动制作用以交换的劳动产品。通过手手相授获得的技能、工艺都是从最直接的劳动过程中得到。这是与机器生产方式最大的区别。因此,"做中学"就成为手工劳动成为人类获得技能、工艺的方式最核心的方式,也是学徒制的启蒙思想与核心思想。随着社会生产力的发展和人类生产技术的变革,学徒制的组织形式也随之发生变化,从传统学徒制经过社会经济等各方面的影响,发展到现代学徒制的逻辑与演进历程。

2.1.1 传统学徒制

传统学徒制经历了古代学徒制和中世纪学徒制两个阶段。

学徒制度最初作为手工业行会组织制度和组织生产的重要方式,源于中世纪。作为学徒制的基因,其"做中学"的知识习得特征可以追溯到原始时代。当时人们为了获取生活的基本需求,在生活方式中将生产技能和生活经验通过最直接的口耳相传的面授方式进行代际相传。这样后人通过模仿、继而尝试学做的过程中得到了赖以生存的生存技能和生产技术。

随着生产力的快速发展,手工业作为一个独立的产业部门不再依附于农业,而且有着更细化的技术和工种划分。各行业的手工业者们为了将精湛的技艺传承下来,开始将技术和经验有选择的地传授给下一辈,使技艺得到留存,其后代也能掌握一技之长,有了在社会生存下的技能资本。这就是早期学徒制的萌芽状态。此时,学徒制仅限于在家庭范围内父子之间的技艺传授。这种技艺和秘诀的传授是要严格遵守世袭制度的。随着社会对手工产品的需求不断增加,手工业生产规模的进一步扩大,师傅开始将其技艺传授其他人的孩子。这就是以契约形式为基础的学徒制的雏形。在其发展过程中开始形成一些约定俗成的制度。"当父母把自己的儿子送到师傅身边,委托师傅传授技艺时,必须以文件的形式详细规定师傅作为教师应该承担的义务。"①这种建立在亲密师徒关系基础上的,招收"养子"并向其传授技艺形式即是契约式学徒制的最初形态。其有助于保证技艺与秘诀代代相传,但也限制了技术的传播,限定了教育对象,使得生产技术更大地受到私人限制②。

12世纪,城市手工业的日益发展,使得手工业者的地位得到较大提升。为了保护本行业的利益,同行业的手工业者为了加强团结并提高自己的社会地位,开始组织行会。手工业的生产经营方式(学徒制)也受到行会的掌控和监督。最初,行会对成员雇用徒弟的师徒之间的私人关系采取承认的态度。随着行会权利的日益扩大,对学徒制的徒弟的义务、编制师徒合同等进行了严格的规定。所以,学徒制的制度属性从13世纪中期开始,逐渐转变为公共性质③。

发展到中世纪,学徒们积极钻研与自己职业有关的知识和技术,主要是由于学徒意识到这是将来成为师傅的必备条件,同时由于学徒的人数少、学徒期限长,师傅可以全面照顾学徒的学习,学徒的技艺可以真正提高到工艺师的水平。因此,这种教育蕴藏着学徒将来有可能成为工匠乃至师傅的学习目标。

在师傅的指导下,学徒经过一段时间的学习可以晋升为工匠。在师傅传授技能的同时,徒弟也参与师傅操作的生产活动;学徒必须支付学费,但他们可以获得适当的报酬和工资。经过学习,如果工匠的劳动成果能够得到师傅的认可,就可以晋升为师傅。然后可以雇用工匠和学徒,一般来说,师傅只能招2~4个徒弟。这样规定的主要原因是为了避免由于学徒数量多而对工资低的年轻人造成虐待的可能性。在中世纪,如果想成为一个工匠,就必须经历这个学徒期。

同时,学徒制也是一种受公众监督的教育形式。在进行技术教育的同时也进行品德教育。师傅不仅要传授技能,还要进行广泛的育人教育,包括阅读、写作、数学、道德素质和宗教教育。因此,中世纪的学徒制,一方面是一种真正理想的技术教育体制,同时还是一种卓越的社会教育组织④。

随着财富的聚集,行会在发展过程中,部分获得财富的师傅开始不断扩大经营规模,掌控生产上的统治权,将那些没有资格成为师傅的工匠们掌控在自己的管理范围内。人们为了追求更高的利益,更加追求生产廉价产品,行会开始成为阻碍产业发展的痼疾,学徒制也开始走向衰退。

另外,18世纪末,生产方式发生巨大变化,手工工业逐渐转向机器生产的大工业,产业革命也加速了传统学徒制的崩溃。手工工艺地位下降,工厂不再需要更多的技术熟

---

① [日]细谷俊夫.技术教育概论[M].肇永和,王立精,译.北京:清华大学出版社,1984:12-13.
② 石伟平.比较职业技术教育[M].上海:华东师范大学出版社,2001:6.
③ [日]细谷俊夫.技术教育概论[M].肇永和,王立精,译.北京:清华大学出版社,1984:19.
④ [日]细谷俊夫.技术教育概论[M].肇永和,王立精,译.北京:清华大学出版社,1984:24.

练的工人,工人不需要像传统学徒那样掌握整个生产流程的全部工艺,只需掌握其机械化生产方式下所在生产环节的技艺即可。机器工具的应用对技艺要求有所下降,众多工作岗位不需要太多的技艺精湛的学徒,这必然导致廉价的劳动力成为雇主的追求。这样,产业工人的特征和本质发生了变化,学徒制因此也失去它存在的理由①。学徒们也意识对学徒制也失去了更高的热情。所以,传统的学徒制遭到了劳资双方的冷遇,逐渐走向衰亡。

传统的学徒制的衰亡对新的社会生产产生了极大的影响,机械化工业生产对劳动者的素质提出了更高要求。虽然对生产经验和劳动技艺要求降低了,但是对科学知识的要求更高了。这就要求劳动者必须掌握一定的科学知识和技术,因此,学校职业教育就应运而生。同时,社会生产力水平也因为大机器工业生产的广泛应用得到极大的提高,社会物质财富迅速增加,职业教育的发展也得到了必要的物质基础和客观保障,现代职业学校的出现就成了历史的必然选择。

2.1.2 现代学徒制

学徒制自诞生以来就一直蕴含着职业教育的基因。在职业学校出现以前,学徒制扮演着传承社会知识、技术技能和文化传统的重要职能。学徒制度逐渐被机械化生产系统打破,学校成为产业工人的新型教育机构。然而,学校教育也缺乏学徒制的一些优势。在学校教育系统内,知识和技能从实际情况中抽象出来,以教科书的形式独立呈现,导致理论与实践之间脱节。学徒制时代,无论是理论知识和还是技术技能,都存在于实践应用的场景中,学徒通过解决实际任务来习得知识和技能。通过比较,学校教育的隐蔽弊端显露无遗;而学徒培训在这个方面就有很大优势,西方学者于20世纪80年代提出了"学中做"的思路,指出实现理论与实践结合的创新人才培养模式——现代学徒模式,对既有的职业学校形态的教育方式、教学组织以及教学评价等方面的改革,特别是融入传统学校和社会部门的界限,加强学校与企业的结合和渗透,引发了真正意义上的学习和教育革命②。

信息化时代的到来更是带来经济全球化趋势加强,国际经济竞争更加日益激烈。世界各国为了在竞争中取得领先地位,纷纷谋求新的经济发展战略。德国和日本等国家的经济发展的奇迹使其他国家开始思考职业教育的魅力,职业教育与职业培训再次成为全球各国关注的焦点。

传统学徒制的优点在融合职业教育优势后显示出更适合经济发展的力量,顺势而来的现代学徒制期望能通过现代职业教育来加强技术教育,提高劳动者的技术素养,培

---

① [日]细谷俊夫.技术教育概论[M].肇永和,王立精,译.北京:清华大学出版社,1984:27.
② 朱敏成.论现代学徒模式[J].中国职业技术教育,2001(11):45.

养具有终身学习能力的劳动者。这已成为实施职业教育的一种重要形式。世界各国开始探寻适合本国经济发展的现代学徒制,探寻进一步加强学生与工作世界联系的桥梁。如德国双元制最具代表性,也为其他国家提供了借鉴的蓝本,澳大利亚新学徒制、美国注册学徒制及英国现代学徒制等,都为发展本国经济和解决青年失业问题等起到了积极的推动作用。

2.2 国外现代学徒制的发展

2.2.1 德国"双元制"

德国学徒制的发展背景

德国是一个由16个联邦州组成的议会民主联邦制国家。在德国的经济发展历程中,其支柱产业主要是工业和服务业,尤其是工业制造业,有很多是在世界科技领域的前沿位置。其经济体制被称为"社会市场经济"模式,在有序竞争的同时,强调国家对市场的调节作用和社会责任[1]。德国人在工作中一贯秉承严谨务实的传统,崇尚科技一直都是德国文化区别与其他国家的重要特征。德国历史上有众多伟大思想家,也是德国人对思辨与理性非常执着的另一种证明。德国在发展历史的各个阶段,一直都非常重视对手工匠和技术人员的培训。在德国,社会共识认为"培养一个知识渊博的大学生,与培养一个技艺精湛的工人对国家经济和社会发展具有同等重要的意义"[2]。在德国文化中,工人们对自己的"工作职业"有着强烈的自我肯定价值取向。整个国家对职业教育与职业技术人才的培养也非常认同。这就造就了德国人的"天职观"。这使得德国企业对职业文化的认知非常深刻,与其他国家的企业相比,也更加愿意积极主动参与职业教育。

德国的教育管理体系实施有限的地方分权制[3]。中央政府是监管者和支持者的身份;州政府独立领导和管理全国每个州的教育,每个州实行自治统一管理。德国的教育体系主要有4个阶段:学前教育、初等教育、中等教育和高等教育。德国教育法规定,儿童年龄达到6岁就必须接受义务教育,小学阶段的学习时间为4年。学生完成初等教育才能进入定向级。接受中等教育的学习结束后,会有两种选择,一个是继续接受全国统一的全日制教育,另一个选择就是进入非全日制职业学校,学习时长为3年。6—18岁年龄段之间的儿童与青少年市德国的义务教育的主要对象。在德国,学生结束了第一

---

[1] 关晶.西方学徒制研究[D].上海:华东师范大学,2010:138.
[2] 孙玫璐.职业教育制度分析[D].上海:华东师范大学,2006:82.
[3] 吴景松.政府职能转变视野中的公共教育治理范式研究[D].上海:华东师范大学,2008:43.

阶段的中等教育之后，全日制学校与非全日制学校的学生都可进入"双元制"学校，接受技能培训，或者选择职业专科学校与专业文法学校等职业学校。

"双元制"的演进历程

"双元制"在德国的发展中具有独特的表征与魅力，被认为是现代社会全球范围内学徒制和职业教育发展典范，被视为第二次世界大战之后德国社会经济高速发展的"神秘武器"。德国"双元制"并不是通过细致规划而发展起来的一种教育制度或者人才培养模式，而是一个经过非常复杂的历史演化过程后而形成的有机整体。在德国，职业学校教育和企业培训一直是作为"双元制"体系内的两个独立的主体，直到20世纪，经过发展与有机整合，才发展成为一个结构化的体系——"双元制"。整个体系主要经历了手工业学徒制的兴起与衰败，"双元制"经历了初建、确立和发展等几个时期。

手工业学徒制的兴起。12世纪早期，德国的手工业行会就出现了的学徒制。最早记载的历史资料是1182年的《科隆地区车旋工培训规章》①。当时，德国的南部已经有了一些诸如科隆、纽伦堡以及奥格斯堡等这样的大城市。手工业生产在城市的显著发展悄然超越了农村手工业的地位和规模，到了14世纪，手工业在城市的发展更加占据主导地位，纺织业、机械等手工作坊遍布各大城市和地区，武器制造、金银首饰与镂刻等也都非常发达②。城市手工业的快速崛起同时带动德国手工业行会制度的地位迅速提升。资料显示，到了14世纪末15世纪初，各大城市和地区已经成立数量众多的手工业行会③。行会大规模的发展带来的经济繁荣促使行会开始坚定地实施"强制会籍制"，并且出台了相应的较为匹配的法规体系。与其他国家相比，行会制度在德国具有更加牢固的基础。到了十六七世纪，行会制度的传统在德国仍然极为顽强④。直到1800年，工业生产还完全控制在德国的行会手中⑤。

在德国，手工业行会从业者分为学徒、工匠和师傅三级，并且等级区别很严格、明显。这种"手工业师傅训练"传统学徒制是那个时代独特存在的职业教育形态，也成为行会训练培训手工艺人的主要手段。手工业行会对学徒制有很多详细明确的政策文件，比如行会章程就会对学徒的身份的合法性、合同签订的程序、师傅行为规范、学徒期限和学徒期满的要求等都有相关规定⑥。学徒期满后学徒要参加考试，合格者会通过参加仪式宣布满徒，升为工匠。在此期间，为了开阔眼界，提升知识储备和技能水平，工匠通常

---

① 石伟平.比较职业技术教育[M].上海:华东师范大学出版社,2001:83.
② 李邢西,罗雄飞,刘亚玫.新编世界经济史(上)·世界中世纪经济史[M].北京:中国国际广播出版社,1996:44.
③ 高德步,王珏编著.世界经济史[M].北京:中国人民大学出版社,2001:145.
④ [苏]波梁斯基.外国经济史(封建主义时代)[M].北京:三联书店,1958:524.
⑤ 刘淑兰.主要资本主义国家近现代经济史[M].北京:中国人民大学出版社,1987:176.
⑥ 黄日强.德国手工业生产与学徒培训制度[J].职教通讯,2005(5):56.

会四处游历,在其他技能精湛的师傅的作坊里做帮工。工匠经历了这段学习过程,如果能按要求通过师傅的考试,做出技艺高超、令人信服的作品,方可获得师傅称号。由此可见,从学徒到师傅有一个较长的学习过程。

18世纪至1869年,行会学徒制经历了一个逐渐衰败的历程。14—15世纪,德国的个体作坊式的手工业达到了鼎盛的状态。从16世纪开始,德国的工商业逐步衰退,德国的行会也随之衰弱。随后的200多年里,德国社会分工的升级以及资本积累两大因素的原因造成手工工场一直是重要的生存方式与组织形态。到了18世纪,德国的学徒制的发展开始逐渐偏离了最初的目标,引发诸多社会矛盾,对社会秩序也造成一定的影响。手工业行会也逐渐失去了以前对学徒制培训的掌控力,因此,政府开始对学徒制实施强制性的政策干预,以便激发手工业行会和学徒制度原本的强大生命力。对学徒的学习能力做了更多的规定,比如学徒在读写和宗教方面必须具备一定的知识储备,否则必须重新回到学校进行学习①。进入19世纪,手工业行会本身的发展已不能满足社会生产的步伐和需求。"强制会籍制"制度已经不能适应社会经济的发展。这一时期,政府一方面企图通过发展自由经济而挽回经济发展颓势,另一方面又没有彻底废除行会的决心,所以造成对行会以及学徒制无法做出取舍的局面。随着自由经济的发展,1869年,德国颁布了《北德意志联邦工商条例》,以此明确了德国自由主义经济法制的地位。其中,有近10个条款对学徒制做出了相关规定,取消了一些强制性的规定。从此,行会学徒制走向衰败。

"双元制"的初建(1569—1969)。德国工业化起步较晚,主要原因是手工业行会制度的强盛、政治社会的动荡不安等,可是发展速度并不慢。19世纪50至70年代,德国工业发展经历了"爆发式"的发展过程②。19世纪末期,德国社会发生了三轮经济萧条期,但促使德国开始探索发展新型学徒制的道路,手工业学徒制重新焕发生机。与此同时,收获了"双元制"的另外一个主体——学校职业教育。20世纪初,德国"双元制"的雏形初步形成。

《联邦工商条例》以及其他一系列行业法案对学徒制进行了规范。1897年颁发的《手工业者保护法》,以法案形式认可了建议行业协会来代表和保护手工艺人利益。这部法律的颁布使德国手工业学徒制的历史地位在工业时代得到了重新确立。职业教育确立了"经济界的责任"。在此背景下,国家通过立法形式逐步保障了手工业学徒制的权益。学徒制开始滋生职业学校的要素③,如1919年的《魏玛宪法》。德国的进修学校在此期间发展迅速。1899年,进修学校会议一致认为,进修学校应该成为"与车间相对

---

① [日]细谷俊夫.技术教育概论[M].北京:清华大学出版社,1984:29-30.
② 孙祖复,金锵.德国职业技术教育史[M].杭州:浙江教育出版社,2000:7.
③ Greinert,wolf-Dietrich.The German system of vocational edueation:history,orsanization,prospects[M].Baden-Baden:Nomos Verl.-Ges,1994:31.

应的理论场所",是"职业学校"。这一点应该在其内部和外部组织中得以体现①。1900—1906年,慕尼黑设立了52所专门进修学校②。1920年,"进修学校"退出历史舞台,取而代之的是"职业学校"。从此,德国"双元制"开始呈现双轨并行(企业职业培训与学校职业教育)初始特征。随后,国家还没有从法制法规方面形成统一规范"双元制"的综合法案。直到1969年德国《职业教育法》颁布,表明"双元制"的正式确立③。

"双元制"的发展(1969—)。20世纪70年代开始,德国"双元制"开始进入新的发展时期,更加有效组织了学校职业教育和企业培训的体系。其主要做了以下几项措施和改革:划分培训职业体系、建立跨企业培训机构、引入基础培训年、将"双元制"纳入教育系统④。当时的"双元制"还没有取得和其他学校等级相同的资格证书,也不可以进入高等学校。自20世纪70年代末,德国对理论功底深厚、实践技能熟练的高层次人才更加渴求,职业教育越来越受到人们的重视,"双元制"已经进入正规的教育体系内。众多以"双元制"为特征的职业院校不断开设,"双元制"已经不只是中等教育发展模式,而成为高等教育的一个有机构成体系。

德国"双元制"机构管理体系

德国"双元制"有着层次分明的机构管理体系(见表2-1),代表着各主体相关方利益需求,在职业培训的具体实施过程中,各方一起承担各项工作。

表2-1 德国"双元制"的组织管理体系

序号	部门名称	主要管理职能
1	联邦教育与研究部	制定并颁布法律法规;对相关经济部门门培训条例审批;主管联邦职业教育研究所;促进职业教育改革;对培训中心、地区行业协会的培训设施等提供补助;资助职业教育优秀学生;开展与世界各国合作
2	政府相关经济部委	负责培训职业所属行业的联邦行政部委,职责是颁布分管领域中的职业培训条例
3	联邦职业教育研究所	向联邦政府提供有关职业教育咨询建议;起草职业培训条例,出版培训职业目录;收集分析全国职业教育数据,出版职业教育年度报告;支持跨企业培训中心建设和发展;进行企业内职业教育实践试验;改进职业教育教学技术

---

① Greinert,wolf-Dietrich.The German system of vocational edueation:history,orsanization,prospects[M].Baden-Baden:Nomos Verl.-Ges,1994:36.
② 孙祖复,金锵.德国职业技术教育史[M].杭州:浙江教育出版社,2000:31.
③ 国家教委职业技术教育中心研究所.历史与现状:德国双元制职业教育[M].北京:经济科学出版社,1998:5.
④ 关晶.西方学徒制研究[D].上海:华东师范大学,2010:62-64.

(续表)

序号	部门名称	主要管理职能
4	各州教育与文化事务部长联席会	制定和颁布用于指导各州职业学校教学的框架教学计划；处理超越各州自身职业教育的政策和管理问题
5	各州的教育与文化事务部	颁布本州职业学校的教学计划；监督与管理职业学校的教学与管理；向职业学校提供经费支持
6	各州经济部门	监督本州行业协会；向职业教育提供某些经费资助
7	行业协会	注册、修改、解除企业与学徒的培训协议；发布培训规范；向培训师和学徒提供建议；审查培训师与培训场所资质；对学徒给予学分；组织和管理学徒的考试；任命培训顾问，监督培训执行
8	提供培训的企业	招收"双元制"学徒，并依据职业培训条例，开展企业培训
9	职业学校	根据各州颁布的教学计划，向"双元制"学徒提供义务职业教育

德国学徒制主要特征

通过对德国学徒制的发展背景与历史演进过程进行全面分析可以看出，德国学徒制主要有以下几个特征：以职业性为首要原则；利益均衡合作机制；企业参与度高；三轨教育体系；深厚的历史文化传统[1]。

以职业性为首要原则。德国学徒制与其他国家的培训体系有着较大不同，无论是德国传统学徒制还双元制，都是以职业性原则为首要原则的[2]。在"双元制"中，"职业概念被置于了工作概念之上"[3]。

高度的企业参与。德国学徒制的各个历史发展阶段中，企业都是主导职业教育的各项安排的主体。企业不仅为培养提供主要的培训场所和培训成本，对职业教育也一直保持着高度的热情和积极的行动。

三轨教育体系。德国社会对学徒制的价值挖掘使得国家参加学徒制的人数比大多数经济发达国家要多。学徒制系统本身的价值或社会文化价值观是重要原因，但度过普通教育"系统"的特点也是重要原因。德国常规教育体系保持传统的三轨教育结构，主体中学、实科中学与文法学校的分流功能确保"双元制"得到较好的学生来源；反之，学徒能够有更好地发展，也提升了企业的信任感，提升了职业教育的位置。

深厚的文化传统基因。德国"双元制"有着良好的文化传统基因，德国人一直以来都很崇尚职业教育的教育功能。德国人历来对精湛技艺非常崇尚，无论是古代的泥瓦工、面包师，还是近代的邮递员、修鞋匠，都被认为是受人尊重的职业[4]。德国的职业教

---

[1] 关晶.西方学徒制研究[D].上海：华东师范大学,2010:85-87.
[2] 陈莹.德国职业教育本质特征之研究[D].上海：华东师范大学,2012:173.
[3] 徐国庆.英、德职业教育体系差异的政策分析及启示[J].教育科学,2006(3):70.
[4] 黄日强,胡芸.文化传统对英德职业教育的制约作用比较[J].职教论坛,2008(2):56.

育也成为国家发展的重要方向。德国有一条谚语:"不教会青年人手艺就等于让他们去偷。"①德国企业都能够主动参与学徒制的组织、实施与管理,以期满足企业发展的需求。德国企业的重视技能传授的历史传承可总结为由国家学徒制良性发展所带来的正面效应。

2.2.2 英国现代学徒制

英国学徒制的发展背景

英国位于欧洲大陆的西部,国家采用议会制的君主立宪制,国家经济发展所运行的是市场经济体制,反对政府的任何干预。产业发展的架构方面,银行业、保险业、金融业、运输业和服务业都处于全球前列。英国是一个受自由主义思想影响极大的国度。它包括经济自由、心灵自由和个性自由②。在这种历史发展背景下,科学被分为了技艺的和高雅的两个层次。同时,全国的教育体系也带有鲜明的层次性。他们崇尚培养绅士的"文雅教育",对培养技艺的生产劳动者的职业教育嗤之以鼻③。

英国的教育系统主要分为私立和公立教育体系,初等、中等和高等教育三者之间有机连接。在英国,主要由公立的中等教育和继续教育体系提供职业教育的开展。但私立教育并不开展职业教育,只传承精英教育的教育目标。英国职业教育历史表明,其发展传统是以企业发展为本位,在较长一段时间内,以学徒制为主要依托的职业教育在一定程度和范围内取得了成功。以企业为本位学徒制一直是英国职业教育发展的重点。基于结果而非过程的职业资格体系和资格框架的逐步发展,有力地支持了英国职业教育体系融入这种基于工作的职业教育。

英国现代学徒制演进历程

英国学徒制的演进历程与西方其他国家情况相似,主要历经了手工业行会、国家立法、行会集体商议和现代学徒制4个不同特征阶段的演进历程。

12世纪初,随着传统手工业行会的发展,英国就产生了制度化的学徒制。各个行业都有自己的行会,比如呢布行业中又分为多个相关的布业行会④。1415年,约克城存在的行会有57个;15世纪末,赫里福德有20个行会;1422年,伦敦已经有111个行会⑤。个别行会的业务往来已经不仅限于本国内了,比如英国托斯卡纳的羊毛工业行会在

---

① 孙玫璐.职业教育制度分析[D].上海:华东师范大学,2008:83.
② 李纷.英国的文化价值观念与教育[J].华东师范大学学报(教育科学版),1994(3):46.
③ 黄日强.传统因素对英国职业教育的制约作用[J].安徽商贸职业技术学院学报,2008(3):67.
④ 翟海魂.发达国家职业技术教育历史演进[M].上海:上海教育出版社,2008:17.
⑤ 董春高.精粹世界史·西欧封建社会[M].北京:中国青年出版社,1997:316.

12—13世纪几乎垄断了全国的羊毛,以及来自法国北部半制成的纺织品的加工和销售[1]。当时,学徒制、世袭和赎买是英国人获得公民权的3个主要途径,可见学徒制存在对当时社会的重要性。根据手工业行会制度的规定,从业者分为学徒、工匠和师傅3个级别,只有师傅才能独立从业[2]。在学徒制开始之前,学徒的监护人与师傅之间签订契约,在行会登记注册,并向师傅支付相应的学费,学习年限为5—9年不等[3]。师傅不仅要将技艺传授给学徒,还有负责对学徒进行道德教育。学徒期后,学徒必须经过行会和师傅的严格考核才可升为工匠[4]。成为工匠后,工匠通常会四处游历,也可在师傅的作坊里做帮工。一个合格的工匠经历了这个阶段的学习,如果能按要求通过行会和师傅的考试,完成优秀的、令整个行业认可的作品或者任务,才能获得"师傅"的称号,独立从业。

国家立法学徒制(1563—1814)。在社会经济发展不够发达的时期,手工业行会制度起到了促进行业和社会繁荣的功效。社会经济快速发展背景下,它逐渐显示出其更多的弊端,已经不能满足社会化大生产的需求,成为一个重要障碍。随着新大陆美洲市场的开发,包括英国在内的欧洲市场手工业得到快速发展。英国毛纺织业的发展也反映了当时手工业发展的兴起,很多农民被迫受雇为城市工人。因此,手工工场的兴起逐步将家庭作坊推向历史的边缘。有学者将这一历史阶段的工场手工业兴起称为"小工业革命"[5]。这场革命对原有的行会制度有了一定的冲击,行会制度逐步衰落。这样导致了学徒制的滥用。手工业师傅为了增加生产、降低成本,他们只是招收学徒作为廉价劳动力,实际上并不教授他们技艺。为了调解各种社会矛盾,化解各种师徒纠纷,重新发展和制度化学徒制。1563年,英国政府出台了著名的《工匠学徒法》,暂时缓解了错综复杂的社会矛盾,从而确立了适应当时社会发展的教区学徒制。《工匠学徒法》等重要法规的颁布与实施对国家立法学徒制的发展有着很重要的意义。这些法规"是在行会崩溃之后由国家取代行会以使学徒制度继续存在下去的一项必要措施"[6]。但是,这并没有遏制学徒制在资本疯狂扩张背景下的衰落。18世纪60年代产业革命的兴起也促使学徒制与行会制度的快速瓦解。《工匠学徒法》的废止宣告了国家立法学徒制结束。

随着工业时代蒸汽机的发明,机器在工业产业领域逐步取代体力劳动。工业革命在英国拉开序幕,生产方式发生巨大变革,工厂生产取代工场手工业成为历史必然,英

---

[1] 高德步,王珏.世纪经济史[M].北京:中国人民大学出版社,2001:138.
[2] 金志霖.英国行会史[M].上海:上海社会科学院出版社,1995:86.
[3] 董春高.精粹世界史·西欧封建社会[M].北京:中国青年出版社,1997:365.
[4] Scott,Honathan French.Historical Essays on Apprenticeship and Vocational Education[M] Ann Miehigan:Arbor Press,1914:56.
[5] 高德步,王珏.世纪经济史[M].北京:中国人民大学出版社,2001:208.
[6] 石伟平.比较职业技术教育[M].上海:华东师范大学出版社,2001:35.

国的手工业者从1820年的24万下降到1844年的6万人①。《工匠学徒法》于1814年宣布废除。1853年《市政公司法》的颁布,宣告了学徒制已经由市场来决定其存在的价值,法律不再保护。行会特权也被彻底取消。行会对同行业的经济活动不再享有控制权。行会的发展也宣告结束,学徒制又回到了它的历史起点——社会自发状态②。这一时期的学徒制呈现行会集体商议的特点。但是,学徒制并没有消失,只是形态发生了变化,大多行业内依然存在学徒制。

20世纪50年代,英国学校职业教育在人才培养的过程中没有进行创新性的改革,不能担负培养优秀技术工人的合格角色,从而造成英国技术工人比较匮乏,也在一定程度上导致英国的经济发展与其他发达国家相比,有了比较大的差距③。1962年,英国政府发布《产业培训白皮书》提道,必须"加强和改善产业界、政府和地方教育当局在提供学徒培训方面的伙伴关系"④。在此背景下,1964年,政府颁布的《产业培训法》具有非常重要的意义。1973年7月,政府重新对《就业与培训法》进行修订。1974年,设立"人力服务委员会"(Manpower Services Commission),依法对包括学徒制等产业培训制度进行高度干预。

到了20世纪70年代,政府为了英国应对青年失业率不断上升的严峻现实,开始将职业教育的主要力量放在企业培训与青年就业项目上。这些计划正是政府在实施现代学徒制的职业教育改革中的一个重要举措。但是这些举措并没有真正解决较多困难,为了彻底缓解国技能人才愈加匮乏短缺的现状,重振学徒制,1993年,英国政府宣布将开展一个全新的学徒制体制革命——现代学徒制。这个体制创新改革被英国政府视为"振兴职业教育与培训体系的国家行动计划"⑤。从此,现代学徒制开始出现在英国学徒制的发展历程中,并在产业与职业教育界引发新一轮学徒制波澜。2004年,英国政府宣布重新启动新学徒制项目,并且做出禁止运用"现代"这个词语、去除25岁年龄上限、建立针对14—16岁青年的"青年学徒制"等重大改革;随后,又开展了高等学徒制的试点,由此逐步形成了完整的、层次分明的学徒制体系。2008年,在《世界一流的学徒制》一书中,政府宣称要让学徒制成为英格兰16岁以上青年的"主流选择"⑥。

英国现代学徒制机构管理体系

根据英国现代学徒制立法、管理和组织等职能的分析,英国现代学徒制的组织与管理体系可分为7个主体(见表2-2)。

---

① 孙玫璐.职业教育制度分析[D].上海:华东师范大学,2006:59.
② 陈明昆,沈亚强.学徒制在英国沉浮的背景分析[J].中国职业技术教育,2008(32):43.
③ 翟海魂.发达国家职业技术教育历史演进[M].上海:上海教育出版社,2008:176.
④ 王承绪,徐辉.战后英国教育[M].南昌:江西教育出版社,1992:203.
⑤ 陈明昆,沈亚强.学徒制在英国沉浮的背景分析[J].中国职业技术教育,2008(32):46.
⑥ 关晶.西方学徒制研究[D].上海:华东师范大学,2010:127-137.

表2-2 英国现代学徒制的组织与管理体系

序号	机构(部门)	主要职能
1	创新、大学与技能部及儿童、学校与家庭部	对英国学徒制改革的政策和进度负有总体开发和评估责任
2	学习与技能委员会	负责制定学徒制的政策和执行方针;向青年和雇主宣传学徒制;并对学徒制进行拨款和管理
3	行业技能开发署及行业技能委员会	由国家提供经费,受到行业技能开发署监管。负责开发国家职业标准;起草和批准职业的学徒制框架;并设计技术证书
4	资格与课程署	负责资助职业标准开发;审批证书、技术证书和关键技能证书的颁证机构;确定关键技能要求的内容
5	颁证机构	以行业性为主,也有综合性的颁证机构
6	培训机构	招募提供学徒制的雇主和参加学徒制的青年,提供学习帮助和评估
7	雇主	招募学徒,提供在岗培训和督导,并支付工资

英国学徒制主要特征

通过对英国学徒制的发展历史演进历程进行梳理,可以总结出英国学徒制的主要特征。

建立市场导向机制。英国国家一直对市场实行"自由发展主义"原则,长期以来,形成了"自愿自助"的职业教育界准则,企业培训方面主要来自企业界的自愿,这被称为职业教育"市场模式"[1]。然而,市场模式自身发展过程中固有的一些弊端,即使"市场符合了公众的利益,但并不代表等同于公众利益"[2]。这种弊端在职业教育界暴露得更严重,政府一方面给予企业和市场足够的自由度;另一方面为了减轻企业对培训有持消极态度的现象,实施了"市场导向"机制。具体表现为:政府是负责学徒制运行经济责任的最主要的主体;学徒制标准由政府和企业共同协商确定。

雇主的主导位置。相关利益主体方有政府、企业、第三方培训机构和学徒。英国国家现代学徒制体系内,在这些利益相关主体中,企业占有主导位置,主要是因为政府力求改变一种职业教育引导方向的局面,即从教育供给转向企业需求。所以企业方一直是参与学徒制框架构建的最核心主体。

学徒制体系阶梯化。国家学徒制有着完整的、层次分明的5级学徒制体系。各级之间相互衔接,呈现较为明显的阶梯化特点。

基于能力的培训与考评。英国现代学徒制对学徒的期满考核并不是以年限为标准

---

[1] CEDEFOP. Towards a history of vocational education and training in Europe in comparative perspective [M]. Luxembourg: Office for Official Publication of the European Communities, 2004:22-43.
[2] [英]托尼·布莱尔.新英国:我对一个年轻国家的展望[M].北京:世界知识出版社,1998:132.

的,而是以看重学徒的职业技能能否符合各项指标体系为标准。

建设终身学习社会理念。政府在积极推出现代学徒制改革中,迎接经济全球化浪潮,政府的一系列举措也蕴含了建设终身学习社会重要理念。教育部门也相应地实施了建设终身学习社会的一系列重要措施,包括发布《技能:在商务中增强,在工作中提高》等多个文件①。

2.2.3 美国注册学徒制

美国注册学徒制的发展背景

在世界上的多数国家,学徒制是在员工教育培训方面比较受欢迎的一种方式。世界银行于2013年研究发现,世界各国利用学徒制取得了巨大的成就。德国和奥地利的学徒制劳动力占国家整体劳动力的3.7%,美国的注册学徒制劳动力仅占0.3%②。国际劳工组织在2012年审议20国集团(G20)国家学徒制培训情况时发现,学徒制对一个国家和该国经济所带来的好处不只是明显地增加该国公民的就业机会,而是有效地把技能供给与用人单位所需技能对接,比学校内全日制职业教育体系更高效③。

在美国,注册学徒制诞生的主要原因,是20世纪30年代美国国家层面实施的经济复苏战略背景下人才的匮乏。学徒要在相关管理部门进行注册备案,取得注册的学徒才会得到法律和相应管理部门的保护与监督。美国现代学徒制也由此而被称为注册学徒制。

美国注册学徒制演进历程

1911年,美国威斯康星州第一个建立了注册学徒制体系④。美国现代学徒制即注册学徒制(Registered Apprenticeship)诞生。1929—1933年的经济大萧条给美国经济带来严重的打击。1933年6月,时任美国总统罗斯福(Franklin D.Roosevelt)签署了《国家工业复兴法》(The National Industrial Recovery Act)。在这部法律的框架下,各工业协会和国家复兴管理局共同协作制定各种行业规范,以管理相应行业领域的相关事宜。由此,注册学徒制诞生。

1937年,为了规范学徒制的发展,美国国会通过了《国家学徒制法》(The National Apprenticeship Act)。这个法案与后来的修正案为国家学徒制咨询委员会起草学徒制的

---

① 关晶.西方学徒制研究[D].上海:华东师范大学,2010:122-127.
② [美]杰弗里·A.康托.美国21世纪学徒制——培养一流劳动力的奥秘[M].孙玉直,译.北京:中国劳动社会保障出版社,2016:1.
③ [美]杰弗里·A.康托.美国21世纪学徒制——培养一流劳动力的奥秘[M].孙玉直,译.北京:中国劳动社会保障出版社,2016:18.
④ [美]杰弗里·A.康托.美国21世纪学徒制——培养一流劳动力的奥秘[M].孙玉直,译.北京:中国劳动社会保障出版社,2016:42.

培训规章制度和建立最低标准提供了依据。联邦的资金支持与其他多种额外立法措施推动了学徒制的开展和劳动力培训。通过一系列的立法措施,各州也通过资助措施来促进企业应用学徒制。

从 20 世纪 50 年代开始,美国注册学徒制不断发展完善,在理论学分的认可、受众群体的扩大、课程领域的拓展、法律法规的修订等方面不断充实和改变其内涵。目前如今已具备了相对完善的法律机制、管理体制以及相对合理的内部运行机制,成为当今美国就业人员获得教育和职业培训机会的重要途径之一。

2008 年,在全球经济大萧条高峰时期,美国有 1 500 万失业人员。青年人需要清楚地认识到,随着技术的变革和经济发展的变化,新的职业领域随之出现。通过学徒制走上工作岗位,同时获得大学学位,从经济学角度来看收益十分明显。

在美国学徒制发展的历程中,社区学院扮演着非常重要的角色。社区学院被认为是独具特色的高等教育机构。社区学院已经在所有必要的跨组织之间、合作伙伴之间建立了合作伙伴关系。这些都为学徒制计划的实施奠定了基础。社区学院拥有招收学生的资源,它们通过广泛深入社区,确认哪些学生能够从学徒制培训中受益;并对学生进行测试与评估,以此判断学生是否有成为学徒的知识储备。与此同时,社区学院还可以提供包括培训课程在内的学术服务。

2014 年,美国政府通过学徒制补助资金计划和社会学院倡议注入了 1 亿美元的联邦基金,以加强学徒制的实施。

美国注册学徒制机构管理体系

经过近 80 年的发展历程,美国注册学徒制具备了比较完备的法律体系与机构管理体系。美国注册学徒制的内部管理机构与机制较为成熟,为其顺利发展提供了可靠的保障。注册学徒制的内部机制主要由学徒工、企业雇主、社区学院、州立学徒制事务局和一站式就业指导中心 5 个基本要素组成[1](见表 2 - 3)。

表 2 - 3 美国注册学徒制的组织与管理体系

序号	机构(要素)	主要职能或要求
1	学徒工	16 岁以上,拥有高中毕业文凭或同等学力。每年完成约 2 000 小时在岗培训和至少 144 小时的理论学习任务。培训结束通过管理部门的认可结业,并取得资格证书
2	企业雇主	在州立学徒制事务局或劳工部学徒制办公室备案,参与制订注册学徒制课程计划,提出具体的设计规划方案。培训实施过程中起主导作用。资助注册学徒制的主要经费

---

[1] 滕勇.基于现代学徒制的顶岗实习教学模式研究[J].北京:北京理工大学出版社,2017:42-45.

(续表)

序号	机构(要素)	主要职能或要求
3	社区学院	为学徒工提供理论课程教学的主要教育机构,提供相应行业专业领域的理论课程。学徒工在社区学院产生的与理论课程学习相关开销,由企业雇主提供资助。还为获得相应专业理论课程足够学分的学徒工提供申请副学士学位的机会
4	州立学徒制事务局	负责协调劳工部与本州注册学徒制培训的开展,具体负责本州学徒制协议的注册、结业证书的发放等工作,组织指导企业与学校等机构共同开发不同行业领域的学徒制课程方案,并指导实施。学徒制协议必须在相应的州立学徒制事务局注册备案。协议各方在州立学徒制事务局的监管下按规定执行各自应尽的职责与义务
5	一站式就业指导中心	附属于学校或社区的就业服务中心。提供个体就业指导和单位招聘服务的信息集散地和枢纽。对学徒工培训就业信息的咨询、企业雇主招募学徒工信息的提供、州立学徒制事务局相关业务的开展等有着重要的辅助作用

美国注册学徒制主要特征

美国注册学徒制在沿袭传统学徒制企业实践培训优点的基础上,与学校及社区学院合作,实现了学徒工理论与技能的双重提高,实现了学位证书与行业职业证书"双证书"体系构建。这些都是注册学徒制能够保持生命力的重要特点[①]。

强化规章制度建设。注册学徒的培训涉及很多利益相关者,从学徒、企业雇主到劳工组织、劳动力管理服务机构、教育部门等。如何保证参与各方责任的清晰明确,平衡相关各方的利益,至关重要。美国从联邦到州、从管理实施层面到技术资源层面,都围绕注册学徒培训制定了一系列规章制度,而且这些规章制度的制定都遵循自下而上、不断修改的规则,充分尊重了有关各方的利益。可以说,完善的规章制度是美国注册学徒培训长期吸引各方参与,并使各方受益,进而取得成功的前提条件。

建立合作共赢机制。完善的规章制度是确保美国注册学徒培训吸引各方并使各方受益的先决条件。双方如何互动,以确保注册学徒训练顺利进行及取得良好成效?这就需要建立合作共赢的机制。美国劳工部继续促进学徒计划与劳动力、教育体系和学徒各方之间的强有力的伙伴关系,从而使所有相关各方受益。随着用人单位对员工技术技能的要求逐步提高,求职者对工作机会的需求和期望不断提高,只有双方的合作才是双赢的,才是成功的关键。

企业发挥主导作用。在美国注册的学徒培训是一种以企业为主导的广泛的职业领域的培训。雇主深入参与注册学徒计划、培训实施和资金的开发。公司不仅负责执行各项在职培训任务,培训徒弟的实践技能,还承担指导学校理论知识的传授。企业雇主资助是学徒资助的主要来源,甚至雇主也支付社区大学学徒理论课程的相关费用。企业

---

① 赵光锋.西方现代学徒制比较研究[M].北京:中国水利水电出版社,2018:100-105.

在注册学徒培训中占有着主导地位,有利于提高培训项目的效率和有效性。它是培养专业技术技能、满足企业发展需要的关键。

2.2.4 日本现代学徒制

日本学徒制的发展背景

日本自江户时代以来,已经发展了初具形态与管理模式的学徒教育。第二次世界大战后,在日本政府的领导下,传统的学徒制已经发展成为以"产学官"协作为特征的现代学徒教育制度,对企业生产、社会经济发展也起到了一定的促进作用。合作院校科研能力全面提高,办学能力显著提高。

第二次世界大战后,日本战败,日本产业资本解体、行业凋敝、企业技术服务能力低下等各种经济社会问题蜂拥而至,在企业界体现为合格的技术工人严重缺乏,尤其是制造业受到了更为严重的影响与打击。如何通过培训优秀的高素质工人来改变这个局面是决定日本经济能否重新焕发活力的关键。明治维新后,日本产业革命的爆发,并伴随着日本政府"殖产兴业"计划的开展,建立了大量工厂,因此社会对具有专业技能的人才需求量大增。学徒制体系的师徒技能传授的效率不能达到社会化大生产的要求,现代学徒制应运而生。

日本学徒制的演进历程

日本的学徒制发展历程经历了传统学徒制、工厂学徒制和现代学徒制3个主要时期。传统学徒制是指江户时代(1603—1867)日本工商业内存在的技艺传授方式。江户时代是指在江户幕府(德川幕府)统治下的时期。当时,社会性质形式与西欧封建时期土地分封制度有相似之处,都具有浓厚的封建特征。

江户时代的工商业发展迅速,很多工商业主的经营规模不断扩大,家族成员已经不能满足其经营需求,于是开始招收家族外的人员参与企业的经营与管理。这种特定的社会背景下,产生了手工业阶层的亲方制度和商家奉公人制度。这种制度除了具备固有的血缘关系外,还存在具备主导地位的师徒关系。幕府也出台了相关法律进行引导与规范,"师傅要以慈爱之心对待弟子,传授其道"[①]。

传统学徒制度虽然在当时社会背景下有一定的适用性和进步性,但是进入明治时代之后,就显露出学徒的培养时间过长、数量较少、师徒矛盾重重等各种弊端,随着各种限制的清除,各种弊端开始爆发[②]。传统学徒制逐渐衰亡。

进入明治时代,国家层面实施一系列的社会经济改革,效仿西方国家,确立君主立

---

① [日]石井良助.德川禁令考·前集第六[M].创文社,1981:66.
② [日]大内兵卫,土屋乔雄.明治前期财政经济史料集成[M].明治义献资料刊行会,1962:75.

宪政治体制,推行"殖产兴业"政策,紧跟欧美发达国家,掀起工业化改造等。一系列改革措施促进了日本经济快速发展,在亚洲范围内第一个实行高度工业化,跻身世界强国行列。日本从跨入工业社会后,产业结构较大变化,为日本带来了再一次的"用工荒"。为了解决对科技人才的需求难题,日本政府从职业教育的角度思考解决方案,出台了新的法规,以满足社会需求。随着大规模的工厂的建立,日本发展了较为成熟的工厂学徒制,教育机构承担理论知识的传授,工厂里的熟练工人承担技能的传授,能快速地将学徒工培养成廉价劳动力。

第二次世界大战后,日本为了迅速恢复经济,政府结合当时的国情和现代工厂学徒制,开始借鉴德国"双元制"教育的成功经验。在职业教育领域采用现代学徒制教育。天皇政权的分散化使日本成为资本主义社会,一系列保护工人阶级利益的法律法规如《工会法》《劳动关系调整法》和《劳动基准法》的颁布,为日本现代学徒制的发展提供了更顺利的环境,使日本现代学徒制成为日本职业教育的支柱。

日本现代学徒制主要特征——"产学官"合作

"产学官"合作制度是日本学徒制重要特征。其中,"产"代表行业,包括行业协会和地方财团;"学"代表公共研究机构,以学校为首;"官"代表政府机构,负责制定实施方案和提供合作指导。作为政府主要代表的是科学技术委员会(CSTP, Science and Technology Policy Committee),负责举办重要协作会议,制定和推行基本规划。各专业调查会议、政府部门、科技部门、政府相关省厅各司其职,组成合作模式体系,从而完成自己的职能,将实施过程中的情况与评估直接反馈给CSTP[①](见图2-1)。

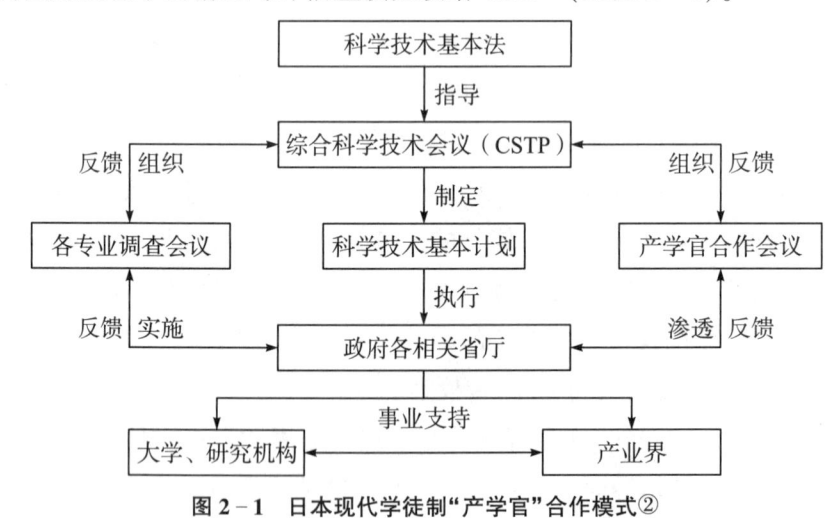

图2-1 日本现代学徒制"产学官"合作模式[②]

---

① 曹勇,秦玉萍.日本政府主导型"产学官"合作模式的形成过程、推进机制与实施效果[J].自然辩证法通讯,2011,33(5):93.
② 沈雕,胡幻.以"产学官"合作为代表的日本现代学徒制研究[J].职教论坛,2018(09):173-178.

20世纪80年代前,日本政府机构并没有起到主导作用,"产学官"合作主要以"产学合作"为主,日本政府强调了政府的参与和功能,以CSTP为主导开展了一系列改革。目的是通过将传统学校理论教学与企业实践教学相融合——学校向学生传授理论知识;企业获得专业知识的感知知识,并将理论知识应用于生产实践。同时,学校与企业间还开展共同研究,学校吸纳包括企业专家在内的人员参与教育教学研究,对共双方聚焦的项目展开研究,利用大学的科研条件等进行合作研究[①]。

日本现代学徒制开创了"产学官"合作模式为特征的学徒制改革措施,对社会经济发展与改善国家青年就业等起到了积极的功效。2010—2015年,日本产学官合作的项目数量从18 595件增加到24 617件,项目研究的经费也从446亿日元增加到614亿日元[②]。现代学徒制起源于欧洲,但日本吸收其重要价值内涵,创新了以"产学官"合作主要特征的学徒制体系,为我国探索研究西方国家现代学徒制的先进理念与实践呈现了全新思路与借鉴价值。

2.3 现代学徒制的本土化发展及实践

2.3.1 我国发展现代学徒制的时代背景

现代学徒制在西方国家的经济发展过程中显示出其强大的人才培养功能,已然作为全球各国经济社会发展和解决青年就业的重要战略,成为国际范围内职业教育的典范。我国高度重视职业教育,改革开放以来,我国职业教育事业取得显著发展。现代学徒制是在比较我国与国外先进职业教育的差距时的一个主要对照点,更成为我国职业院校改革的一个重要突破点。但是,由于国情不同,我国职业教育不能完全参照西方国家的建设经验,必须构建适切中国发展实践的现代学徒制。首先,国家从政策指引方面出台了一系列的重要文件。1996年,全国人大通过《中华人民共和国职业教育法》,确立了职业教育的法律地位。2005年,《国务院关于大力发展职业教育的决定》正式提出,职业教育需要实施"工学结合、校企合作"的人才培养模式。对职业院校如何加强与企业合作,如何在职业教育领域推进培养模式改革,加快推进产教融合、校企合作进程做出了明确要求——鼓励校企合作方式的创新;鼓励企业在职业教育中更多地参与实训条件建设、专业建设和课程改革;依托职业院校进行员工培养培训。随后,在部分院校开展了试点工作。在一系列法规政策的支持下,我国的职业教育开始逐步转变,校企合作逐

---

① 时临云,张宏武.日本产学研合作的体制、政策及其对我国的启示[J].改革与战略,2010,26(11):176.
② 産学官連携データ集は産学官連携の実態をわかりやすく図表などで示すデータ集です[EB/OL]. [2017-11-19]. https://sangakukan.jp/top/databook_contents/2016/2_statistical_data/4_science_technology_foreign/pages/2016_kenkyuuhi/2016_kenkyuuhi.html.

渐深入,为推进现代学徒制在我国的实施奠定了基础。

国家发展现代学徒制目的主要是,在社会经济高速发展的新时代,我国职业教育积极进行人才培养模式改革,体制创新;为实现产业升级提供技术精湛的技术技能人才,为实现技术创新提供具有技术研发能力的技术技能人才[①]。

2.3.2 我国发展现代学徒制的实践历程

我国传统学徒制起源于原始社会,主要表现为父母向子女传授必要的学习生活技能。进入奴隶社会,在"父传子"的基础上发展了更多的"师傅带徒弟"形式,成为各种作坊的技艺主要传承方式,传统学徒制在封建社会唐朝发展到鼎盛时期,全国官营手工业领域里大都运行学徒制传授技能,明代以后则出现了行会组织[②]。我国学者通过史料研究普遍认为,我国传统学徒制经历了民间学徒制、官营学徒制和行会学徒制3个重要时期和形态[③]。

我国近代工业起步较晚,传统学徒制的历史到1949年新中国成立才告别历史舞台[④]。结合学者的前期研究结果,认为我国现代学徒制按照合作模式主要有以下发展阶段,即技工学校教育阶段、半工半读教育阶段和工学结合、校企合作教育阶段[⑤]。

发展基石:技工学校教育

新中国成立后,国家对学徒制进行了全方位的改革。1954年,国家出台《技工学校暂行办法(草案)》,对技工学校的教育目标和任务进行了全面规范,比如在校生实践实习占总学时的50%~60%,为技工学校的后期发展奠定了基础。1958年,国务院颁布了关于学徒制运行的详细政策[⑥],明确规定了学徒年龄、学习期限、工资待遇、师傅选拔及学徒考核等,并且用"学徒培训"取代"学徒制"的说法,为我国培养技术工人提供了主要的政策依据。学徒将在企业进行的实践和学校进行的理论学习融合同时进行是当时我国技工学校呈现出来职业教育形态。技工学校教育因为其办学主旨决定了其在强调学校教育的同时重视岗位技术的培养。在中华人民共和国成立初期,技工学校教育承担着培养合格企业工人的重要任务,是企业对学徒进行培训的重要场所和途径。专业与岗位、教室与车间、老师与师傅有效对接,推进了企业技术工人的学习成效。学生在技工

---

① 徐国庆.我国职业教育现代学徒制构建中的关键问题[J].华东师范大学学报(教育科学版),2017(1):30-38+117.
② 刘晓.我国学徒制发展的历史考略[J].职业技术教育,2011(09):72-75.
③ 关晶.职业教育现代学徒制的比较与借鉴[M].长沙:湖南师范大学出版社,2016:231.
④ 赵伟.学徒制发展的历史逻辑和我国的选择[J].中国职业技术教育,2013(10):33-37.
⑤ 李梦卿,等.现代学徒制的中国本土化探索与实践[J].职教论坛,2015(01):76-81.
⑥ 注:《关于国营、公私合营、合作社营、个体经营的企业和事业单位的学徒的学习期限和生活补贴的暂行规定》。

学校学习系统的专业理论知识,然后通过企业工作的实践进行岗位专业技能的练习和训练。这一时期,技工学校教育作为现代学徒制的最初形态,在运行模式上与西方最开始的工厂学徒制有相同之处,但并未出现企业与学校合作创办的制度化的培训组织和机构。

1986年,劳动人事部和国家教委共同制定了《技工学校工作条例》,对办学主体进行规范的界定,对培养目标进行了明确的规定,为技工学校的人才培养做出更清晰的指引。1993年,劳动人事部颁布《关于深化技工学校教育改革的决定》,明确提出在招生制度、学生择业等方面可实行一定自主权的规定。1998年,国务院下发《关于调整撤并部门所属学校管理体制的决定》,将机械工业部等9个部门下属46所中专学校和技工学校划转地方管理。2000年,劳动与社会保障部下发《关于加快技工学校改革工作的通知》提出,要加快机构调整与改革等方面的工作。

在我国,技工学校教育将是分散的个人之间的个人辅导关系,与教师和学生、教师和学徒之间的群体和群体的相对统一,师生关系发生了根本性的变化,从原来个体关系转变为全新的现代组织,是具有较强的产业背景和高校教育形式的紧密关系。它将成功地将生态关系演绎为现代学徒制,为我国现代学徒制制度的创新和发展做出了重大贡献[1]。

发展实验:半工半读教育

我国于1958年开始探索企业岗位知识与学校教育理论知识的融合途径,进行半工半读教育的实验。1958年5月,开办了第一所半工半读学校(天津国棉一厂半工半读学校),51名工人入校,实行每天"六二制"(工作6小时,学习2小时)的半工半读学习。同年5月28日,《人民日报》对此专门进行了报道,并发表社论《举办半工半读的工人学校》[2]。5月30日,中央政治局扩大会议正式提出实行"两种教育制度、两种劳动制度"的建议。其中,"两种教育"制度就是全日制学校教育制度和半工半读的学校教育制度[3]。随着我国社会经济的发展与好转,1965年底,全国半工半读学校已经达到7 294所,在校生达126.6万多人[4]。半工半读教育是特定国情与时代背景下实施的教育形式,是我国实践现代学徒制的有价值的探索,为当时我国企业技术工人换代,新产业、新技术的诞生和运用培养了大量急需、可用技术人才[5]。

半工半读教育在发展过程中,受到历史发展等各方面的影响,逐步出现了"以劳动代替技能训练""以干代学"等理解偏差,职业教育制度在极"左"思想的影响下,在"文

---

[1] 李梦卿,等.现代学徒制的中国本土化探索与实践[J].职教论坛,2015(1):76-81.
[2] 李蔺田.中国职业技术教育史[M].北京:高等教育出版社,1994:296.
[3] 中共中央文献研究室刘少奇组.刘少奇论教育[M].北京:教育科学出版社,1998:215.
[4] 李蔺田.中国职业技术教育史[M].北京:高等教育出版社,1994:311.
[5] 段锋.1958年天津实验半工半读教育[N].中国教育报,2009-8-21.

革"期间被认为是"资产阶级教育制度"而遭到批判。从此,半工半读教育的实验逐渐消亡,但是其在历史发展过程中对我国现代学徒制的发展有很重要推动作用,也为教育界和企业界探索实践现代学徒制提供了新的思路。

发展内涵:校企合作、工学结合教育

2002年,我国颁布《关于大力推进职业教育改革与发展的决定》,提出通过校企合作促进职业教育发展,充分利用企业生产设备和场地条件,提高职业教育水平;职业学校要针对不同专业和行业的人才需求,实施灵活的才培养制度和教育培训计划。

2004年9月,教育部等七部门联合发布的《关于进一步加强职业教育工作的若干意见》,对企业、职业院校和社会培训组织在职业教育人才培养工作中的职能进行阐述,从而发挥各自的功能,通过校企共同努力,实施多元化教学途径,为企业培养高素质技术技能人才。2005年10月,国家颁布的《关于大力发展职业教育的决定》,首次提出将"工学结合"与打造有具有中国特色的职业教育体系结合起来;建立与市场、企业需求相一致的现代职业教育体系。2010年,《国家中长期教育改革和发展规划纲要(2010—2020年)》提出,要推进职业教育教学改革,要实行工学结合、校企合作人才培养模式;要制定促进校企合作办学法规,促进校企合作制度化。要完善职业教育和培训体系,深化产教融合。由此可见,国家从政策的颁布与制度的完善等方面做出积极创新探索,努力实践现代学徒制的教育价值。

工学结合的运行模式是学校和企业利用各自的优势培养技术型人才,把"学"与课堂专业理论知识、岗位培训技能、"工"与生产经营主要经验相结合。促进工学结合,强调校企合作的独特功能,发挥其在人才培养过程中的效能,既是我国推行校企合作的重要部分,也是现代学徒制发展核心内容和必然取向。

2.3.3 现代学徒制试点工作的全面推行

现代学徒制人才培养模式经过各个阶段的实验与实施,在我国,呈现出高职院校、行业企业以及职教集团多方合作推进,不断创新合作模式的局面。建立中国特色现代学徒制成为当前社会发展形势下我国职业教育的战略选择以及推进产学合一、工学结合、产教融合的有效途径,有利于促进职业教育健康快速发展,为社会输送大量实用性技术人才。

2011年,教育部原副部长鲁昕在一次职业教育研讨会议中首次提到现代学徒制,提出了政府、行业和企业加强与职业院校的合作,通过现代学徒制的模式共同培育人才的建议。

2014年,国务院总理李克强在国务院常务会议上,指出"发展职业教育是促进转方式、调结构和民生改善的战略举措",提出实行校企联合招生、联合培养的现代学徒制试点。

2014年,国务院印发《关于加快发展现代职业教育的决定》,提出"开展校企联合招生、联合培养的现代学徒制试点,完善支持政策,推进校企一体化育人"。

2014年8月,教育部发布《关于开展现代学徒制试点工作的意见》,提出试点工作的实施步骤、原则和目标,明确逐步建立起政府引导、行业参与、社会支持的现代学徒制。

2015年,教育部发布首批现代学徒制试点单位名单,遴选165个首批现代学徒制试点单位和行业试点牵头单位。首批试点工作于2016年进行验收,入选的试点单位165家,覆盖全国17个地区,共计1878家企业、370所院校、535个试点专业,涉及学生36228人;各试点共承诺投入资金5.9亿元。经过教育部审核,163家试点单位通过了审核备案,1家试点单位主动申请放弃试点,1家试点单位的任务书未通过审核,整体上达到了预期的试点工作目标[1]。

2017年,按照"自愿申报、省级推荐、部级评议"的工作程序,教育部确定了第二批203个现代学徒制试点。这是从国家层面正式启动了现代学徒制教育改革工作,表明现代学徒制试点全面开展。

2019年,教育部下发《关于全面推进现代学徒制工作的通知》(教职成厅函〔2019〕12号)[2],提出在新时代背景下的现代学徒制工作要求,"以习近平新时代中国特色社会主义思想为指导,全面贯彻党的教育方针,落实立德树人根本任务,深化产教融合、校企合作,健全德技并修、工学结合的育人机制和多方参与的质量评价机制,深入推进教师、教材、教法改革,总结现代学徒制试点成功经验和典型案例,在国家重大战略和区域支柱产业等相关专业,全面推广政府引导、行业参与、社会支持、企业和职业学校双主体育人的中国特色现代学徒制。"

2012年教育部工作要点提出"开展现代学徒制试点"以来,现代学徒制成为教育部在职业教育领域重点工作之一。随后的连续8年将现代学徒制试点相关工作列入年度工作要点中(见表2-4)。

表2-4 教育部年度工作要点中关于现代学徒制工作表述

年份	文件名	主要相关内容
2012	《教育部2012年工作要点》	开展现代学徒制试点
2013	《教育部2013年工作要点》	启动现代学徒制试点
2014	《教育部2014年工作要点》	全面推进现代学徒制试点

---

[1] 齐亚丛.我国现代学徒制的实践现状及对策研究[D].石家庄:河北师范大学,2017:47.
[2] 教育部办公厅关于全面推进现代学徒制工作的通知[EB/OL].http://www.moe.gov.cn/srcsite/A07/s7055/201906/t20190603_384281.html.

(续表)

年份	文件名	主要相关内容
2015	《教育部 2015 年工作要点》	加快推进现代学徒制试点
2016	《教育部 2016 年工作要点》	推进现代学徒制试点
2017	《教育部 2017 年工作要点》	启动第二批中国特色现代学徒制试点
2018	《教育部 2018 年工作要点》	总结现代学徒制试点经验
2019	《教育部 2019 年工作要点》	总结现代学徒制试点经验,全面推广现代学徒制

随着试点工作在国家层面逐步推进和全面展开,我国各省(市、区)也开始出台相关政策推进地方试点工作,相关试点工作不仅仅局限在教育部门,开始拓展到人力资源和社会保障部门、财政部门等相关部门①。这标志着试点工作在其他部门的配合下正式展开。2015 年 8 月,山东省教育厅、山东省财政厅、山东省经济和信息化委员会三部门联合发布《山东省职业院校现代学徒制试点工作实施方案》;2016 年 1 月,广东省教育厅、省经信委、省财政厅、省人力资源和社会保障厅四部门联合发布推进广东省大力推进职业教育现代学徒制试点工作的工作方案;2016 年 2 月,浙江省教育厅、省发展和改革委员会、省经信委、省财政厅、省人社厅、省国有资产监督管理委员会六部门联合出台相关通知②。现代学徒制试点工作工作已经进展到由点到面的大范围实质性推进阶段。

2.4 现代学徒制的课程论特征

传统学徒制客观存在的教育过程有着其自身特征的教育内容和教学方法,虽然没有呈现出完整的课程体系,但是这种原始形态的职业教育虽已成为历史,却包含了现代职业教育课程理论的重要基因③,现代职业教育的工作本位学习越来越得到重视与支持,也折射出其不朽的生命力。

历史研究表明,学徒制起源于中世纪,是手工业行会组织的一个重要组成部分。"古代是没有学徒制度的,不论是拉丁语还是希腊语,都没有相当于学徒制这个词"④。如果超越行会组织限制,只从教育形式理解学徒制,那么我们可以在古老得多的年代看到学徒制的踪迹。《汉穆拉比法典》(Hammurabi Code)就规定"没有人可能反对招募寄养儿童,以培养工匠并教授他们的技能。如果养父没有向学徒教授他的技能,必须将孩

---

① 注:2015 年 7 月发布《人力资源和社会保障部办公厅、财政部办公厅关于开展企业新型学徒制试点工作的通知》。
② 吴晶.我国现代学徒制的研究综述[J].中国职业技术教育,2016(31):14-18.
③ 徐国庆.职业教育课程论[M].上海:华东师范大学出版社,2015:23.
④ [日]细谷俊夫.技术教育概论[M].肇永和,王立精,译.北京:清华大学出版社,1984:17.

子送回他的亲生父母"①。《汉穆拉比法典》中所涉及的学徒制度,指的是从父子关系的学徒制度转向订立合同,而且规定了学习期限的真正学徒制度的过渡阶段。在柏拉图(Plato)等人的著作中,可以看到学徒制在欧洲的发展起源于古希腊,著作中有很多关于学徒制的信息。罗马时期的雄辩家、法律家、医师等,也是和工匠一样通过学徒制培养的,后来逐渐转换为通过学校教育来培养。这个时期有的职业的人才培养,比如建筑师和机械工人,建立起了课堂式的教学模式。在埃及,据文献资料记载,有组织的学徒培训可以追溯到公元前 2000 年,在公元前 18 年到 3 世纪之间,用纸张出版的资料中,发现有 9 种有关学徒制度的合同。当时的学徒有作为债务抵押或交纳利息的意义,同时师傅给学徒传授一些技艺。我国古代也有关于学徒制的历史记载,如《周礼·冬官考工记》说:"知者创物,巧者述之、守之,世谓之工。"(郑玄注:父子世以相教)②即使在今天,我国民间还广泛存在着学徒制。当时的学徒制具有私人性质,古代末期到中世纪,没有发现存在学徒制的证据。11 世纪学徒制的恢复同手工业行会的出现有密切关系,从 13 世纪中期到 15 世纪中期,学徒制逐渐摆脱其私人属性,进而转向公共属性,行会组织有着自己的独立法规,对生产手段、劳动条件、产品质量等做了详细规定。

2.4.1 独特的教育过程

传统学徒制有着其独特的教育过程。完整的过程包括学徒雇佣、学徒培养与学徒考核 3 个步骤:首先是学徒雇佣,师傅招收有志于从事手工业的少年,然后经过 2—3 周的试用期,考核合格通过正式仪式公布,再统一登记到行会的名册。最重要的部分是学徒培养,师傅对正式招收的徒弟传授技艺,进行全面培养。学徒的学习方法是边看边做边学,在制作过程中要用心领会。师傅一般不会给学徒系统讲解知识,而是从制作技能要求低的产品开始,通过学徒的领悟与实践逐步过渡到技能要求高的产品。师傅在传授技艺的同时,还要进行读写算培养,直至现在通常只会在学校教育中实施的道德教育和宗教教育。最后是学徒期满。期满后行业师傅要根据徒弟的学徒期表现向行会提出申请;行会进行一些审查后,批准学徒结业;结业时要举行仪式。整个教育过程比较长。我国民间学徒期通常是 3 年。据资料记载,英国组织一般要 7 年。德国铁建为 8 年,泥瓦匠为 6 年③。学徒期限长,使得学徒的技艺有可能真正提高到师傅水平。

学徒制的教育过程有如下特点④。

(1)职业生涯发展目标明确。学生只要在学徒期间能够勤勤恳恳工作和学习,获得

---

① 转引自贺国庆,朱文富.外国职业教育史[M].北京:人民教育出版社,2014:7.
② 注:东汉郑玄《周礼注》,中华书局影印,1980 年第 1 版.
③ [日]细谷俊夫.技术教育概论[M].肇永和,王立精,译.北京:清华大学出版社,1984:21-22.
④ 徐国庆.职业教育课程论[M].上海:华东师范大学出版社,2015:24.

工作身份,进而获得"师傅"身份,就可允许独立经营自己所从事的职业。可见学徒的职业生涯发展目标非常明确,那就是成为"他师傅那样的师傅"。这使得"他"通常很认真地钻研职业相关的知识,学习非常刻苦。通过这种形式培养出来的工匠,能在技艺上获得非常高的水平,从中世纪豪华的建筑和精巧的工艺品可以看出这一点。

(2)教育过程与工作过程统一。师傅和学徒都同时是手工业从业者,同时兼有两种身份。学徒在工作中学习,在学习中工作;学徒很难区分学习过程和工作过程;学徒通过和师傅一起劳动,向师傅学习技艺,这种教育过程有利于学徒建立起所学技艺和工作任务之间密切联系。当时的职业活动都是不分工进行的,学徒还可以学到整个生产过程的技能①。所以,有利于学到大量的经验知识,培养学徒的职业精神。

(3)所学内容非常实用。师傅主要传授与职业密切相关的技艺、经验等实践知识,基本的读、写、算教育及道德、宗教教育略有涉及,没有今天职业教育所背负的沉重,如全面发展学生的综合素质,培养学生可持续发展能力,训练学生可自由迁移的职业能力,等等。所以,这种教育过程培养的学徒,拥有建造房屋、制作器具的实实在在的技能和本领。

(4)依据任务的复杂程度展开教学。学徒的学习通常从完成一些简单的任务开始,再过渡到一些较为复杂的任务②,从边缘性参与到完全参与。任务的复杂程度不仅是技术上的,也指责任上的。比如"在莱芙(LIFE)的研究中,裁缝学徒最初学习的是熨烫已制好的衣服,然后逐步过渡到成衣制作;学徒首先独立制作的是那些如儿童内衣的责任要求低的衣物,然后才是成人内衣;在学习制作成人衬衫之前,首先学习制作儿童的一些衣物,如裤子、衬衫"③。当学徒能够独立完成师傅认为最为复杂的任务时就可以结束学业了。当然,对这些任务的学习都是围绕产品生产进行的。

2.4.2 丰富的课程基因

学徒制作为古代教育职业教育的基本形式,在缺乏交流,甚至完成相互隔绝的时代,普遍的存在于世界各国,而且其过程基本类似,而且到现代又出现了复兴,都说明了学徒制存在的某种永恒价值,尽管工业革命的到来,古代学徒制因行会的消失而崩溃,却有着职业教育课程的许多重要基因。

首先,职业教育课程必须有很强的实用价值,学徒制中学徒的刻苦学习精神,一般来说,学徒对职业生涯有着明确的认知,并且对所学内容的实用价值有着深刻感知,所以,学徒有着刻苦学习的精神。这意味着,普通教育课程或许是基于个体的多方面需求,

---

① 林红梅.丹麦中等职业学院专业课程设置研究[M].重庆:西南大学,2013:23.
② 路宝利.美国中等职业教育发展的专业主义与民主主义之争:"普杜之辩"研究[M].上海:华东师范大学,2014:68.
③ Billett,S.(2001).Learning in the workplace.Singapore:CMO Image Printing Enterprise,107.

如获得身份满足、学习兴趣、开发智慧等。职业教育课程必须有很强的经济意义上的使用价值,能增强个体的谋生能力,并让个体深刻感知到这一价值。这一观点或许过于功利,但正体现了我国职业教育课程的基本内涵。

其次,职业教育课程与工作体系存在内在互动关系。工作过程与学习过程在学徒制中体现的内在价值是完全一致的;在其他形式的职业教育中,学习过程和工作过程联系紧密程度有所变化。但有一点是不能变的,即职业教育的最终目的是指向工作体系的教育,学生在课程学习中获得工作情景中全部体现的知识,课程体现与工作体系互动,并进一步培养个体的职业意识。事实上,企业参与一直是职业教育的一条基本规律,各国职业教育模式的差异只是在企业参与程度的差异上。再次,学习的基本形式应当是模仿、实践与反思。古代学徒制中,师傅不会像今天的课堂教学那样,从概念的原理系统地给学生讲解知识。当时,"知识讲解"完全属于学校教育的基本形式,学者们用语言形式或者系统的阐述自己的思想,或者解读先贤的思想,学生则用心记录和领会。但在学徒制中,师傅则完全采取让学生边模仿边实践的方式进行学习,学习主动的学徒。在实践之余,还会对操作过程进行反思,寻找更佳的技艺形式,这种学徒有可能最终"青出于蓝而胜于蓝"。这种学习形式和当时以经验、格言为主要内容职业知识的特征是完全吻合的。

作为一种教育体系,古代学徒制已然崩溃,但学徒制的学习形式在当代复制是具有可能性的,20世纪90年代以来尤为明显,主要有英国的现代学徒制、澳大利亚的新学徒制;德国"双元制"可以看作是一种有着更久历史的现代学徒制。

现代学徒制的价值主要体现在其汲取了古代学徒制与现代教育体系中的合理因素,但现代学徒制毕竟是现代的,它在努力继承古代学术中许多重要课程进行的同时,却因现代社会经济体系的深刻变革,难以完全复制古代学徒制。

(1)学徒的职业生涯发展空间难以复原。与古代学徒制相对应的经济形态是手工业,是一种个体经济,尽管师傅也会招收几个学徒,帮助其劳动,但是师傅还是自己所需要劳动的,并且要承担劳动的主要责任。这种经济形态虽然比较落后,工匠劳动却有着独立性。工匠独立地劳动,并独立享受劳动成果,而且也把其看成是自己的事业而终生追求。尽管在当时的社会结构中,工匠的社会地位总体上并不很高,但能从"独立"中获得成就感,学徒在跟师傅学习技能的过程中,能从师傅的身上清晰地感受到其未来可能的职业生涯发展空间,因而能把师傅的今天作为自己的明天而去努力追求,学习往往非常投入。从工场手工业到现代大工业,工匠的独立地位遭到彻底瓦解,工人仅成为有组织的生产过程中的一个要素,甚至仅仅是马克思所描述的机器的附属品。工人们再难体验到师傅的职业成就感,他们仅仅把职业当成"谋生手段",更多地体验到的是劳动与收入的交换感。现代科层制的劳动组织,把工人置于组织的最底层,进一步削弱了工人的职业成就动机。在工业就业要素中,工人就业存在组织空间和资格空间就业两种就业模式。在强调自由竞争的国家,工人就业资格空间的扩大大大提高了就业流动率,从而进一步降低了他们的职业归属感和成就感,增强的是其职业交换感。职业生涯发展空间的根本变化给职业教育课程带来的重大影响是,难以在学生身上激发出学徒所具有的学习动力。学徒通常把职业作为终身从事的事业来追求,能刻苦学习和钻研技艺;现代人凭借科学理性在技术上的整体水平远远超越了古代。古代的工匠们凭借技艺的直觉给我们留下了许多难解的技术之谜,而现代职业教育体系中的学生,仅仅把其即将从事的职业作为一种谋生手段而已,甚至是暂时的、低层次的谋生手段,对职业的这种认知严重影响了学生的学习动力,而且这种缺陷是仅仅从学习形式上恢复的学徒制是难以弥补的。

(2)学习过程与工作过程的同一性难以复原。古代学徒制中,学徒的学习过程与工作过程是完全同一的。这种同一性一方面给学徒提供了清晰了解其未来职业生涯空间的机会,以及通过亲密师徒关系,全面、深入学习师傅的品格和默会知识的机会;另一方面,在这种基于工作的学习模式中,学徒在特定的工作压力下进行学习,不仅能增强学习动力,而且能够更真实地获得知识的职业意义,比如医药生产中的数学计算。在学校情景中,学生如果算出一部分,仍然可以获得另一部分的分数;而在工作信息中只能得0分。因为药物成分就绝对不允许计算错误的,机械加工中存在着同样的情形。学校情景中的加工出现一点误差,教师依然可能会给学生80分;但在工作情境中,只有0分和100分的区别。学徒制是职业知识学习的最佳模式,但是现代社会、经济体系的发展却使得学习过程和工作过程的完全同一是不可能的①。第一,随着技术越来越发达,职业知识越来越复杂,其中需要集中学习的理论知识越来越多,人们也不可能完全通过自然主义的学徒制获得从事职业所需要的知识,工业革命所导致的古代学徒制崩溃早已说明了这一点。这使得经过精心设计的独立学习过程成为必须。第二,工作过程的高度组织化,学习目标与生产目标之间的冲突,也使得经济单位几乎不太可能接受没有任何职业准备的学徒,即使是著名的日本企业内培训、德国的"双元制",其实也只是把学徒训练场放在企业而已,初期的培训过程与工作过程还是相互割裂的,并没有达到古代学徒制的完全同一状态,所以现代职业教育课程的问题并非把是把学习场所放在学校情景还是工作情景的问题,或是哪个情景多一点,哪个情景少一些的问题。这是制度化教育时代职业教育必然要遭遇的问题。制度化职业教育在瓦解工作过程和学习过程同一性的同时,也瓦解了师徒之间的亲密关系;在给学生提供大量课程体系标准化知识的同时,也使学生在远离工作情境的学校情景中,难以建构知识完整的职业意义②。

---

① 励效杰.产业学院的制度逻辑及其政策意义[J].职业技术教育,2015(31):49-52.
② 徐国庆.职业教育课程论[M].上海:华东师范大学出版社,2008:29.

2.5 现代学徒制的教育学价值

现代学徒制在职业教育领域的使命与价值重新被唤醒,取决于其是否在人才培养的过程中具有教育价值。一般认为,现代学徒制具有多重内涵:它可以被视作是一种技术实践能力学习方式,也可以被视为新型师徒学习方式与学校职业教育相结合的人才培养模式,还可以被视为一种基于现代职业教育的技术技能人才培养制度①。

本书的研究选择从人才培养模式的层面为出发点,来审视职业教育现代学徒制的价值。所以,研究首要关注的就是现代学徒制能否在育人功能方面比其他的教育模式更能发挥价值?是否更契合现代职业教育的发展规律与职业学校学生的成长规律?

2.5.1 现代学徒制视域下职业知识的表征

探索现代学徒制人才培养模式在职业教育领域的价值问题,本质上要从课程体系的价值来体现,实质上就是探索产业从业人员在学校领域中所习得的知识储备,以及如何在工作场景中呈现出的知识表征及其如何实现的问题。职业领域从业人员在完成典型工作任务的过程中所呈现出的知识表征包含两层意义。一是技术工人在完成任务的过程中运用了哪些技术知识?这些知识是通过什么方式予以表征?二是技术知识是如何组织起来,发挥功能?是否呈现出解决问题的功能?回答好这两个问题其实就可以解释现代学徒制如何通过更好地获得技术知识、解决技术问题来实现其价值。

不同的产业领域,从业人员所呈现出来的知识表征有着显著差异。我国传统的划分产业类别的方法是依据新西兰经济学家费谢尔提出的按照加工对象不同进行分类的方法。即将农业等划分为第一产业,制造业等划分为第二产业,20 世纪后的非物质生产部门划分为第三产业。参考现行的国际标准产业分类体系(International Standard Industrial Classification,ISIC),国家当前的国民经济行业分类(GB/T 4754—2011)对产业划分有着明确的类别划分,共分为 20 类②。依据对现代学徒制实施的国家经验与本土实践的分析,可以发现,各国现代学徒制实施所涉及的行业基本上都是第二产业与第三产业。

---

① 徐国庆.我国职业教育现代学徒制构建中的关键问题[J].华东师范大学学报(教育科学版),2017(01):30-38+117.
② 注:(A)农、林、牧、渔业;(B)采矿业;(C)制造业;(D)电力、热力、燃气及水生产和供应业;(E)建筑业;(F)批发和零售业;(G)交通运输、仓储和邮政业;(H)住宿和餐饮业;(I)信息传输、软件和信息技术服务业;(J)金融业;(K)房地产业;(L)租赁和商务服务业;(M)科学研究和技术服务业;(N)水利、环境和公共设施管理业;(O)居民服务、修理和其他服务业;(P)教育;(Q)卫生和社会工作;(R)文化、体育和娱乐业;(S)公共管理、社会保障和社会组织;(T)国际组织。

依据联合国和世贸组织的分类标准,服务业对应我国产业体系中的第三产业,主要包括商务服务教育服务、环境服务、金融服务、与健康相关的服务、旅游和与旅行相关的服务、文化和体育服务、运输服务等十一大类。其中,有一类即为体育服务行业。

根据最新的高职专业目录统计,2015年版本的《目录》中,主要有"旅游""财经商贸""教育体育""公共管理与服务"等大类的专业对应服务业,可以发现,服务业所对应的目录占总专业数量的43.19%。本研究所关注的高职体育类专业属于第三产业中的体育娱乐、文化和体育服务行业。有学者研究认为,服务业从业人员主要运用到的知识包括9个类别:服务理论的知识、区域性服务的知识、软硬件操作与工单使用的知识、操作技能的知识、判断决策的知识、工作情境的知识、相关岗位的基本知识、行业的知识、职业伦理规范的知识①。不同类型的知识有着自身独特的内容。

那么我们就需要关注现代学徒制是否能够满足现代产业一线从业人员培养的基本需求。本节研究以服务业从业人员知识表征,以及这些知识的形成机制为基础,判断该人才培养模式是否具备,或具备多大程度的育人价值。

如何将自身所掌握的专业知识进行有效组合运用到工作场景中,通过一定的逻辑过程发现自身技术知识的掌握程度,既是从业人员运用所学知识的过程,也是教育实施部门(学校、教师、企业等)对课程与教学进行反馈与重构的重要依据。服务业从业人员运用技术知识的过程一般包括5个主要阶段:识别阶段、设计阶段、实施阶段、决策阶段与反馈阶段。其知识表征的运用过程主要表现如下:在识别阶段,从业人员运用自身技术技能知识识别服务对象的需求及自身的满足需求的程度;在设计阶段,从业人员主要针对识别的结果设计服务方案;在实施阶段,从业人员根据实施方案运用自身的技术知识表征实施服务;在决策阶段,从业人员依据服务对象的表现的状态等,判断决策自己是否达到了服务对象和行业的业务标准;在反馈阶段,从业人员根据决策结果进行自我反馈与外向反馈,对自身的技术知识的储备或者知识的运用策略进行补充或者调整。如此循环,通过专业课程体系的调整与重构不断提升学习效果与人才培养质量。

以健身教练典型工作岗位为例,分析其知识表征与技术技能知识的组织过程。在识别阶段,健身教练需要与服务对象进行有效沟通(职业伦理规范知识),详细了解服务对象的需求(工作情境知识)。在服务对象提出初步需求后,根据服务对象的特点(如年龄、身体状况、健身目的等)设计多个锻炼健身方案(服务理论知识、行业知识、判断决策知识),并就预期效果等与服务对象进行充分交流;在此基础上,初步确定健身方案(职业伦理规范知识)并签订服务协议(工作情境知识、服务理论知识)。在设计阶段,根据服务对象确认的方案设计具体的健身方案,如增肌、减肥、塑性、身体康复(行业知识、工作情境知识、相关岗位基本知识)等,并与前台等部门协调(职业伦理规范知识、工作情

---

① 李政.职业教育现代学徒制的价值研究[D].上海:华东师范大学,2018:152.

境知识、相关岗位基本知识),领取健身必备装备、服装、停车服务等。在实施阶段,从业人员需根据服务方案指导服务对象进行具体的健身行为(技术技能知识)。在决策阶段,健身教练需要通过交流沟通了解服务对象是否达到阶段性的目标(工作情境知识、相关岗位基本知识、职业伦理规范知识),对服务对象提出的问题及时解决(职业伦理规范知识、判断决策知识)。在反馈阶段,根据服务对象的反馈及自身服务的效果反思自身的技术知识的储备与知识组织方式等的欠缺与不足,为后续的技能提升与知识进一步学习提供依据(判断决策知识、行业知识)。

通过以上分析可以发现,现代学徒制教育模式下,学生(学徒)可以在典型工作岗位上通过技术知识的运用及 5 个阶段的组织方式达到运用知识和提升能力的目的。这些知识的表征方式,为职业教育人才培养过程中将这些知识表征纳入课程体系与教学实施过程中提供启发。

2.5.2 现代学徒制视域下教育价值的实现

"价值"一词在《现代汉语词典》中有两种解释:一是"体现在商品中的社会必要劳动";二是"事物的用途或积极作用"。本研究主要是选择第二个含义,即现代学徒制模式与该模式下的专业课程体系在职业教育人才培养过程中发挥的教育功能与积极作用。

现代学徒制在加强校企合作,提高人才培养质量和吸引职业教育方面发挥着重要作用。也可以应用于包括高职院校在内的学校师资培训过程中。这有助于提高教师素质,特别是高职院校"双师"队伍建设的水平。在当前中国职业教育的发展环境下,学校应发挥带头作用,促进校企之间的深度合作,提高人才培养的质量。

现代学徒制之于学校以及学校之于现代学徒制都有着重要意义和实践价值,这一过程究竟是如何运作的,价值是如何体现的?学校为什么对于现代学徒制而言具有重要的意义,教育的价值如何在现代学徒制中得以发挥?这些疑惑正是本研究所关注的重点。

培养具有专业素质的高素质技术人才是高职院校的目标。现代教育人才培养方式的不断改革和发展,使我们不断探索适合实际情况的教育方式和教学方法。面对学生对知识的渴望以及当前的教育和教学过程,教师经常问自己是否适用人才培养模式和教学方法。从当前教育教学理论的发展来看,探索适合高职学生的技术创新型人才的培养模式已成为当务之急和重要课题。高职学生直接就业后到生产一线岗位,接触最新的生产现实和产品。随着产业结构升级和经济转型,对技术人才的需求不断增长。

一方面,学徒制在职业教育中的应用是对隐性知识的特征及其传播规则的深刻理解的结果;另一方面,这是由于中国职业教育中的发展弊端造成的。例如:强调教师的个人行为而不是教师之间的相互学习,强调理论而不是实践,以及强调单向教学而不是对学生进行独立培训。对学徒制的促进和重视,使拥有丰富的专业技能和教学默会知识的教师能够将无法言喻的默会知识传播给学生和其他教师。通过他们的参与和示范，学生和其他教师还可以掌握专业的技术技能和教学技能①。

发展职业教育，培养各类技能型人才，是经济社会发展的需要。然而，在高职院校快速发展的同时，发展中也存在着许多问题，尤其是在以工学结合为核心的深化职业教育改革的过程中，工学结合仍停留在形式上，高职教育改革面临着前所未有的困难和问题。借鉴西方的学徒制度，对于发展具有中国特色的现代学徒制度，并结合职业教育的特点和工业发展，构建职业教育系统适合中国国情的实际情况的现代学徒式培养模式具有重要的教育价值。

现代学徒制人才培养模式的推行还可以实现提升职业教育教师的"双师"素质②。职业教育为我国工业和制造业培养大批高素质的技术技能人才提供了有力的保障和间接动力。探索和构建符合我国国情的现代学徒培养模式，对生产技术和职业教育将产生重大影响。与本科教育相比，职业教育师资相对薄弱。职业教育学校已经引进了大量高学历的专业技术人员，特别是引进了相当数量的受过高等教育的工程技术专业人才。这部分教师通过学校和教育部门的不断培训，逐渐成长为职业教育的骨干。然而，由于种种原因，职业教育教师参与具体职业技术岗位实践的机会相对有限，导致我国职业教育双师型教师素质提升过程缓慢。

开展现代学徒制培养模式，由于现代学徒制本身的优势体现在教师需要指导学生从事具体工作，从企业掌握具体的"怎么做"的过程中以及对"如何做"的认识做到更好，并且需要勤奋学习交替学习的职业培训。尽管学校已经建立了大量的教学与整合教师和技术岗位模拟现场工作室，但是这些都与具体的专业岗位有一定的差距。

在实施现代学徒制的过程中，职业学校的教师可以学习很多实践知识，企业大师可以学习很多理论知识。综合型教师的建设将有许多建设性的建议和变化。在实施现代学徒制的过程中，校企合作更加紧密和深入地融入了交流。职业学校的教师有更多机会进入专业岗位进行锻炼和学习，并在相互影响的过程中不断提高自身的素质和教学能力。

---

① 刘涛."学徒制"的现代价值及其实现之研究[D].苏州：苏州大学，2011：48.
② 赵建兵，王淑敏，吕海东.现代学徒制人才培养模式的理论基础与现实价值[J].广州化工，2017(9)：211－213.

第 3 章　我国高等职业教育体育类专业的发展现状

3.1　我国高职教育体育类专业人才培养的背景与现状

3.1.1　我国高职教育体育类专业人才培养的背景

近年来,我国健身休闲产业的快速需要大量的体育运营与管理类的专业人才,休闲体育产业的发展主要有以下几个方面的社会原因。

健身休闲业的发展有助于抑制现代文明病的蔓延

随着历史的发展,人类的科学技术取得长足的进步,人类劳动方式大致经历了从体力型、半体力型到智力型的发展历程。社会人口中从事脑力劳动的人数达到或超过了一半。加之,膳食结构的巨大变化,使得心脏病、糖尿病、高血压、肥胖症等这些"现代文明病"发展很快。著名医学杂志《柳叶刀》于 2014 年刊登了一项大型研究报告,指出在过去 30 余年,全球肥胖和超重人口无论是总数还是占比都呈显著升高趋势,接近达到了世界总人口的 $\frac{1}{3}$。

2018 年 6 月,世界卫生组织总干事谭德塞(Tedros Adhanom Ghebreyesus)博士与葡萄牙总理安东尼奥·科斯塔(Antonio Kesita)一道发布新的《世界卫生组织 2018—2030 年促进身体活动全球行动计划:加强身体活动,造就健康世界》。该行动计划的目标是,力争各国能够到 2030 年使成年人和青少年的缺乏身体活动状况减少 15%。定期进行身体活动是预防和治疗心脏病、卒中、糖尿病、乳腺癌和结肠癌等非传染性疾病的关键。但是目前全世界仍然有 $\frac{1}{5}$ 的成年人和 $\frac{4}{5}$ 的青少年(11—17 岁)没有进行足够的身体活动。

显而易见,科学的健身休闲运动可以缓解精神压力,维持能量代谢平衡。对于个人而言,可达到强健体魄、减少医疗开支、显著改善生命质量的效果;对于整个社会而言,可以抑制现代文明病的蔓延。

健身休闲活动是一种时尚流行的消遣娱乐手段

健身休闲活动的一个重要的基础是必须有充足的时间保障。周休制度开始于瑞士,19世纪20年代起源于基督教。1919年,《国际劳动宪章》在世界范围内明确了周休24小时的制度。1935年,国际劳工大会首次提出将原来的周休一日改为周休两日,部分国家的每周工作世界现在已经低于40小时。此外,在周休制度的基础上,西方国家还普遍实行带薪休假制度(见表3-1)。

表3-1 各个国家(地区)带薪休假天数

序号	国家	天数
1	英国	28
2	波兰	26
3	法国、瑞典、西班牙	25
4	比利时、马耳他、委内瑞拉	24
5	秘鲁、葡萄牙、巴西	22
6	德国、芬兰、瑞士、意大利	20
7	韩国、日本	20
8	中国台湾	15
9	中国香港	7—14
10	中国大陆(内地)	5—15
11	泰国	6
12	菲律宾	5

表3-2 11个国家年休假天数占全年时间比重表(单位:%)

国家	1998(年)	2000(年)	2004(年)	2005(年)	2012(年)
中国	30.41	32.09	32.95	31.51	34.25
巴西	34.97	33.87	33.87	33.87	37.53
南非	30.38	30.03	34.59	34.59	35.89
印度	22.81	28.18	19.62	19.62	36.16
俄罗斯	35.79	37.53	39.21	39.21	37.26
美国	34.38	34.32	35.10	35.10	35.34
日本	35.92	36.16	36.16	36.16	38.08
奥地利	36.20	35.24	35.99	35.99	38.90
英国	37.02	37.23	38.80	38.80	38.36
德国	41.82	42.19	42.67	42.67	36.44
法国	40.34	45.65	46.54	46.54	38.36

人口构成老龄化是健身休闲活动兴起的重要动因

老龄化问题已经成为全球各国非常重视的现实问题。老龄化带来的老年疾病等问题逐渐凸显。已经成为一个深刻影响人类发展的深层次问题。雪邦(Seppänen)和布洛姆奎斯特(Blomqvist)(1997)[①]研究发现,65岁以上人口的数量是影响医疗费用增长的主要因素。20世纪初,美国人面临的最大的健康威胁是传染病,到了20世纪60年代,主要是心脏病、恶性肿瘤和脑中风等。为了保持健康,减少医疗开支,提高生命质量,世界上很多国家的老年人成了参加健身休闲活动大军中最稳定的群体。

休闲健身活动与人口都市化倾向密切相关

工业化的高度发展必然导致城市都市化的发展。城市是现代生活的摇篮,世界高收入国家城市化水平不断提升(见图3-1)。

近30年,我国的城镇化发展水平逐渐提升,城镇化率也在逐步提升,但是相比较而言,大部分主要国家的城镇化率都超过了70%,但我国的城镇化率仅为54%(见图3-2)。2014年出台的《国家新型城镇化规划(2014—2020)》指出,到2020年,我国常住人口城镇化率将达到60%[②]。

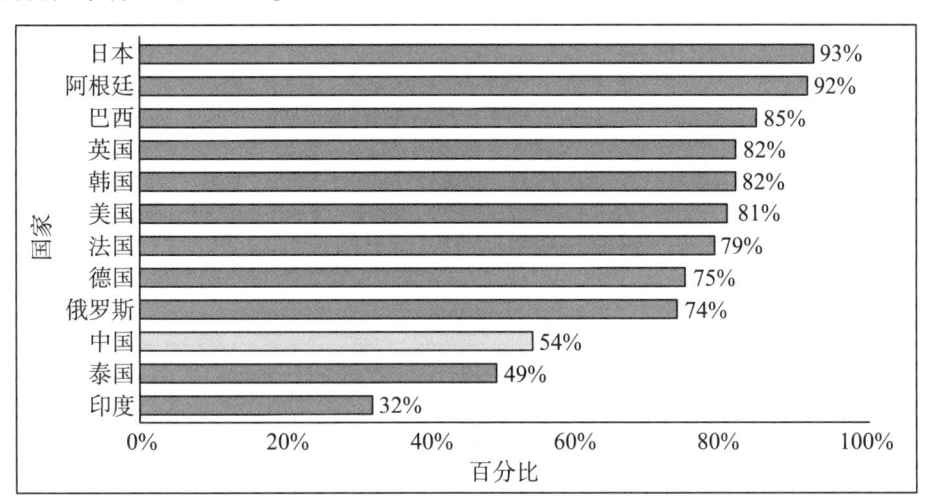

图3-1 2014年世界主要国家城镇化率

[①] Seppänen, R., Blomqvist, K. and Sundqvist, S. (2007) Measuring inter-organizational trust—A critical review of the empirical research in 1990—2003. Industrial Marketing Management, 36 (2): 249-265.
[②] 李美华.消费升级背景下山地户外运动产业能级提升研究[D].天津:天津财经大学,2018:36.

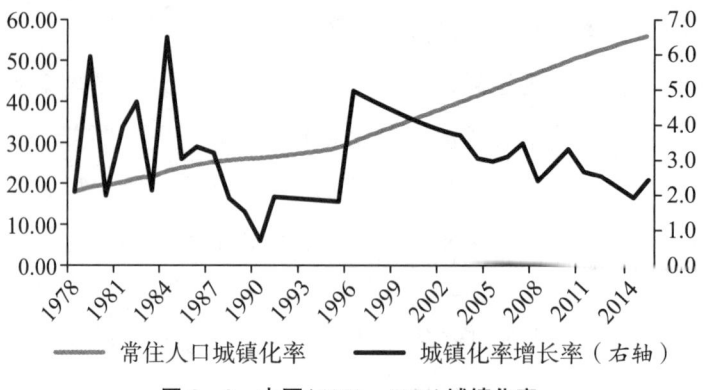

图 3-2　中国(1978—2014)城镇化率

发展健身休闲产业也是培育新的经济增长点的需要

休闲健身运动在欧美西方国家已作为一种新兴产业,发展迅速,在产业化优化过程中,成为产业关联性较强,并且能带动将整个国民经济发展的产业,成为国家经济新的增长点。作为体育产业重要组成部分之一的健身休闲娱乐业,近年来发展迅猛,成为全球各国体育产业中的重要力量和支柱性行业(见图 3-3)。

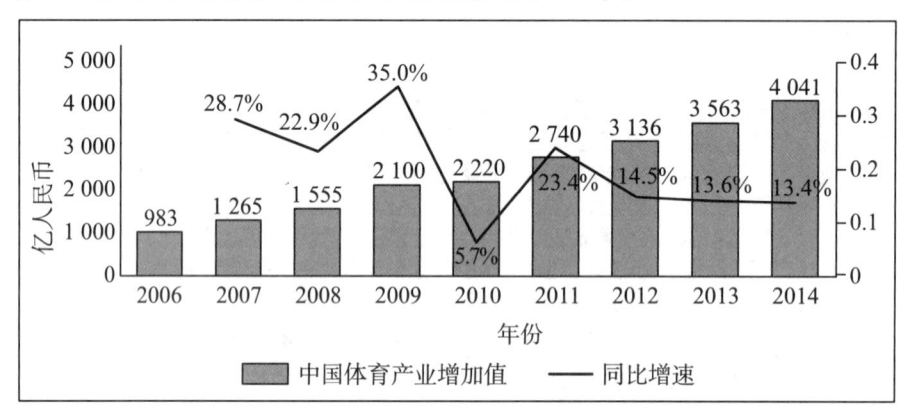

图 3-3　中国体育产业增加值及增速(单位:亿人民币)

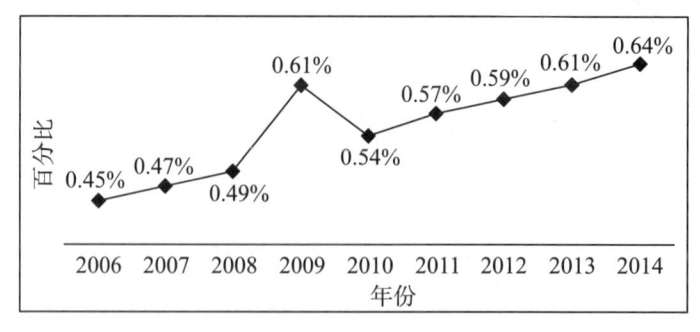

图 3-4　中国体育产业增加值占 GDP 的比重

2014 年国务院常务会议部署推进消费扩大,重点推进六大领域的消费升级。在信息消费、旅游消费、住房消费传统的三大领域之外,开始新增体育消费、健康消费、养老消费三大领域。2015 年,国务院办公厅发布的关于服务业促进消费结构转型的相关文件中,明确指出要推动生活消费方式由原来的生存型、传统型和物质型向未来的发展型、现代型和服务型转变。居民和家庭服务、健康服务、养老服务、旅游服务、体育服务、文化服务、法律服务、批发零售服务、住宿餐饮服务、教育培训服务等领域将成为新常态下中国经济新的增长支点。

政策支持助力健身休闲产业发展

为了提升国民身体素质、推广体育休闲健身,我国政府以及各相关职能部门颁布了一系列的政策文件,对休闲健身业的发展进行鼓励与保障。未来体育健身休闲产业的发展前景,不仅有来自人口红利、市场空间和国家 GDP 增加等带来的发展空间与价值需求之外,还拥有来自国家政府的方针政策层面的强力支撑(见表3-3)。

表3-3 近20年休闲体育产业发展国家相关政策一览表

序号	时间	颁发机构	政策文件名称
1	1999年6月	国家体育总局	《关于加快体育俱乐部发展和加强体育俱乐部管理的意见》
2	2006年7月	国家体育总局	《体育事业"十一五"规划》
3	2009年10月	国务院	《全民健身条例》
4	2010年3月	国务院办公厅	《关于加快发展体育产业的指导意见》
5	2011年2月	国务院	《全民健身计划(2011—2015)》
6	2011年4月	国家体育总局	《体育产业"十二五"规划》
7	2013年3月	国务院办公厅	《国民旅游休闲纲要(2013—2020)》
8	2013年9月	国务院	《国务院关于促进健康服务业发展的若干意见》
9	2014年3月	国务院	《关于推进文化创意和设计服务与相关产业融合发展的若干意见》
10	2014年10月	国务院	《国务院关于加快发展体育产业促进体育消费的若干意见》
11	2016年5月	国家体育总局	《体育发展"十三五"规划》
12	2016年10月	国务院	《健康中国2030规划纲要》
13	2016年10月	国务院办公厅	《关于加快发展健身休闲产业的指导意见》

随着我国大众健康健身意识进一步加强,休闲俱乐部商业模式逐渐成熟。近年来,我国健身市场保持良性发展。2017年我国健身休闲俱乐部产值约900亿元,2020年行业产值已超过1 230亿元[①]。

与健身休闲活动热形成鲜明对比的是,健身休闲教练的发展水平和速度相对滞后。资料显示,在健身教练培训方面,中国的人均教练只有0.12人/万,美国则达到7.5人/

---

① 石岩,等.消费升级下我国健身休闲服务业的创变之路[J].体育学研究,2018(2):67-75.

万,缺口巨大。据调查,持有《社会体育指导员(健身)国家职业资格证书》的健身教练还不到50%,在一定程度上增加了商业健身休闲俱乐部人力资源方面的风险。

因此,为了填补健身市场专业人才的空缺,高校必须担当起培养合格乃至优秀的休闲体育产业领域的专业人才的使命,这是有效解决体育休闲产业市场领域专业人员缺乏、管理失范、经营混乱等问题的重要举措。

3.1.2 我国高职教育体育类专业人才培养的现状

作为现代高等教育体系中最主要的两种类型,高等职业教育与学科型普通高等教育在人才培养目标、模式、途径、方法以及评价等诸多方面存在着较大差异,承担着不同的社会功能。

"专业"一词具有中国特色,但并非中国传统的东西。《教育大辞典》中做如下解释:"专业译自俄文,指中国、苏联等高等教育培养学生的各个专门领域。相当于《国际教育标准分类》的课程设计或美国高等学校的主修。"[1]

我国高等教育的专业主要是根据社会职业分工、学科的分类、科技、经济和文化发展水平,以及社会生产发展的需要来划分的。高校根据专业来确定人才培养方案,为社会经济发展等培养各种合格的专门人才;学生按专业进行学习,进行职业规划,为未来工作做准备。《辞海》对"专业"一词做的解释为"高等学校或中等专业学校根据社会专业分工的需要设立的学业门类"[2]。在我国高校的实际认识和运用中,"专业"一词包含具象的实体意义。一般来说,其包含三个相互联系实体:相同专业学生所组成的组织、部分教师的共同组织和与共同组织相连的教学保障系统[3]。

本书的研究对象是高等职业教育,所以把专业的内涵定义为:专业是普通高校依据国家学科分类和职业分工的需求而针对性地进行专门知识教学活动的基本单位[4]。具体到高等职业教育,主要是指我国高等职业教育体系领域中的进行专门人才培养的教学系列活动的基本单位。

我国高校于1952年开始实施专业设置,当时,共设本科专业215个。至1963年,我国首次从国家层面统一编制高等学校专业目录,根据国务院批准发布的《高等学校通用专业目录》和《高等学校绝密和机密专业目录》,共设专业510个。20世纪80年代之后,国家进行了多次学科专业调整工作。转换了过去一味重视"专业对口"的教育思想,确立知识、能力和素质综合发展的人才观,强调了传授知识和技能的同时,提出了注重综

---

[1] 顾明远.教育大辞典(第三卷)[K].上海:上海教育出版社,1991:26.
[2] 辞海编辑委员会.辞海[K].上海:上海辞书出版社,2000:34.
[3] 卢晓东,陈孝戴.高等学校"专业"内涵研究[J].教育研究,2000(7):47-52.
[4] 薛天祥.高等教育学[M].桂林:广西师范大学出版社,2001:27.

合素质,提高能力素养的多元化复合型的人才培养模式①。1998 年,教育部颁布实施的《普通高等学校本科专业目录》将专业分为哲学、法学、经济学、教育学、文学、历史学、理学、工学、农学、医学、管理学和艺术学 12 个大学科门类。2012 年,我国高校进行了改革开放以来的第四次专业目录修订,根据国家公布的 2012 年版的专业目录,全国共开设 506 种本科专业。同期公布的《普通高等学校高职高专教育指导性专业目录(试行)》,全国共开设 532 个高职高专专业。根据国家战略新兴产业发展和改善民生的需求,国家每年会对专业目录进行增补和微调。

新时期,我国高等教育主要有四大功能(人才培养、科学研究、社会服务、文化传承创新),其中人才培养排在首位的重要位置,而社会对人才的需求主要是通过学生专业来实现。因此,高等学校的专业设置对学校的发展及学生就业等都有着非常重大的影响。长期以来,我国对体育专业的认识还存在较大误差和偏差,存在着将运动项目或体育课程的名称和专业名称等同的现象;我国高等与体育类本专科专业设置的制定以修订在规范性、科学性上有较大差距。体育科学发展水平较低及学科体系构建等不够完善等原因造成人们对体育学科、体育专业、体育专业方向和体育课程之间关系的认识较为模糊。

我国本科的专业设置原则是按学科门类、专业类、专业名称 3 个层次分类的。体育类专业属于的学科门类(04 教育学)、专业类(0402 体育学类)、具体专业(040201 体育教育、040202K 运动训练、040203 社会体育指导与管理、040204K 武术与民族传统体育、040205 运动人体科学)。研究生阶段的专业设置体育类专业的分类是学科门类(04 教育学)、专业类(0403 体育学)及具体专业(040301 体育人文社会学、040302 运动人体科学、040303 体育教育训练学、040304 民族传统体育学)。专业学位设置情况为专业类(0452 体育)及具体专业(045201 体育教学、045202 运动训练、045203 竞赛组织、045204 社会体育指导)。

我国高等职业教育的专业设置主要是依据中华人民共和国教育部于 2015 年 10 月 26 日印发并实施的《普通高等学校高等职业教育(专科)专业设置管理办法》制定的。该办法是为进一步规范普通高等学高等职业教育专科专业设置管理,指导高职院校依法自主设置和调整专业,根据《中华人民共和国职业教育法》《中华人民共和国高等教育法》《中华人民共和国行政许可法》和《国务院对确需保留的行政审批项目设定行政许可的决定》制定。截至 2017 年,我国高等职业教育体育类专业共有 11 个。

本书选取体育类专业中的体育运营与管理专业为例进一步阐释,体育运营与管理专业(专业代码 670408)根据中华人民共和国教育部颁布的《普通高等学校高等职业教育(专科)专业设置管理办法》(2015 年)制定的。体育运营与管理专业(专业代码

---

① 徐越.从战略高度做好新一轮学科专业结构调整工作[J].中国高等教育,2001(7):47-52.

670408)是由原体育运营与管理专业(原专业代码 660305)与体育场馆管理(原专业代码 650110)合并而成。

我国高职院校体育运营与管理专业的设置是由当前我国的社会经济等社会背景决定的。目前我国社会体育健身指导专业人才缺口很大,已不能满足社会的需求,高等职业教育体育管理类高素质技术技能专业的人才培养就显得尤为重要。体育运营与管理专业的主要培养对象就是培养体育健身指导、体育产品营销、健身企业运营等工作岗位的高级技术技能型人才。

成功举办的 2008 年北京奥运会和 2022 年冬奥会等大型世界性的体育赛事在中国的举行也对体育运营与管理的人才需求增加,经常从事体育锻炼人口数量也快速增长,促进了全国体育消费,同时也扩大了体育培训市场,体育产业迅速发展需要大量的专业培训人员和管理人才。另外,我国体育用品行业也进入了快速发展期。进入 2010 年,行业增长速度又开始出现下降,行业增速从 2007 年的 31% 下降至 10% 左右。根据国家统计局数据,2016 年,我国体育用品行业实现销售收入 1 472.10 亿元,同比增长 11.65%。以电脑体育彩票为代表的体育彩票发行市场也需要大量的专业的体育人才。

正是因为体育产业市场对职业化的体育运营与管理类人才的急切需求,国家政策也做出了相应的政策指引与保障。我国《国民经济和社会发展第十三个五年规划纲要(2016—2020 年)》中提出,"实施全民健身战略。发展体育事业,……",高等职业院校在培养体育管理类人才的过程中承担着重要的历史使命和责任。

3.2 现代学徒制培养模式对高职体育类人才培养的启发

3.2.1 高等职业教育人才培养模式类型与特征

我国高职教育在经过一段时间的发展与探索后,在人才培养、科学研究等方面取得了显著的成果。在人才培养模式与教学改革等方面的实践探索中,积累和总结出了多种适合职业教育发展规律的人才培养模式,其中比较有代表性的有"2+1 顶岗实习"模式、"订单式"模式、现代学徒制模式和产教融合模式等。国外职业教育的人才培养模式也有较大的借鉴意义,比较有特色的有德国的"双元制"、英国的 BTEC(Business & Technology Education Council)模式等。下面就国内外几种有代表性的职业教育人才培养模式进行简要介绍(现代学徒制模式在文章其他章节有详细介绍,此部分不再介绍)。

"2+1 顶岗实习"模式。这种模式打破原有的学校学习时间跨度的局限,由原来三年都主要在学校学习改变为在学校学习两年理论知识,第三学年在企业进行实践学习。在企业学习期间,主要是在企业进行岗位实习与培训。其主要特征有:

1)打破了传统僵化的课程学习场所与时间限度,改变了课程体系结构,实行工学结合。

2)各个阶段的学习目标与内容明确具体。

3)更符合职业教育人才成长规律,使学生更清晰地接触和掌握行业最新的实践知识和技能。

"订单式"模式。"订单式"模式近年来也是职业教育探索人才培养途径的一个重要探索。这种模式的主要是学校与企业根据企业岗位人员在人数、岗位和人才标准的需求方面制定共同的目标,设立相对应的专业,开展人才培养。企业提供相应的资助,学校进行指定人才的订单培养。这种模式在调动企业参与人才培养的积极性方面起到独特的作用。但是这种模式具有一定的局限性。其一,学校必须根据企业的需求,进行及时的培养专业的设置与调整,不利于学校的长远计划与发展。其二,合作企业必须是发展良好的优质企业,在人才需求数量和质量等方面必须达到一定标准。其三,人的培养与成长过程本身是一个变化动态的复杂过程。在三年学习过程中,社会、行业、学生本身的职业观等都会发生变化,订单式培养就会呈现较大的局限性。该模式的特征主要有:

1)学校、学生和企业三方利益诉求明确。通过签订培养协议,学校按照职责进行企业岗位需求人才的培养,学生入学前就明确自己未来的职业岗位好就业单位。

2)共同参与实施人才培养。校企双方结合当前社会经济发展的特点以及行业发展趋势,共同制订满足三方利益、符合教育规律的人才培养计划。

3)企业按照协议接纳学生到规定岗位就业[①]。

产教融合模式。2014年,《国务院关于加快发展现代职业教育的决定》指出,要"建立健全产教融合制度。各级政府要把职业教育与经济社会发展同步规划。行业部门和组织要制订与产业发展规划配套的人才同步培养计划。企事业单位要制订与事业发展协调的人力资源同步开发方案。职业院校要制订与产业发展对接的教育教学同步改革措施。各地的产业集聚区、科技创新区等要把职业教育作为重要支撑,推进产教融合机制建设"。这是在国家层面上首次提出建立健全职业教育产教融合制度,也表明职业教育与产业的互动已经上升到新的水平。

规范而深入的产教融合、校企合作是职业教育取得成功的国际经验,是高质量培养大批技术技能人才的必由之路,也是依赖技术技能积累和人才驱动的行业、企业保持竞争力所必需的。产教融合是产业与职业教育之间合作的国家制度完善、政策配套、多元主体协商共治、产教协同规划、校企共同承担育人责任、规范而深入的产教结合的理想状态。在学校层面,如何结合国家政策的指引,深入开展"产教融合"模式的人才培养改革与探索,是当今职业教育提升人才培养质量的重要举措。该模式的主要特征有:

1)有助于树立产教融合制度为职业教育基本制度的理念。随着产教融合的深入探

---

① 刘福军,成文章.高等职业教育人才培养模式[M].北京:科学出版社,2007:51-53.

索,高职院校最终形成内涵确定、运行完善的人才培养模式。

2)有助于职业院校适应产教融合的分类发展。职业教育产教融合有着不同的分类,高职院校只有参与到这种模式改革中,才能切实调整自身发展方向,增强职业教育产教融合有效、可持续发展的能力和效果①。

国外职业教育的人才培养模式也对我国有重要的借鉴意义和启发价值。本书选取对我国现代学徒制人才培养模式起到重要启发的两种模式进行简要介绍。

德国"双元制"模式。德国职业教育"双元制"教育起源于1948年,20世纪60年代,德国政府在教育法中对这种培养模式进一步立法规定,使其发展进入一个更加良性的和崭新的发展时期。这种模式的主要特点有:

1)校企双方共同实施人才培养。在培养方案的制订、培养过程的实施与培养过程及保障与评价等过程中,共同强调实践和理论两方面的学习,强调学生在获得基本从业能力的同时,还要获得职业场景中的综合职业能力。

2)师资队伍的双元结构。优质的师资为德国高素质技能人才的培养提供了可靠保障。"双元制"的教师由具备精湛实践操作技能的企业及行业实践教学指导教师以及来自职业院校的有着丰富理论基础的教师共同组成。

3)完善的配套职业教育法规。为了保障"双元制"的教学运行,国家出台了职业教育培训领域一系列的政策法规,如《职业教育法》《职业促进法》以及《青年劳动法》,对学校、企业和学生等各自的权责进行了明确的规范②。

英国 BTEC 模式。这个模式在当时的历史背景下,推动了英国的职业教育的发展。尤其在推行国家职业资格证书制度方面,其做法对我国推行双证书培养制度有较大启发。其主要特征有:

1)确立了以"学生为中心"的教育理念。其核心思想是以学生自主发展为基础,鼓励学生发展独创和探索精神,鼓励学生独立思考并大胆质疑。

2)多元整合的课程标准。这种课程模式强调为学习者提供灵活多元的课程选择,每个专业、每个单元都分为必须与选修,重视整合的能力观。

3)严格的质量考核评价制度。该模式为了确保高效性,制定了一套十分严格的考核体系③。

3.2.2 高职体育类专业实施现代学徒制的创新

我国高职教育在人才培养模式的实践与理论探索中,取得了较大的成果和进步,但

---

① 和震,等.职业教育产教融合制度创新[M].北京:科学出版社,2018:5.
② 朱映凯.德国"双元制"职教体制的考察与启示[J].湖南教育,2005(7):40-41.
③ 蔡京枚.英国 BTEC 课程模式实施探索[J].上海商业职业技术学院学报,2004(3):5.

是随着社会经济的快速发展,人才培养面临着更多的难以预料的困惑与影响因素。人才培养过程中出现了以下几个较为明显的问题。

第一,课程体系与行业发展脱节。我国部分高职院校在人才培养过程中,没有根据行业发展的趋势以及市场人才需求的实际,在专业设置、课程体系设置、教学内容选择、教学方式实施等方面出现了与岗位需求脱节的现象,严重影响了人才培养的质量。

第二,教师实践教学能力薄弱。当前,我国高等职业教育院校的教师大多是从高校毕业后直接进入职业院校,理论知识虽然较为系统全面,但是较少经过专门的职业岗位训练。其在工作初期,大多没有较高级别的国家职业行业资格证书,没有企业岗位工作经验等,在教学过程中缺乏指导学生的实际经验。

在此背景下,现代学徒制等新型人才培养模式为我国高职教育人才培养提供了更多的创新路径与思路。现代学徒制人才培养模式对我国高职体育类专业的建设和人才培养的创新也提供了可行的途径[①]。其创新点主要表现在以下几个方面。

强化行业企业的参与程度与意愿。当前,我国职业教育的校企合作已经进行了长期的探索,但依然存在合作密切度不高、合作运行机制不够健全以及合作成效较差等情况。究其原因,可以发现,在校企合作中,学校有来自生源和就业考核及家长期望、社会声誉等方面的考虑因素,在寻求校企合作的过程中,一般采取比较主动的姿态,希望企业能为学生的实训实习提供良好的条件。现代学徒制等新型人才培养模式更加注重与企业的全方位合作,把深度合作双赢的人才培养放在首要位置,注重职业岗位能力的培养,强调通过双元培养,使学生掌握行业应具备知识、技能、情感和态度等技术技能知识和实践经验,注重对学生全方位和综合素质的培养。

现代学徒制人才培养模式的重要创新价值最终还需落实到具体的课程实施与教学,如何进行职业课程的开发与建设。现代学徒制的人才培养模式注重对职业面向的全面分析,注重课程设置与行业典型工作岗位相匹配,具有较强的针对性和指向性。根据典型工作岗位的职业能力的分析,选取对应的课程与教学内容,形成不同阶段与层次的模块。

以"双师"建设为目标,强化教师职业能力培养。现代学徒制的师资队伍来自学校和企业,学校的教师也必须具备"双师"素质,必须经过理论知识考核和实践岗位培养考核。只有严格的师资准入制度才能确保师资队伍的高素质、高标准,才能满足现代学徒制的实施要求。无论是学校教师还是企业师傅,都要求经过必要的理论培训,在掌握一定的教学基本能力和专业必备的基础理论知识的基础上,还应该具备较强的实践操作技能。

以法律制度为保障,确保现代学徒制的实施。只有完善科学的法律法规体系才能

---

① 张阳,王虹.现代学徒制在高职院校人才培养中的实践与探索[J].中国职业技术教育,2014(33):77-80.

为职业教育健康发展、为现代学徒制的顺利开展提供保障。当前我国关于现代学徒制的立法较多停留在地方政策与规范文件层面,需在强制性的法律法规建设方面进一步加强。

3.3 重构课程体系:提升高职教育体育类专业人才培养质量的必然选择

3.3.1 国内外高职教育课程体系构建的类型

课程体系构建模式是对某个专业、某个课程进行的基于某种课程理论运用于实践的一个设计方法,是形式上的规律。课程体系构建本身则描述了某种较为具体的流程,其核心就是将课程体系构建过程中的各种复杂因素加以简化,从而表现出要研究对象的特性和规律,便于人们认识和运用这些规律来指导构建实践。课程体系构建模式是课程体系构建过程中的重要程序和步骤,常见的课程体系构建模式有目标模式、过程模式和情景模式。

目标模式。该模式的核心特点是以目标作为基础和核心来开展课程体系的构建,一切教学与课程行为都建立在目标的确定、实现及评价的基础上。目标模式是20世纪初课程开发科学化运动的产物。在实用主义哲学的指导下,在行为主义心理学的影响下,它强调目标的确定以及基于精确表达的目标的评价。它在课程设计的理论和实践领域中长期占据着重要的地位。美国课程专家泰勒(Ralph Tyler)在1949年的著作《课程与教学基本原理》中提出了一个根据目标、功能和结构来考虑课程设计的框架,将科学化的课程开发推向了极致。泰勒认为,学校是一个有目的的机构,教育是一项有意图的活动。他给出了被学界称为"泰勒原理"的4个基本原理:了解学生应该掌握哪些经验?教师如何组织这些经验?如何将这些经验传授给学生?如何运用有效的评价方法来验证这些经验是否有效地传授给了学生?[①] 这4个基本原理对应课程体系构建时要回答的4个基本问题:课程体系应该达到哪些教育目标?提供哪些课程知识与技能最有可能实现这些目标?怎样才能有效地组织这些课程知识与技能?怎样才能确定这些课程目标是否得到实现?

目标模式具有"系统、完整、简洁、明了,易于理解和把握"的特点。泰勒原理作为目标模式的主导范式,为课程设计和体系构建提供了理性的分析思路。后来的学者在其基础上进行了后续补充,提出了惠勒模式、坦纳模式等。例如,1967年英国课程专家约翰·阿奇博尔德·惠勒(John Archibald Wheeler)在泰勒模式中引进了反馈功能。目标

---

① [美]拉尔夫·泰勒.课程与教学的基本原理[M].黄炳煌,译.台北:桂冠图书公司,1980:35.

模式倾向于受工业心理学影响,体现了目标导向的理念,与"科技主义"课程设计意识形态关系密切。它简化了课程设计程序且易于理解,合乎了教育、政治、经济的要求。但其以工业生产流程隐喻学校教育的观念,因滥用行为目标及主张封闭的课程范式呈现出了较多的弊端,其模式忽视了课程主体的创造性与自主思考、判断和创新,过于强调目标的可测量性。

过程模式。英国课程专家劳伦斯·斯滕豪斯(Lawrence Stenhouse)在前期的研究基础上,为了弥补目标模式的欠缺之处,提出了过程模式。他指出课程体系的构建方法是以教育及知识本身固有的标准为依据进行内容的选择,根据课堂的现实状况,反映教育目的及教学过程的实际,而不是以预设的学生行为结果为准绳。它强调课程体系的开放性,强调学生的学习不是一个线性的被动过程,而是一个积极的参与和探索的过程,应注意学生的个人理解和判断力,评价应以教育主体及知识的内在价值和标准为依据[①]。

该模式认为,对于那些以知识和理解为中心的课程领域,过程模型比目标模型更合适。有人认为,课程体系建设应选择体现有价值知识的内容,所选择的内容可以代表最重要的过程,最关键的概念和知识的内在标准。过程模型也有一些局限性。其价值标准已与消极目标相反,整个课程发展局仅限于抽象,演绎性单一来源的学科体系,而忽略了社会需求、知识的实用性及学生的接受程度。并且过于依赖教师自身素质。教师在评价上扮演的是学生学习过程批评者的角色,且评价相对比较主观;即使情况相同,每位教师也有可能给出不同的成绩。这种模式可能导致学生习得知识内容发生偏差。因此,在实践中也较难完成。

情境模式。情境模式是校本课程体系构建较常用的模式。它借鉴了目标模式、过程模式和其他模式的合理组成部分,并受到文化分析的深刻影响。这是一个更加灵活、全面和适应性强的模式。其代表人物英国教育家斯基尔贝克(M.Skilbeck)认为,校本课程开发是促进学校真正发展的最有效方式,应立足对学校情境的微观分析基础上,构建校本课程研发模式;课程开发的中心及焦点是学校及其教师;它要求开发者把课程设计与实施与当地的社会、经济和文化背景等更加紧密地联系在一起,全面系统地考虑课程所处的实际情景,在全面分析和评估基础上研制课程方案。情景分析模式认为课程即经验,也就是教师、学生与环境的互动。这种模式将课程开发置于社会文化架构中,教师通过为学生提供了解社会文化价值、诠释架构和符号系统的机会,来改良和转变学生的经验,目的是鼓励学校、教师、家长、学生及其他人士能以创意、创新的概念,运用多种资源来开发校本课程[②]。不事先设定手段及目的分析,鼓励课程设计人员考虑开发过程中的

---

① 李介.国外校本课程开发模式带给我们的启示[J].教育理论与实践,2010(9):18.
② 李坤崇.大学课程发展与学习成效评量[M].台北:高等教育文化事业有限公司,2011:175-179.

不同要素,以一种系统的方式从事工作。它倾向于从学科、学生、社会的视角来考量。

上述课程体系构建模式没有一种是完美无缺的,但可以帮助课程构建主体理清课程设计所运用的方式。具体到某个专业课程体系,则应该根据课程目标及课程特点,采用不同的模式。在泰勒模式基础上,经过20世纪60年代课程知识大讨论和大量相关著作的问世,形成了现代课程与教学的基本体系,研究范围涵盖了课程基本原理、课程设计与实施、课程评价、课程管理等诸多方面。虽然泰勒原理是"技术旨趣"和"技术理性"的,但在课程设计与实施领域,它仍然是一个重要的指南。因为该模式为课程研究和开发提供了范例。在全面研究的基础上,目标模式的每个问题都提出了具体的指导原则、步骤、要求和程序。这是一个完整,系统和可操作的模式。目标模式还创新性地将评价引入设计过程,从而大大提高了课程设计的科学性。另外,该模式还将学生、社会和学科作为目标来源,使目标模式有了更加科学的基础。

3.3.2 重构高职体育类专业课程体系的意义

职业教育在工学结合领域的实践探索过程中,其传统实践教学模式中,体育类专业的人才培养面临一系列的困难。其实践教学模式一般采用"2+1"或"2+0.5+0.5"的模式来完成学业。这种教学模式的特点体现在,通过两年的在校学习和一年的企业实践工作的实践教学环节;或者在学校进行两年的理论学习后,在企业进行半年的专业实践教学环节,再回到学校学习半年的理论课程知识,完成各个部分两个环节的学习并获得学分后,方可获得毕业证书。这种工学结合的传统模式是职业教育课程教学实施的重要精髓和发展方向,将学校教育与企业培训的要求相结合,并且学生可以在毕业后有资格从事该企业的入门级工作。但是,传统的实践教学模式的人才培养困境已逐渐显现[1]。这主要表现在以下几点。

第一,学校课程无法满足企业人才的需求。专业岗位的技术规范和专业能力要求难以体现。高职教育人才培养的目标是培养高素质的技术技能人才。职业能力是高职教育人才培养的关键。因此,实践教学是培养人才的综合职业能力的重要手段。科学的教学模式和课程体系应在高职教育教学体系中占据主导地位。在现有的教学模式下,实践教学是相对于理论教学的一种教学模式。在课程设计中,实践教学是一种通过理论教学实现教学目标的教学方法和实践。教学的主观状态没有反映在教学目标的设计中。这种课程设计导致理论知识无法反映实际应用的效果,或者实践教学成为确定性教学的一种现象,最终导致实践教学不能在学生专业能力的培养中发挥有效作用。

第二,体育类专业的特殊性使得基于技术过程的实践工程教学模式难以发挥作用。

---

[1] 马俊苹.现代学徒制对体育高职教育人才培养模式改革的探讨[J].兴义民族师范学院学报,2016(4):83-85+109.

从目前国内高职院校的国内实践教学的角度来看,大多数借鉴国外工程实践教学模式的做法,是根据实践中职业能力的课程设计来适应分解典型岗位的工作要求,强调技术和过程,但是这种基于技术过程的实践教学设计,并不适合当前体育类专业人才培养的课程和教学设计实践。2014年10月国务院印发的《关于加快发展体育产业促进体育消费的若干意见》(国发〔2014〕46号)在提到关于体育产业人才的培养方向时指出,在当前体育产业人力资源管理中,"管理、创意设计、科研和中介"人才相对薄弱和不足。以运动场馆管理人才为例,既需要掌握运动学知识和基本技能,也要熟悉体育设施的设计和维护技术,还要了解场馆运营管理的知识和技能。实际上这3个模块既不能分解过程,也不适合单个任务类型的教学项目。这种情况导致以下事实,即使实际的教学环节占据了相当大的课时比例,仍然无法培养出高素质的体育产业管理人才。

第三,传统的工学结合的实践教学模式使学生将企业实习视为完成学校安排的学习任务,无法形成职业身份认同,难以实现校企合作的双赢。在这种模式下,学生认为企业实践只是他们必须完成的教学任务之一,并且学生必须完成实践培训或实习才能获得毕业证书。对于企业而言,学生还没有获得独立工作的资格,他们的工作能力与专业素质与行业专业水平之间存在很大差距。因此,企业没有很高的热情参与主导学生的实习和培训。此外,对学生的职业素养也缺乏关注,使得学生在企业实践和培训过程中难以培养职业道德和认同感。

与其他人才培养模式不同,现代学徒制的特点是将学校职业教育与企业学徒训练资源的有机整合,这对高职体育教育人才的培养和课程体系的建设具有重要意义。主要表现在以下几点。

充分发挥企业的积极性。近年来,随着人民生活水平的提高和消费观念的改变,体育健身休闲产业蓬勃发展。国家体育总局统计数据显示,2006—2013年,中国体育健身休闲产业增加值从46.98亿元增加到213.08亿元,增速高于整个体育健身产业;而且休闲产业人才的供不应求,导致高校在体育管理产业和休闲产业等人才的培养表现出很高的热情。从高校的角度来看,体育休闲是我国的新兴产业,大多数高校都存在师资不足、设施和资源不足等问题。因此,高质量地完成学校教学中的人才培养任务需要得到企业的支持和协助。因此,通过高校招生合作,现代学徒制有别于其他培训方式,具有"招生及招工"的特点,可以根据企业的工作需求和就业标准,制定专业课程标准,并在培训阶段,培养学生的归属感和职业认同感,提高职业教育学生的就业率。

改革学校课程体系的设计。建立行业协会制定职业资格标准的体系,将职业资格证书的评估内容和企业岗位的职业能力要求纳入课程体系,明确企业的重要地位和人才培养的职业能力。长期以来,整合"课岗证"课程体系设计一直是高职教育改革的主导模式,但由于我国体育行业协会制定职业资格标准的工作才刚刚起步,因此,我国体育类职业资格证书中还有更多与市场需求不匹配的行业资格类型等待开发,通过课程体系的开发可以逐步实现与行业职业资格的对接。

优化"双师型"教师队伍建设。从学校教师的角度来看,目前在高等职业教育中的体育教学人员大多缺乏行业工作经验,虽然具有课程理论知识传授和指导体育比赛和专业技能的训练的教学能力,但缺乏体育训练、体育健身、休闲体育等行业实施经营管理技能。因此,学校职业教育存在不适应体育产业领域专业能力的要求的现象。要培养更多的事业体育产业发展的技术人才,只能从企业岗位要求设计课程体系和教学计划的角度出发,明确职业能力作为高职体育人才培养的最终目标,使高职体育专业人才高校要在行业中赢得一席之地,逐步提高专业的竞争能力。

改善课程与人才培养的考核体系。首先,在实施课程体系"双导师"制度的过程中,同时在学校的教学过程中引入企业导师的评估机制,传统的工学结合人才模式中也提出了企业合作管理和考核方式的举措,但从现有的人才培养方案的效果来看,学生的学习过程与考核主体仍以学校为重,学生实践环节的考核环节比较薄弱,企业大多数被动地满足学校提出的需求,无法实现企业在人才培养中的主导地位。现代学徒制人才培养模式的在人才培养质量的考核与评估的依据是基于行业标准和导师评估。无论学校是否达到人才培养目标,都应充分参考行业标准和企业岗位专业能力的要求制定考核标准,从而改变传统的学校和企业的考核方式独立开展的现状,结合人才培训考核体系的实践,按照行业标准(如职业资格证书考试要求)执行相同的考核标准,根据企业岗位专业能力提出专业人才培养的规格。其次,课程体系的专业化不明显。这主要表现在借助于本科课程的结构和设置上,学生使用的专业教材基本上是普通高等学校体育专业教材,真正具有专业性、实用性、有针对性的专业教材很少,种类繁多的专业显性理论知识占据主导地位并不利于实践操作性的技术服务岗位人才培养。

在现代职业教育理念下,高等职业教育体育类专业应根据职业教育的发展规律,积极探索新的人才培养模式。课程体系的构建可以有效解决当前人才培养模式中的一系列问题,现代学徒制无疑是目前的最佳选择。

因此,高职教育体育类专业现代学徒制人才培养模式的探索势在必行。这是实施体育专业在高职教育人才培养和专业发展中的重要举措,不仅可以解决当前高职教育体育专业人才培养过程中的一系列问题,也可以更好地深化校企合作,最终促进校企双赢。

第 4 章 基于现代学徒制的高职体育类专业课程体系构建——以体育运营与管理专业为例

已有研究表明,课程体系包含于广义的课程之内,本书为了研究需要,认为如果要对课程体系进行深入研究,必须对其在实践中的应用进行操作性和评价性的概念界定,从狭义的层面理解课程概念,即将课程理解为人才培养过程中单门课程或一些培养环节,如此便可以将课程及课程体系自然分开理解了。在此前提下,课程体系在理论研究与实践操作过程中被认为是一种系统的概念。系统是"一组相互关联的事物或要素组成的整体",而课程体系就是由课程这个相互关联的要素组成的整体。所以,课程与课程体系之间的关系清晰明了,课程体系就是为了实现人才培养目标,将一组相互关联的课程(要素)有机组成的整体。那么如何构建科学的课程体系就必须完成两个步骤,首先如何发现课程之间的"关联性"?然后如何将其进行匹配和结构优化,融合为一个"整体"?

科学的课程体系要求其包含的课程之间应该有"关联性",对关联性的理解我们要注意一点,并非所有有"关系"的课程都能融合到课程体系的整体之中,而必须从人才培养的知识、能力和素质来考虑。这种"关联"在很大程度上是由学科知识、学科研究方法及应用技能等之间的逻辑关系决定的。所以,在对人才培养目标清晰理解的基础上,应该如此理解课程与课程体系之间的关系,即构建课程体系的过程就是建立一门课程的内容之间、课程与课程之间、课程与学生发展之间、课程与社会之间的关联,使之成为有机整体的过程。

4.1 课程体系构建的指导思想

构建课程体系的目的就是实现课程体系价值的过程。课程与课程体系的价值实现的过程就是体现课程体系构建目的过程,就是客体(课程体系)满足主体(学生、学科、社会)需求的过程。随着社会经济与人类认知水平的发展,课程与课程体系的主体对客体的价值期望也随之发生变化。

马克思曾说过"人是社会关系的总和",作为个体的人与整体的社会,总是在矛盾与一致的不断运动中向前发展。教育的价值表现也必须与社会总体的价值观、认识观保持一致性,课程与课程体系作为教育系统的子系统,其价值也必须与社会发展的价值体现保持一定的一致性。

和平与发展是当今世界的两大主题,"学会关爱"和"学会生存"是全球教育的主题。经过历史发展和教育界的思考,认为"人性与科学的整合"是课程与课程体系的正确价值取向[①]。人类追求的最理想的境界是要求人类不仅要学会关心自己、他人、集体和社会的发展,还要学会关心自然。全面和谐发展是个体发展的最高层次,教育的目的就是要培养出全面和谐发展的人,培养出真善美和谐、统一的人才。

4.1.1 基于学生发展的指导思想

围绕着人的全面发展,将学生情感和认知两方面的增长作为课程体系建设的中心,以促进人的完善作为教育的终极目的,是基于学生发展的课程体系构建的指导思想之一。这一思想认为,课程体系构建不仅应通过科学的体系进行专业技能的传授,而且应围绕着精神与道德训练来开展,利于学生形成正确的人生观、价值观、职业道德和社会责任感,塑造健康人格。要还原课程体系构建的本体价值,就要把人作为教育主体,丰富人的精神世界。

20世纪中期,在科学知识急剧增长和国家功利主义不断强化的同时,人的发展问题也显化为大学课程领域的一个重要命题,要素主义、永恒主义等思想再次表达了对人的理性的尊重和追求。基于学生发展的课程理论是由美国"进步教育"运动的代表、教育家和心理学家约翰·杜威(John Dewey)倡导并发展起来的。杜威认为,教育不是为未来的生活做准备,"教育就是生活,教育就是生产,教育就是经验的不断改造,学校就是社会,教育是一个社会过程"。学生发展中心的课程目的主要是帮助学习者解决他们当前认为重要的问题,增强他们已有的兴趣、生活经验和动机,强调发挥学习者的主体作用。课程设计具有较大的灵活性,其最大特点是采用作业单元的形式组织课程要素,而不是知识分科。

随着20世纪70年代人本主义课程理论在西方的兴起和繁荣,"以人为中心"的课程呼声越来越高,成为课程发展的一个方向。各国教育家普遍认识到要培养高素质的人才,就必须把知识、智力与个性结合起来,使其达到和谐统一。全美教育协会在《70年代的课程》中,从6个方面勾画了人本主义取向的课程特点:(1)谁接受教育?(2)学习什么?(3)为什么需要教育?(4)如何进行教育?(5)在怎样的环境中引发学习?(6)需要怎样的控制?[②]

---

① 邓泽民,陶文辉.职业教育课程设计[M].北京:科学出版社,2017:52.
② 钟启泉.现代课程论[M].上海:上海教育出版社,1989:168-169.

基于学生发展的课程体系构建思想是从学生自身身心的发展规律出发,在巩固和完善其以前初步形成的各种基本素质的基础上,确立正确的人生观、价值观、世界观,进而形成正确的职业观,在不同的领域形成职业能力,取得职业生涯的发展。

4.1.2 基于职业分类的指导思想

世界各国对职业分类的研究以及对各种职业所需能力的分析,形成了职业资格标准奠定了基础,同时也为职业教育的课程体系构建提供了指导思想和方向。不同的职业活动,因为其活动逻辑不同,要求从事不同职业的人具备不同的职业素质。虽然不同的职业具有不同的职业活动逻辑,但是也存在着一般规律。这种规律通过课程体系的构建可以指导职业教育课程的实践。但是,单纯地以职业分类的指导标准与思想来指导职业教育课程体系的构建也存在一定的功利性和缺陷性:一是重视职业能力的培养虽然可以提升学生解决实际问题的能力,但有可能会忽视学生学科知识的系统化。二是片面追求职业能力的培养,可能会割裂知识的相容性。三是基于职业分类的课程体系构建指导思想容易忽视以人为本的理念。课程构建以培养少数职业技能精英人才为目标,忽视了大多数学生全面发展的需要,缺乏对学生情感教育的关注。

4.1.3 基于社会发展的指导思想

这一指导思想主张,课程的开发与课程体系的构建应通过对社会现实问题的分析来确定课程目标、课程内容与课程实施。社会中心课程结构论是美国教育哲学家布拉海尔德等人在批判地吸收进步主义、永恒主义、要素主义思想基础上,确立的"改造主义"立场。他把教育看作学生对未来社会生活的构想过程。他所设计的教育是再建民主的社会,把重点放在培养公民共同必需的能力上,以解决社会基本问题。

古代大学的社会价值取向主要体现在培养宗教、政治官员等人才上。古希腊哲学家和教育家苏格拉底(Socrates)、柏拉图等人都很重视教育对维护和巩固奴隶主贵族统治的作用,把教育看作是政权建设的重要方面。英国著名哲学家威廉·罗素(William Russell)指出,苏格拉底探讨的最重要问题是如何使有才能的人能当权掌政。柏拉图在《理想国》中构想的教育体系其根本目的在于培养"哲学王",即集聪明才智和政治权力于一身的国家最高统治者。

美国1862年的《莫里尔法案》面向农业和工业的赠地学院运动,使高等教育从培养高深学问的学术人才逐步转变为培养各行业所需的作业人员为主[①]。威斯康星大学原校长查尔斯·范海斯(Charles R. Van Hise)1904年提出的威斯康星思想(Wisconsin Idea),内核是"帮助把知识传授给广大民众,为全州服务"。苏联解体后,

---

① 郝德勇.课程与文化[D].南京:南京师范大学,2000:86.

美国进一步充当起"世界警察",广泛开设有关世界各国概况的课程;随着社会各种运动、组织的蓬勃发展,妇女研究、黑人研究、人类学研究、环境研究、外语教学之类的课程比比皆是。

美国建国以来,围绕着本科教育的必修课和选修课比例、课程开设的广度与深度以及综合能力培养等方面的问题,一直争论不休。1986年的调查报告《学院：美国大学本科生教育的经验》报道了存在的各种问题,提醒高校要把本科教育的最高目的看成是"促进学生从具有能力到承担责任",强调"今天大学教育的最成功之处是培养能力"。时任哈佛大学校长德里克·博克（Derek Bok）,1986年提出了高校均予认可的共同教育目标：获取广博的知识,在深度方面擅长一个专门领域,在广度方面了解几种不同学科;掌握准确交流的能力和方法,至少精通一门外语,思路清晰及具有批判思维能力;熟悉主要调查和思考方式,运用这些方式掌握获得知识的能力和理解大自然、社会和自我的能力;具有理解不同价值观、不同传统和不同制度下其他文化的能力;经过多次探索后,确定永久的智力兴趣和文化兴趣方向,具有自知之明,最终有能力选择未来的生活道路和职业生涯;通过与各类同学共同学习和生活,获得更多社会经验,具有与各种人相处共事的能力[①]。

社会需求导向的课程价值观主张按社会需要设置专业,培养国家需要的各种专门人才。这个主张成为政府举办高等教育的指导思想,为社会政治、经济服务,促进社会生产力发展和人们生活水平提高成为大多数高校的办学主导方向,人们首先想到的是如何把学生培养成对社会生活直接有用的人,如工程师、医生、律师或会计师等,以适应现实社会的选择。各种应用专业以及高职教育占高等教育的比重日益增大,以培养社会各行业高素质从业人员为重心成为当前高等教育的一个基本特征。

按社会需要组织课程与当前最需要、最有可能用来解决社会问题的知识组织和交流方式密切相关。该方法强调知识应用的重要性。这种课程结构论认为,人类社会的基本活动是决定课程内容、范围和教材逻辑顺序的主线。这样组织的课程有许多优点：一是可以激发学生的学习热情,增强社会责任意识。二是社会实践学习通常是这一模式中高年级课程的一个重要组成部分。社会问题的学习方法与现实世界在某种程度上是相关的,学以致用也是许多学生所期望的。三是这种课程易于联系社会实际,便于知识综合,新的科学成就容易纳入课程体系。四是大学在满足社会需要的同时,也日益得到社会回报。

---

① 吴启金.面向社会：当代美国高等教育的改革方向[J].全球教育展望,1994(6):55-61.

4.2 课程体系构建的逻辑路径

4.2.1 目标确定：专业课程体系构建的基础

课程体系构建的最基础和最重要的一步就是确定培养目标。专业培养目标的确定是向社会公布培养什么样的人才，同时也是教师和学生的教学行为的预期目标。如果缺乏对课程培养目标的顶层设计和整体考量，课程体系的构建就像无根之源。一般来说，专业的培养目标既要体现支撑专业的学科发展状况，同时也要考量学生的发展需要。当前许多高校将办学定位在了"应用型"人才培养上，相关专业的培养目标就应该体现本专业能满足社会对哪类"应用型"人才在知识、能力和素质结构等方面的基本要求。这样的目标显然不能仅凭经验和想象来确定，而是要通过对校友或用人单位等的深入调研，经过多方论证后确定并明确表达出来。

无论是专业还是课程的培养目标，都不应该是停留在文字上的愿景，而是学校和教师共同努力帮助学生实现的学习成就。将培养目标分解为培养过程中可以操作，可以实现，也可以评价的学生学习成果，逐级分解和落实，以保证各层次及各门课程的培养目标之间具有整体性。这种从全局出发，对课程体系进行统筹设计的理念也得到了许多大学的推崇。很多大学通过学校层面的改革，统一、明晰了培养目标和路径，并对课程设置进行了调整，理顺了学校与院系的课程管理权责，以提升人才培养质量[①]。

4.2.2 知识生成：专业课程体系构建的核心

"什么知识最有价值？"这是英国教育家赫伯特·斯宾塞（Herbert Spencer）1859年提出的经典命题。确定了课程培养目标之后，随后就是围绕着培养目标来选择课程及其内容。这是整个课程体系设计的核心工作。然而，高校中还较多地存在着将教材等同于课程的现象：选课程就是选教材；选教材就是选内容及其编排形式。教材更新速度一般会落后于科技发展的速度，一方面，一些课程在知识和方法上就会落后于社会技术的发展。另一方面，由于教材在为了方便读者学习的前提下，往往追求自成体系和自身的完整性，甚至要照顾到"先修知识"。这就容易造成一个专业不同的课程之间在内容上的过多重复现象。构成课程体系的知识主要来自支撑专业的学科，而课程体系所包含知识的深度和广度却是由培养目标决定的。现代科技发展日新月异，任何门学科知识都可以用汗牛充栋来形容，在有限的学校时间内，究竟应该从浩瀚的学科知识中选择哪些内容来构成专业知识，究竟哪些知识、哪些课程对于学生走出校门和今后的发展更重

---

① 乐毅.亚洲一流大学本科课程设置与课程管理评析[J].中国高教研究,2015(2):34-37.

要,这既涉及社会需求,也关系到毕业生发展。

不同的专业都带着各自观察、分析、研究和看待世界的学科视角和方法,有着各自的学科思维优势。学科的特点必然会影响到相应的专业对课程及其内容的选择。这就极大地增加了这方面研究的复杂性和难度。尽管课程的设计方法在很大程度上会受到学科特点影响,但它们之间也存在着许多共性。学科代表了知识的内在秩序,能为课程提供恰当的组织框架。从学科知识中精选出课程体系和课程知识的过程,可以通俗地比喻为从大千世界中筛选出用于烹饪的原材料,厨师用这些材料可以按照顾客的合理要求做出不同的美味佳肴。课程及其知识的生成,就是课程体系和课程的设计者根据培养目标的要求,将从学科中筛选出的知识和相关内容,按照教学的需要组织起来构成一门门课程的过程。

一般而言,高校在根据培养目标进行专业课程及其内容的选择时,有两条路径:一条路径是由课程体系设计团队先根据专业的培养目标来选择课程。这个阶段确定的往往是与相关学科有关的课程名称。设计团队也应该以课程大纲的形式对每一门课程要实现的培养目标等给出明确说明。任课教师则要根据课程的培养目标选择内容及其编排形式。所有课程的知识总合起来就构成了该专业课程体系的知识。这种模式的优点是能调动教师课程建设的积极性;不足之处是,各门课程容易各自为政,团队意识较弱,课程之间在衔接方面容易出现缺口和冗余等问题,难以形成课程体系培养人才的整体合力。另一条路径是采用顶层设计方法,即先从支撑专业的学科知识中,根据培养目标的需要筛选出构成整个课程体系的基本内容,然后再按照每门课程的目标和编排需要将这些内容分配到不同的课程中。这种方式能体现系统科学的整体思想,最大优势在于,能使专业知识的筛选更加科学,对于由多学科支撑的专业,可以将不同学科中的相近知识内容进行整合。这样可以有效避免课程碎片,保障人才培养在知识层面上的深度与广度。

4.2.3 课程匹配:专业课程体系构建的关键

确定了课程目标与选择了相应的课程,然后就是要将目标落实到具体的课程上,以便通过课程的教育学使学习者能够达到培养目标的要求,即构建一个能够使培养目标与课程目标之间明确的培养关系,确保每一个目标都能有所体现,有实现的支点。

以体育运营与管理专业为例,在进行专业职业能力分析和典型工作岗位工作能力分析之后,就可以将毕业要求指标与专业部分核心课程进行匹配(见表4-1、表4-2)。

表4-1 体育运营与管理专业岗位能力分析表

序号	岗位名称	岗位类别		岗位描述	岗位能力要求
		初始岗位	发展岗位		
1	体育产品销售岗	☑	☐	(1)制订销售方案计划,实施与组织销售工作 (2)管理和开发客户资源,随时关注客户资源的变化并适时做出应对调整 (3)接待并带领客户进行场地与课程等介绍与顾问工作 (4)与销售团队成员合作,做好日常销售工作,达成业绩指标	(1)能进行体育市场或产品的调查、分析、预测的能力 (2)能够学会沟通与交流技巧和能力 (3)能够组织策划市场活动与营销能力 (4)能够发扬团队合作能力和吃苦耐劳的精神
2	团操课教练岗	☑	☐	(1)制订与创编适合各类健身人群的舞蹈动作与套路 (2)组织和实施团体课程的教学与健身指导 (3)组织和参加商业活动的演出,以及节目舞蹈等编排	(1)能够具各类舞种的编排与创新能力 (2)能够熟练地掌握带操或领操语言和肢体动作的提示、互动与健身指导的能力 (3)能够具有与会员与其他教练沟通与交流能力 (4)能够具有与其他教练团结合作能力 (5)具有安全防护与急救能力
3	私人教练岗	☑	☐	(1)指导会员正确使用健身器械、解答会员对于健身的相关问题 (2)帮助会员与体验的访客进行体能测试与课程体验 (3)帮助购买私教课程的会员建立适合其体能和需求的健身训练计划 (4)帮助会员建立良好健身习惯与系统性的推进会员健身计划的完成 (5)解决会员客诉	(1)能够具有专业的心理、医学、营养和运动技能等方面的知识 (2)能够制订和实施科学健身计划与方案能力 (3)能够具有口头与文字表达能力 (4)能够具有运动损伤的防治和急救的能力 (5)能够掌握和运用体能训练方法能力 (6)能够具有心理调节与适应能力
4	场地管理岗	☑	☐	(1)严格管理制度,热情接待会员与参观者 (2)负责场地与器材的检查、测试与损坏维修 (3)场地环境卫生的检查与清扫工作的安排和实施 (4)做好防火、防盗工作,及时向负责领导汇报情况及改进措施	(1)能够具有场地和器材的管理、检查与维修的能力 (2)能够具有场馆卫生检查与清扫的能力 (3)能够具有消防安全知识和急救能力 (4)能够具有与人沟通与交流能力

(续表)

序号	岗位名称	岗位类别		岗位描述	岗位能力要求
		初始岗位	发展岗位		
5	前台接待管理岗	☑	□	接待健身者刷卡、信息登记、广播管理、场地信息的沟通、产品销售收银	服务接待能力
6	健康与服务主管岗	□	☑	(1)负责主管工作的日常安排,领班和员工的工作计划、工作制度的制订与实施 (2)制订和带领员工完成工作业绩任务 (3)检查领班和员工的工作情况,以及员工的培训工作	(1)能够具有领导与管理工作以及员工的能力 (2)能够具有体育活动与产品销售策划与组织能力 (3)能够具有沟通与协调的能力 (4)能够具有开拓创新能力

表4-2 体育运营与管理部分专业课程与毕业能力要求匹配表

毕业要求	毕业要求指标点	体育市场营销实务	体育公共关系	人体解剖与生理基础	社会体育	健身健美训练	有氧操练	游泳与救生	中医推拿与保健	网球	武术与搏击	体育运营与管理能力训练	体育俱乐部运营与管理
(1)能够将运动人体知识、健康管理、销售与管理、体育运动理论知识应用于体育服务与管理实际工作中的能力	(1)能说出和了解社会体育指导员和教练员的工作方法和知识				√				√				√
	(2)为健身者解释和说明肌肉、骨骼、营养和康复的知识			√	√	√	√	√	√	√	√		
	(3)为健身者提供区别自我锻炼和教练指导锻炼健身途径的知识和方法			√	√		√	√	√			√	√
	(4)有丰富的营销和销售理论和知识	√											

(续表)

毕业要求	毕业要求指标点	体育市场营销实务	体育公共关系	人体解剖与生理基础	社会体育	健身健美训练	有氧操训练	游泳与救生	中医推拿与保健	网球	武术与搏击	体育运营与管理能力训练	体育俱乐部运营与管理
（2）能够具有制订与实施销售计划方案、运用销售技巧的提高销售业绩的能力	（1）能够具有计算机文档和表格编辑的知识，撰写工作计划和工作总结	√			√								√
	（2）具有管理和开发客户资源的信息，关注客户资源的变化并适时做出应对调整的能力	√											√
	（3）理解并背出接待并带领客户参观的礼仪知识	√	√		√								√
	（4）具有归纳和总结销售手段和途径	√			√								√
	（5）能够实现接待并带领客户参观的工作过程和环节	√	√		√								√
	（6）能够解决客户的投诉和售后服务	√	√		√								√

(续表)

毕业要求	毕业要求指标点	体育市场营销实务	体育公共关系	人体解剖与生理基础	社会体育	健身健美训练	有氧操训练	游泳与救生	中医推拿与保健	网球	武术与搏击	体育运营与管理能力训练	体育俱乐部运营与管理
（3）能够制订健身计划、实施健身方案、解决健身实际问题的能力	（1）为健身者体能评估、制定营养、康复、健身方案和计划，并在实践过程中总结健身方法和经验				√	√	√	√	√	√	√	√	√
	（2）运用所学的技能与教学方法，形成自我特色的社会体育指导员和教练员授课风格				√	√	√	√	√	√	√	√	√
	（3）能够为健身对象提供专业的讲解、动作示范和放松的服务质量				√	√	√	√	√	√	√	√	√
	（4）能够具有解决潜在市场的健身客户成为正式客户的方法和途径	√											√
（4）能够策划体育赛事方案，组织与实施比赛过程的能力	（1）能制订和实施体育赛事的调查、分析、过程管理的方案	√			√								
	（2）能够完成体育赛事组织和实施的工作过程	√			√								

（续表）

毕业要求	毕业要求指标点	体育市场营销实务	体育公共关系	人体解剖与生理基础	社会体育	健身健美训练	有氧操训练	游泳与救生	中医推拿与保健	网球	武术与搏击	体育运营与管理能力训练	体育俱乐部运营与管理
（5）能够熟练使用健身器材指导并能进行健身器材的检测、简单维修及采购	（1）能够独立完成场地和器材的管理、检查和简单的维修，安全隐患预防与消除的能力					√	√	√	√	√	√	√	√
	（2）能够制订场地器材的管理使用制度、维修计划与采购方案					√	√	√	√	√	√	√	√
	（3）能够具有场馆与设施的卫生检查与清扫能力					√	√	√	√	√	√	√	√
	（4）能够创新场地、器材的管理方法和途径，提高场地、器材的使用效率					√	√	√	√	√	√	√	√
（6）能够树立自我锻炼、终身锻炼意识，自我学习能力，具有良好的运动保健素养	（1）认识自主学习和终身学习的重要性	√	√	√	√	√	√	√	√	√	√	√	√
	（2）能够养成终身自我锻炼、自我学习、创新的能力	√	√	√	√	√	√	√	√	√	√	√	√
	（3）形成不断探索、自我更新、学以致用和优化知识与能力的良好习惯	√	√	√	√	√	√	√	√	√	√	√	√

（续表）

毕业要求	毕业要求指标点	体育市场营销实务	体育公共关系	人体解剖与生理基础	社会体育	健身健美训练	有氧操训练	游泳与救生	中医推拿与保健	网球	武术与搏击	体育运营与管理能力训练	体育俱乐部运营与管理
（7）能够形成诚实守信、爱岗敬业、精益求精、实事求是的品德	（1）具有顾全大局、吃苦耐劳、艰苦奋斗、乐于奉献的敬业精神和责任感	√	√	√	√	√	√	√	√	√	√	√	√
	（2）形成实事求是的工作作风、严谨的工作态度，勇于开拓创新的工作精神	√	√	√	√	√	√	√	√	√	√	√	√
	（3）树立诚信意识和责任意识，有良好的社会责任感和使命感	√	√	√	√	√	√	√	√	√	√	√	√
（8）能够在跨领域的团队中发挥有效的领导、协作和沟通作用	（1）在由本单位不同工作岗位组成的团队中发挥有效的领导、协作和沟通作用					√	√	√	√	√	√	√	
	（2）由不同单位同一工作岗位组成的团队中发挥有效的领导、协作和沟通作用					√	√	√	√	√	√	√	
	（3）在不同单位不同工作岗位组成的团队中发挥有效的领导、协作和沟通作用					√	√	√	√	√	√	√	

（续表）

毕业要求	毕业要求指标点	体育市场营销实务	体育公共关系	人体解剖与生理基础	社会体育	健身健美训练	有氧操训练	游泳与救生	中医推拿与保健	网球	武术与搏击	体育运营与管理能力训练	体育俱乐部运营与管理
（9）能够进行有效地口头、书面与网络形式的沟通交流	（1）能用母语进行有效的口头、书面以及网络交流	√				√	√	√	√	√	√	√	√
	（2）能用外语进行有效的口头、书面以及网络交流	√				√	√	√	√	√	√	√	√
（10）能够肩负起体育健身与管理方面领导的重任，并承担相应的职责	（1）能够发挥个人凝聚力和感召力，肩负领导重任					√	√	√	√	√	√	√	
	（2）主动承担体育健身与管理相应的职责，保证团队工作高效优质完成					√	√	√	√	√	√	√	
（11）能够了解体育健康和社会发展趋势，愿意为社会发展与人类的体育运动发展做出贡献	（1）能够了解体育健康和经济发展趋势，参与学校组织的社会公益或体育志愿活动					√	√	√	√	√	√	√	
	（2）能够了解体育健康和经济发展趋势，自主寻找社会公益或体育志愿活动				√	√	√	√	√	√	√	√	

4.3 高职体育类专业课程体系构建的理论基础

高等职业教育作为现代高等教育体系中主要的两种类型之一,与学科型普通高等教育承担着不同的教育功能,在人才培养模式、途径以及目的等方面存在着显著差异。

高等职业教育等"职业性"表现在课程体系构建方面,必然要求高等职业教育围绕职业能力培养为中心,设置相对独立的、与理论课程并重的课程体系,是高等职业教育过程中最重要的一个环节。专业课程体系是高等职业教育专业在进行人才培养过程中最核心的部分,直接反映了专业的培养目标,同时也直接规范了专业教学内容。专业课程体系的构建在体现国家意志、落实国家要求的基础上,要重视行业产业的现状与趋势对人才的需求,要符合人才成长的基本规律。

在此过程中,教育者已认识到构建科学、适用、具有高职特色的课程体系的重要性。如何理解高等职业教育课程体系中实践课程与实践教学的重要性?通过什么方法可以解决上述问题和弊端?如何让高职院校的教学更加符合高等职业教育规律?如何避免理论考试代替实践考核,建立科学的课程评价体系?现代学徒制的人才培养模式为我们探讨这些深层的问题提供了一个新的视角。高等职业教育体育类专业的课程体系的构建同样必须洞悉其理论基础,才能保障其课程体系的科学性和合理性。

4.3.1 新知识观

知识观是指人们对知识的观念、态度,具体指人们对知识的基本看法、见解与信念,是人们关于知识问题的总体认识和基本观点[①]。

人类知识观发展过程中,在"科学万能"思想的冲击下,人们曾经过度注重经验的科学方法观察、研究事物,探求事实的本原和变化的现象。在此背景下,实证主义知识观成为影响教育者的一个重要思潮。研究者们普遍认为,已有的科学概念、公式和方法等理论知识是客观的、普遍的和可靠的,是经过选择证实的知识,也是学生最应接受和理解的。这些知识体系可以满足对学生培养的要求和社会发展,因此,导致高等职业教育同样也在发展历程中曾经重视借此文化课程和专业基础课程理论知识的教育。在此背景下,实践知识的获取变得更加艰难。

随着人类对未知世界认知的不断更新,知识观的不断变革,人类对知识观的认知更加深入。1958年英国思想家波兰尼(M. Polanyi)首次提出"缄默知识"的概念,拓宽了人类对知识的性质更新的认识。他通过对一般知识和科学知识的性质的研究,对近代以来形成的实证主义知识观进行了辩证的批判后,经过长期的思索和探究后提出,人类有

---

① 潘洪建.教学知识论[M].兰州:甘肃教育出版社,2004:16.

两种知识:显性知识和缄默知识。他在《人的研究》中指出:"显性知识是指可以用语言、文字、符号或数学公式以通常意义表达的知识;隐性知识是指不能用语言、文字、符号或数学公式表达和解释的知识。不能以传统形式传递,不能被'批判性地重新思考'。或者说,它是我们通常没有意识到的知识,但它却深刻地影响着我们的行为。显性知识的真正实现取决于我们对显性知识的理解。"①

人们生活在它们之中,就像生活于自己的身体之中。缄默知识是大量存在的,高等职业教育课程内容的主要构成部分主要有技术技能知识和工作过程知识。技术技能知识是"思想或精神状态的技术,即无形技术;在技术知识的指导下制造和使用人造产品的材料过程被视为技术知识的实现过程,即有形技术"②。工作过程知识隐含与真实的工作场景中,主要包括如规范性知识类的显现知识与内在逻辑相联系的缄默知识。其中,最宝贵和最具价值的就是那些物化在产品和服务等工作过程中的手艺、技巧和技能等工作过程知识。所以说,缄默知识在科学理论证实的过程中有着非常重要的地位,人类只有更好地理解缄默知识,才能更好地理解自身的认识和实践行为。所以说,缄默知识在技术知识体系中占有更为突出的位置和更大的比例,具有更大的价值。

缄默知识的获得需要个体亲身参加实践活动在实践中获取,而不是通过读书或理论讲解。缄默知识对工作过程的进程影响重大,由于其不像显性知识那样容易被记忆、复制和传递,所以获得缄默知识的过程相对复杂。这个获得过程是不仅仅是个体在学习和工作中取得成功的重要因素。

缄默知识理论在教育领域带来革命性启发就是使缄默知识显性化。现代学徒制中,学生(学徒)获得实践知识是一种主动探究、自我反思的过程,是缄默知识显性化的重要方式与有效途径。因此,学习者不能再被动地等待教师传授已有的理论体系知识,而应该投身实践活动,加强自身的主动学习,获得更加宝贵的实践经验和缄默知识。波兰尼认为:"不能详细讲述的技能不能通过规则传递下去,因为不存在这样的规则。它只能通过示范,如大师向徒弟进行传递。"③这也是对学徒制重要地位的一种肯定。

在高等职业教育领域,因为其人才培养目的的特点,缄默知识课程显得尤为重要。专业课程课程教学过程中,缄默知识无处不在。如波兰尼所说:"教学活动只有以这种缄默的'潜在知识'为基础,才能使师生都意识到自己'理智的力量'。"④因此,在高职院校专业课程体系构建过程中,学生通过现代学徒制培养方式获得缄默知识是非常重要

---

① Polanyi M. The Study of Man[M]. London: Rout-ledge & Kegan Paul,1957:12.
② Polanyi M. Personal Knowledge[M]. Toward a Post-Critical Philosophy, London and Henley: Routledge & Kegan Paul,1958:100.
③ Polanyi M. The Tacit Dimension[M]. London: Routledge&Kegan Paul,1966.
④ Polanyi M. Personal Knowledge[M]. Toward a Post-Critical Philosophy, London and Henley: Routledge & Kegan Paul,1958:103.

的途径。

4.3.2 建构主义学习理论

建构主义是一种重要的学习理论。它反对行为主义用外部特定的刺激作为激发学生学习动机的手段,认为学习是主体内部心理与外部环境相互作用的结果,学习的本质是一种建构过程[①]。

建构主义在学生观、学习观和教学观等方面创新性地提出了一些适应社会发展和现代思潮的观点。在具体的现实问题中,建构主义认为,应该针对具体问题情境进行重新构建和再次创造,而不能照搬知识,这样才能更真实地认识不断变化的世界。建构主义学生观认为,知识并不是完全通过教师传授而得到的,相反,学习者在他人的帮助下,在一定的社会文化语境中使用必要的学习材料,通过意义建构的方式获得。建构主义学习观认为,学习的过程不是简单地教师把知识传授给学生,而是学生通过自我建构获得知识的过程。学生不是信息意义的被动吸收者,而是信息意义的主动建构者。建构过程是基于学生的知识结构和经验背景,并积极地选择、加工和加工外部信息以获得自己的意义。学习者获得知识的多少不取决于记忆学习材料和背诵教师讲授内容的能力,主要取决于学习者在学习过程中凭借自身经验去建构有关学习对象的知识的能力。建构主义的教学观认为,建构主义教学要求教师应该在课堂教学中使用真实的任务和学习领域的一些日常活动或实践,重视学习者对整个任务的自主权,把学习任务抛锚在较大的任务之中。使学习者在复杂的环境中学习并工作,让学生在完成任务和解决问题中进行学习,从问题开始,而不从结论开始,提倡学中做和做中学。支持学习者对学习过程与所学内容进行反思。因为反思和思考是意义建构的关键。在整个教学过程中,教师只是学生学习的引导者或合作者,学生才是教学活动的积极参与者和知识的积极建构者。

高职院校体育专业课程体系在构建和实施过程就是以建构主义理论为基础的探究性实践过程。现代学徒制的教学过程中,在师傅的传授实践技艺过程中,通过合作学习,通过实习、课程设计、毕业设计、社会调查等具体实践环节,学生在工作情景中的学习过程就是对信息意义的主动建构过程,在解决具体问题情境中完成对知识的意义建构。

4.3.3 新制度主义理论

1958年詹姆斯·马奇(James March)的《组织》一书首次提到组织理论这一概念。1965年,他在《组织手册》一书中详细地探讨了组织理论,都是较早关注组织理论的标志性研究成果。马克斯·韦伯(Max Weber)主张的理性组织理论、科层制等为代表的多个

---

① 丁远坤.建构主义的教学理论及其启示[J].高教论坛,2003(3):165-168.

学派思想早期组织的理论代表①。人们于20个世纪70年代开始关注技术环境对组织结构的影响;并在此基础上,意识到组织制度作为一种举足轻重的社会文化环境,对组织的影响异常重要。在此背景下,组织理论延展出了新制度主义思想理论。新制度主义在当代政治学研究中的应用,主要来自詹姆斯·马奇和约翰·奥尔森(John Olsen)的推动②。在一段研究热潮之后,并持续接纳总结研究的有益思想后,W. 理查德·斯科特(W.Richard Scott)将新制度主义理论发展为更加科学和更成体系的理论。新制度主义理论着重关注组织与外部环境尤其是制度环境间的关系③。

现代学徒制是一种在强调"校行企"各利益相关方共同参与、共同合作的新型人才培养模式,其中关系主体是院校和企业。院校和企业双方都是相对独立的组织机构;它们的关系是一种合作关系;它们所处的制度环境及相互影响可以使用新制度主义理论来解释和优化。新制度主义理论主要观点认为,组织所处的这两个重要的外部环境。技术环境对机构本身的作用是表现在利用资源信息与机构进行信息交流,寻求收益与效率最大化。这种影响功能正印证了韦伯主张的工具合理性。新制度主义所关注的制度环境来自规制性、规范性和文化—认知维度3个要素。

学校和企业作为现代学徒制中的两个主体,它们的融合协作也必然需要受技术环境和制度环境要素的制约与影响。新制度主义为我们探索现代学徒制存在的条件和组织空间提供了理论依据和分析工具。作为新型人才培养途径和制度,现代学徒制涉及的行业、企业与教育单位间的关系在制度环境影响方面同样适合新制度主义理论的阐释。

4.3.4 利益相关者理论

利益相关者是指受现代学徒制发展的影响,反之其行为影响着职业教育发展的个人和团体。只有明确相关利益群体的权利和责任,才能使职业教育中国特色现代学徒制度在中国健康发展。二十世纪六七十年代,在"谁掌握企业、谁享有权利、谁履行义务"的思想指导下,管理学者和经济界形成了股东至上理论(shareholder primacy theory)。该理论的核心是利润只能由权利来决定。只要谁拥有某一集团的股份,他就享有该集团的利益,并应履行自己应尽的责任。该理论顺应了20世纪股权理论的发展,完善了20世纪企业管理理论。然而,随着人力资源理论的完善和对投资的理解,管理层认识到利益不仅影响着股东,而且具有许多不可忽视的功能。20世纪中叶,在股东至上理论的

---

① 赵娜.基于组织理论视角的地方政府执行力弱化问题研究[D].长春:吉林大学,2016:29.
② [美]B.盖伊·彼得斯.政治科学中的制度理论:"新制度主义"[M].王向民,段红伟,译.上海:上海世纪出版集团,2011:17.
③ [美]W.理查德·斯科特.制度与组织——思想观念与物质利益[M].姚伟,王黎芳,译.北京:中国人民大学出版社,2010:38.

批判发展中,形成了利益相关者理论(stakeholder theory)。它的内涵是一个企业能否向前发展,不仅要考虑股东的利益,还要考虑相关的所有者,公司的利益也应该是促进所有利益相关者的利益,而不仅仅是股东的利益。

利益相关者理论于21世纪被引入高等教育。由于大学本身是一个非营利性组织,其自身的形成和发展是各利益群体之间冲突的结果,因此利益相关者理论非常适合研究教育问题。在高等教育中运用利益相关者理论的大师是哈佛大学教授亨利·罗索夫斯基(Henry Rosovsky)。他认为,大学的利益相关者包括学生、教师、社区、政府、捐赠者和校友等群体。因此,高校的运行不仅要照顾教授和管理者的利益,还必须包括其他方面。不同的利益相关者有着不同的利益,他们的价值预期、利益偏好和行为直接影响着我国职业教育的可持续发展。

基于现代学徒制的各相关利益者都有自身的利益诉求(见表4-3)。现代学徒制属于准公共产品,政府可以从现代学徒制中获得确保社会秩序良好发展的外部收益;职业院校可以获得提升办学质量的非市场化外部收益;企业可以获得高素质技术技能型劳动力,创造更高经济价值的外部收益;学生、家长等可获得更高工资报酬的市场化私人收益[①]。

表4-3 现代学徒制各相关利益方利益诉求一览表

序号	利益相关方	主要利益诉求
1	学校	节约办学成本,获得优质办学资源,提高人才质量,提升服务社会的能力
2	企业	获得优质的人力资源,实现技能替代与传承,增加企业竞争力
3	学徒、家长	提高技能,有较好的工资待遇和良好的职业生涯发展前景
4	企业师傅	获得经济报酬,提升在企业或行业的地位与声望
5	政府	促进地方经济发展,保障社会稳定
6	行业	确保行业内技能传承的秩序与行业竞争力的提升

从经济学的视角来分析,在高等职业教育中,对学生教育的各种形式的教育投入即是成本,达到利润最大化的原则即是达到人才培养质量的最优化;人的教育和培养质量是一个隐性和复杂的过程,而且培养质量的评价更是很难用经济学中的公式简单计算得出。在现代学徒制的人才培养模式中,可以通过建立合理的评价体系,对企业和学校的投入成本和获得收益进行分析,对培养过程进行动态跟踪和调整,以便获得最大利润。

---

① 欧阳忠明,韩晶晶.成本—收益视角下企业参与现代学徒制研究[J].现代教育管理,2016(6):85-93.

4.4 基于现代学徒制的高职体育运营与管理专业课程体系构建

课程体系构建体现课程教学在外显的技术层面通过科学的原则进行序化的过程，必然存在特有的步骤或程序。根据体育运营与管理专业的人才培养目标和特征，本书选择以按技术技能成熟度构建课程体系为课程体系构建的价值取向。一般来说，课程体系构成的整体构建主要有确定课程目标体系、选择课程内容体系、完善课程保障体系、确立课程实施体系、建立课程评价体系几个重要步骤。

4.4.1 基于现代学徒制的高职体育运营与管理专业课程目标体系

课程目标是指在课程设计与开发过程中，课程本身要实现的具体要求。它期望一定阶段的学生在发展品德、智力、体质、素养等方面所应达到的程度[1]。课程目标是一定社会教育价值观指导下的教育目的与追求在课程领域的具体化。由于在社会的发展过程中，人类对学生身心发展的规律、社会需求的重点以及知识的性质和价值的看法存在着差异，以及三者之间关系的理解有所不同，因而对课程目标的价值取向也会有差异。高等职业教育培养目标与教学内容和高等普通教育也有着本质性区别。这个核心差异必然导致课程设计、教学组织和考核方式等的差异。郭元祥指出，"课程目标是课程设计的逻辑起点，也是贯穿课程设计全过程的基本标准和依据"[2]。课程目标同时也应该是教育目标和培养目的在学科内容或者产业技术知识的具体化，使教师在教的过程中、学生的在学的过程中有所依据。

精准的人才培养目标定位是高等职业教育体育运营与管理专业课程目标的根本和前提。伯特兰·罗素(Bertrand Russell)说过，"我们首先应当了解我们想培养的人的类型，然后才能知道进行什么样的教育"[3]。高等职业教育的专业课程目标来源于何处？职业教育的研究表明，行业的岗位标准与企业的技术技能要求是主要来源。与培养学术型人才的本科院校相比，更注重培养技术技能型人才的高职院校会提高课程的比重和地位，给专业课程的教学提供充裕的时间、宽阔的平台、丰富的内容、多样的形式和科学的评价，以促进体育运营与管理专业学生毕业后的综合应用能力和实践能力的提升。

高等职业教育专业课程目标及其体系

高职院校专业课程目标的制定是课程开发的一个重要环节，如何开发与编制专业课程目标将影响课程内容的选择与组织，关系人才职业能力的培养质量。如何在此过

---

[1] 钟启泉.课程与教学论[M].上海：华东师范大学出版社，2008：56.
[2] 郭元祥.教育逻辑学[M].北京：人民教育出版社，2002，10：233.
[3] 张永林.高等职业教育专业课程设计研究[D].天津：天津大学，2015：122.

程中发挥其作用？梅杰(R.F.Mager)将课程目标的作用概括为以下 6 点：为教学材料选择和教学过程设计提供最完美的基础；给教师提供了创造并发挥才智的空间；保证了学校结构的一致性；为教学效果评价提供了依据；为学生提供了努力的方向；为教学效率提供了基础①。

关于课程目标的种类，施良方认为课程目标主要有 3 种取向：行为目标、展开性目标和表现性目标②。钟启泉认为课程目标有 4 种基本形式：普遍性目标、行为性目标、生成性目标和表现性目标③。职业教育的"职业性"特征决定了其人才培养的目标的特殊性。结合已有研究成果的观点，本书认为，在职业教育领域，课程目标的种类通常被分为行为性目标、生成性目标、表现性目标和创新性目标 4 种形式④。

(1)行为性目标(behavioral objectives)。行为性目标是以具体、可操作的形式陈述的课程目标。它指明课程结束时学生所发生的行为变化，其主要特征为目标的精确性、具体性和可操作性⑤。行为性目标最早是由博比特(Franklin Bobbitt)在《课程论》中提出的一种课程目标，并在其后《怎样编制课程》一书中列举了 10 个领域的 800 多个目标。后来，泰勒在研究成果中，把课程目标概括为行为和内容两个部分。泰勒指出"既指出要使学生养成的那种行为，又言明这种行为能在其中运用的生活领域或内容"⑥，强调通过学习对象的行动变化陈述课程目标，人们因此把泰勒称为"行为目标之父"。20 世纪 50—60 年代，美国教育学家本杰明·布鲁姆(Benjamin Bloom)等人继承并发展了泰勒的思想，将行为目标思想发展到新的阶段，确立起了"教育目标分类学"。

行为目标的优点是可描述性和可操作性，所蕴含的教育价值观表现出"唯科学主义"，以行为的有效控制为核心，提出对未来人们行为的有效控制可以分解目标，使其尽可能具体和准确，从而具有很好的可操作性。行为性目标的这种具体性和精确性，克服了以往普遍性目标的模糊性和不确定性，是课程目标科学化的一个重要里程碑。但是由于其具体而明确的表述了明确识别的要素，难以测量、难以转化为行为、难以直接观察和测量的要素就要从课程目标中消失；且将学习分解为独立的部分，课程与教学是一个动态发展的过程，不同的教学课程培养学生不同的个性。

美国教育学家恰瑞罗特(L.Chiarelott)认为，行为目标在表述上遵循"ABCD"规则⑦

---

① Mager,R.F.(1997).Preparing instructional objectives: a critical tool in the development of effective instruction. The Center for Effective Performance,Inc.,pp.13 – 19.
② 施良方.课程理论——课程的基础、原理与问题[M].北京：教育科学出版社,1996:85 – 88.
③ 钟启泉.课程与教学论[M].上海：华东师范大学出版社,2008:59.
④ 张永林.高等职业教育专业课程设计研究[D].天津：天津大学,2015:120.
⑤ 钟启泉.课程与教学论[M].上海：华东师范大学出版社,2008:59.
⑥ 钟启泉.课程与教学论[M].上海：华东师范大学出版社,2008:60.
⑦ [美]恰瑞罗特.情境中的课程：课程与教学设计[M].杨明全,译.北京：中国轻工业出版社,2007:41.

（A 指观众，audience；B 指行为，behavior；C 指条件或标准，conditions or criteria；D 指掌握程度，degree of mastery）。除掌握程度外，行为目标还有成就的证明、行为条件以及行为的水平要求 3 个衡量标准①。

（2）生成性目标（evolving objectives）。生成性目标的思想渊源可以追溯到杜威的教育目的论。杜威认为，教育问题不应该是预先规定的，而应该是教育经验的结果，没有预先规定的教育目的；如果有目的，那就是促进学生的生长，即"教育即生长"。生成性目标随着教育过程的展开而自然生成，其所关注的不是事先规定的外部目标，而是根据教学进展情况而提出的相应目标。生成性目标是教育情境中的产物，从教学哲学观的视角来说，教育是一个演进的过程，在此过程中没有预先存在的终极目的。

美国课程论专家斯坦豪斯（Lawrence Stenhouse）从另外一个角度阐释了"生成性目标"，认为学校教育由技能的掌握、知识的获得、规范的确立、思想体系的形成 4 个不同的过程构成；前两个过程可以用行为陈述，后两者就很难用行为陈述。因此课程需建立在对教育研究的基础上，教师在教学过程中，以过程为中心。人本主义课程理论将生成性目标进一步发展。罗杰斯认为，凡是可教给别人的东西，相对来说都是没有什么用的，即对人的行为基本上没有影响。只能是个体自己发现并加以同化的知识才能成为影响一个人的行为的知识。因此课程的功能，是要为每一个学生提供有助于个人自由发展的学习经验。博比特也持有相同的观点。他认为，生活无论怎样不同，都包含有特定活动的表现，为生活做准备的教育，就是明确而适当的。

生成性目标强调学生在教育过程中与教育情境的相互作用，不是教育者代表社会施加的影响。学生有选择学习内容的权利，调动了师生的积极性，学生的主观地位也得到了实现。生成性目标的缺陷是教师在面对这类课程和教学发展方面丰富的经验，还有诸如教学方法的选择、额外时间的投入、家长对学生学校各种要求等。这些必然阻碍教育目标的生成。另外，最后，在漫无目标的教育过程中，学生的知识水平和能力结构并不一定能把握住什么知识对自己有用。生成性目标突出了学习者的自主性，指出课程应该以过程为中心展开，而不是以事先规定的目标为中心。

（3）表现性目标（expressive objectives）。表现性目标也是对课程的行为目标的一种批判。它源于美国学者艾斯纳（E.W.Eisner）。他认为，"行为目标可能适合于某些教育目的，但不适合于概括大多数教育期望"②。因而他主张在设计和评价课程时，除了有行为，还应该有解决问题的目标和表现性目标；具体问题的目标的重点是放在认知灵活性及探索高级心理活动的过程中。

---

① ［澳］科林·马什.理解课程的关键概念（第三版）[M].徐佳，吴刚平，译.北京：教育科学出版社，2009：37.
② 施良方.课程理论——课程的基础、原理与问题[M].北京：教育科学出版社，1996：87.

表现性目标是指每一个学生在具体教育情景的各种相互作用中所产生的个性化表现①。当学生充分发挥主体性和个性发展时,其在具体教育情境中的具体行为和学习能力无法准确预测,因此,表现性目标所追求并非教学对象的同质性,而是多样性,注重创新教育经验的结果,而不是在活动开始时预订的目标,强调人格的发展和主体的提升意识。表现性目标最终目的并非具有强制性,是启发性的,启发教学对象对学习过程中所遇到的复杂难题给出创新性的答案。麦金太尔(MacIntyre)和英国学者怀特海(Whitehead)都持有类似的观点,认为教育真正目的是使学生成为一个具有道德自主性的人②。

(4)创新性目标(creative objectives)。课程目标的发展过程是一个动态的变化过程,其受到社会经济发展水平、企业生产组织模式、企业和人的需求等各种内外部因素的影响。

首先,技术发展水平与复杂程度的提升需要创新性课程目标随之提升和发生变化。西班牙思想家奥特加·伊·加西特(Jose Ortegay Gasset)依据技术在不同的历史时期发挥的作用的重要性程度,认为技术发展史可以分为机会的技术、工匠的技术、工程科学的技术③。机会的技术存在于史前与原始部落时代。当时的社会生产水平极其低下,技术没有形成科学体系,没有熟练的工匠,所谓技术的运用完全在无意识的形态下发生的。工匠技术又称经验技术,是古代和中世纪的主要技术形态,主要是通过经验而被发现的。工匠技术在一定时期内引发了劳动分工和行业分类。工程科学的技术则是现代技术的主要形态,通常又称理论技术。社会根据不同来源的技术创造了相对应的两种职业教育形态,进行了较明确的分工,学校负责理论技术的传授。学徒制负责经验技术来进行传授。职业教育模式的差异意味着课程目标存在显著差异,古代学徒制的课程目标主要是使学徒能获得经验技能和知识,现代职业教育的课程目标则重视学生对所学学科理论知识的获取。

其次,企业生产模式的演变也影响高等职业教育专业构建具有创新性价值的课程目标。任何职业岗位都是存在于特定生产组织模式中的,生产组织模式会直接影响职业岗位的划分和组合方式,从而对职业教育课程目标定位产生直接影响。现代企业生产模式主要经历了从福特制、丰田制到温特制的变化历程,同时引发了职业教育的培养目标也随之发生改变。

再次,在接受职业教育的过程中,学生的学习成就同样离不开创新性课程目标。课程目标已经从传递固定的知识体系向培养学生创新和创造能力转变。布鲁纳的发现学

---

① 钟启泉.课程与教学论[M].上海:华东师范大学出版社,2008:62.
② [英]怀特海.再论教育的目的[M].李永宏,译.北京:教育科学出版社,1997:158.
③ [德]F.拉普.技术哲学导论[M].刘武,等.译.沈阳:辽宁科学技术出版社,1986:23.

习理论和施瓦布的探究学习理论都从不同的视角一起阐释了创造性教育的必要性与可能性[①]。

综上分析,不同的课程目标产生于不同的社会发展背景,受不同理论的支撑,追求的价值也各不相同。行为性目标的主要特征是,界定行为目标比较容易完成,过分强调结果,忽略过程,属于控制本位。表现性目标和展开性目标则不同意这种预设性的目标。表现性目标过分重视学习对象的创新性学习成果,展开性目标则更注重过程。课程目标的演变过程实质上是与教育心理学观点从行为主义到认知主义再到构建主义的转换相一致,都经历了用知识、技能、态度描述目标的基本过程。德国"双元制"、澳大利亚TAFE(Technical And Further Education)、英国BTEC则用能力描述目标[②]。我国学者邓泽民等指出,我们需要形成一种新的课程目标取向,即"行为—表现性目标"取向[③]。

在高等职业教育课程目标的制定与构建过程中,不仅要区分课程目标的种类,还有区分课程目标的层次。从宏观的角度,有学者将职业教育的课程目标分为依次递进的3个层次,即课程方案的目标、具体课程的目标和课程模块的目标[④]。20世纪80年代,S.拉塞克(伊朗)和G.维迪努(罗马尼亚)提出教育目标的新三级层次(态度与技能、实用技术、知识)[⑤]。

系统科学认为,一个系统的下层系统可以从理论与经验上分为子系统和分系统两类,所以可以认为课程的整个目标体系包含通识课程目标体系(子系统一)与专业课程目标体系(子系统二)。本研究根据高等职业教育整体培养目标之内的专业课程目标,学者张永林按照产业技术转化的视角把专业课程目标细分为4层,即职业能力、认知结构、技术知识和科学知识[⑥]。依据专业课程目标种类与层次两维度可构建包含多个具体课程目标的高等职业教育专业课程目标体系结构图(见图4-1)。

[①] 钟启泉.现代课程论(第2版)[M].上海:上海教育出版社,2003:177.
[②] 邓泽民,张扬群.现代四大职教模式(第2版)[M].北京:中国铁道出版社,2011:234.
[③] 中国就业培训技术指导中心.职业课程:职业技能课程的开发理论与实务[M].北京:北京师范大学出版社,2010:331.
[④] 徐国庆.职业教育课程论[M](第2版).上海:华东师范大学出版社,2015:118.
[⑤] S.拉塞克,G.维迪努.从现在到2000年教育内容发展的全球展望[M].马胜利,等,译.北京:教育科学出版社,1996:147.
[⑥] 张永林.高等职业教育专业课程设计研究[D].天津:天津大学,2015:123.

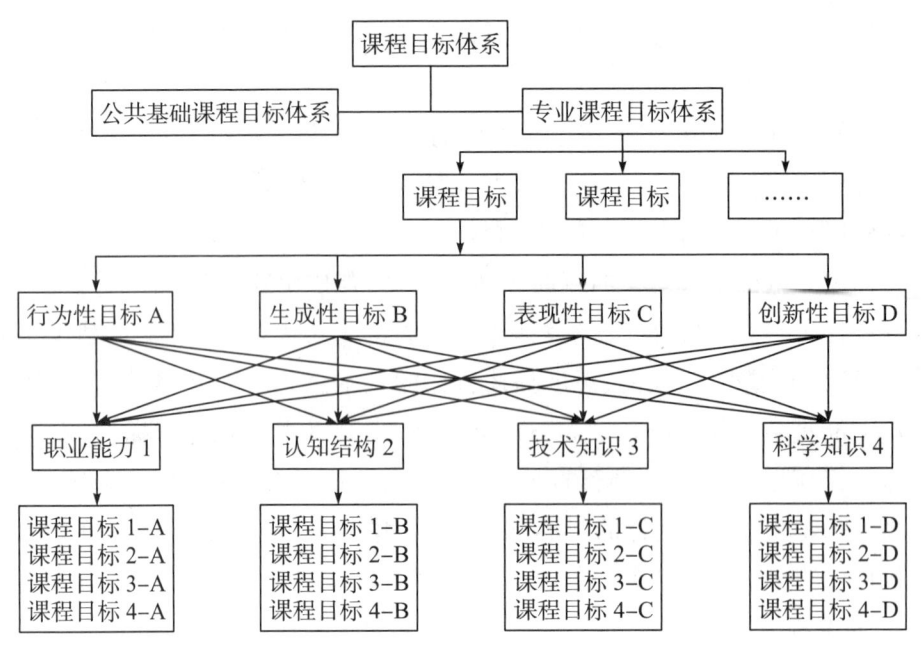

图 4-1　高等职业教育专业课程目标体系结构图

基于现代学徒制的体育运营与管理专业课程目标及其体系

体育运营与管理专业的课程目标应服务于整个专业的人才培养目标体系。泰勒在《课程与教学的基本原理》一书里提出课程目标的主要来源有3个方面：第一，对学习者本身的研究；第二，对校外当代生活的研究；第三，学科专家的建议[①]。在这一指导思想下，我国体育运营与管理专业的课程目标主要是关注3个方面的需要：体育运营与管理专业学生的需要、社会对体育运营与管理专业人才需求以及体育运营与管理专业学科自身的内在发展需求。

首先，体育运营与管理学生的需要。制定者首先在制定目标之前，精准分析并把握学习者的真正需求，以保证目标从最开始的制定阶段就是科学、合理的。这样就需要从方向和高度两个方面进行把握，课程目标不能制定得过高或者过低，制定目标的出发点和指引方向应该是最先考量学生的学习效果和目标达成度。

其次，社会和市场的需要。高职体育运营与管理专业学生培养的最终目的是实现国家对青年的培养任务，最直观的体现就是学生毕业后能够在专业相近领域的岗位上进行工作，在社会上生存，能够满足社会的需求、行业的发展和企业的工作。因此，制定专业课程的过程中，要充分认识到社会对此类体育人才的需求是何种标准。社会的需要是随着社会经济发展、时代变化等发生变化的，这就需要国家部门和相关机构对社会、行业和市场需求进行科学的分析。

---

① 施良方.课程理论——课程的基础、原理与问题[M].北京:教育科学出版社,1996:99.

再次，体育专业与学科发展的需求。体育运营与管理培养的学生主要是能在社会体育管理与服务等领域中就业的技术技能型人才。如果期望体育运营与管理专业毕业生能实现自我价值的同时满足社会对人才的需求，反之整个教育体系也必须有体系完整的专业和学科建设来保障。学生正处在一个心智逐渐成熟和社会能力不断增强的时期，专业教师和课程教学研究者对本学科的发展历史、发展趋势和社会发展之间的关系比较了解，所以，专业与学科的建设的主要力量来自专业教师和课程教学研究者。

在现代学徒制人才培养模式下，仅通过对学习者、社会、专业与学科等视角展开需求分析，通过对分析结果来进行课程目标体系的构建，这样的课程目标还不够成熟和完美。还必须在此基础上进行优化，才能确定更加科学的课程目标体系。在体育运营与管理专业课程目标体系的构建中，还需要运用"课程审议"的思维。即运用集体智慧对课程中难题重点进行审议，然后做出修改与重构的过程，"利益相关者"（学校、企业、学生、师傅等）的参与尤为重要。

基于以上分析，本书从学生（学徒）、社会、专业和学科等方面进行分析，吸收"利益相关者"的建议，构建各个专业课程的课程目标。

以体育运营与管理专业课程游泳（救生）课程为例，探讨基于现代学徒制培养模式的专业课程目标的构建。国内很多高校诸如广州体育学院也在游泳特色课程建设中强调，引入职业教育因素，以达到提升职业素养的目的；与企业开展合作，建立职业教育性质的校外游泳教学基地，提升学生的专业水平和社会适应能力。这和高等职业教育探索的现代学徒制培养的内在取向是一致的。游泳（救生）课程是体育运营与管理专业的专业必修课程，无论是对学生的知识结构还是社会需求，以及体育学科发展等方面都是非常重要的课程之一。据2017年全国第6次全国健身场所普查数据显示，2015—2016年我国共增加6 889个健身俱乐部，用地面积增加1 086.62万平方米，其中游泳场地面积新增580.36万平方米（数据来自艾瑞咨询官方网站）。强大的游泳市场需求使得游泳场馆建设飞速发展。随着健身需求多元化发展，越来越多的新型健身项目出现在人们生活当中。游泳、攀岩、搏击等极具趣味性与功能性的活动逐渐成为健身人群的热门选项。仅游泳一项吸引的健身人群就在短短两年期间从20%增加到40%，社会和市场对游泳救生工作人员需求量大增。

在对专业学生、游泳场馆、专业教师、企业师傅及课程专业等调研的基础上，从行为性、生成性、表现性和创新性目标4个类型，职业能力、认知结构、技术实践知识、技术理论知识4个层次来对体育运营与管理专业游泳（救生）课程目标描述如下。

职业能力层次。能够熟练掌握自由泳、蛙泳、仰泳等基本动作和技术要领，能够通过游泳救生员国家职业资格（初级）考核，利用游泳所获得技能进行救人和自救。能够指导他人进行游泳锻炼健身。

认知结构层次。通过游泳课程的学习和训练，培养学生的发现和解决问题的能力，提高社交能力和活动组织管理能力;提高创新思维能力,锻炼心理承受能力。通过完成小组项目任务,培养团队协作精神,锻炼沟通交流、自我学习能力。通过课程学习,发展开拓创新能力,今后能在社区或游泳馆进行体育锻炼能够指导他人进行锻炼。

技术实践知识层次。掌握游泳有效教学方法和手段。熟练掌握自由泳、蛙泳的动作技术,了解蝶泳、仰泳技术知识,以及作为救生员所必须掌握的技术实践知识。通过游泳救生员技能知识的练习,能熟练地自救和救人,游泳场馆的水质监测等运营与管理等知识。

技术理论知识层次。了解游泳运动的救生知识和游泳的日常保健卫生知识、救生知识。理解游泳竞赛运动的起源、特点、作用与价值。掌握游泳比赛的编排和比赛规则以及游泳场馆的运营与管理。

4.4.2 基于现代学徒制的高职体育运营与管理专业课程内容体系

高等职业教育专业课程内容及其体系

确定了课程目标体系之后,就应该围绕目标来选择和组织课程内容。高职专业课程内容依据目标选定,但是其开发过程非常复杂。主要是因为:(1)目标与内容的关系并非一一对应的简单关系。课程研究历史一般认为,本科教育的课程内容主要来自学科知识,但是学科知识并不等于课程内容。高等职业教育的特质决定了其课程内容的主要源于工作岗位的典型任务所需要的知识与技能。在围绕任务选择知识和技能的时候,对课程开发者来说,本身就是一件比较难的任务。(2)职业教育领域的专业课程内容主要来源于职业现场,其本身就是一个复杂而变化的空间。

对于课程内容的确定与选择,英国教育家斯宾塞认为,课程内容即科学知识。后来泰勒总结了确定课程内容的十条原则[1]。总结课程领域对课程内容的研究内容,呈现为4个主要观点:内容即知识,内容即经验,内容即活动,内容即任务[2]。第一种观点认为学科知识的获取、传授是以教材为依据[3]。内容即经验观点重视社会经验的构建。内容即活动指向的活动指社会生活。内容即任务是近年来职业教育研究的最新价值取向,强调课程内容就是具体工作场景中的任务或项目。

职业教育专业课程内容是一个以技术知识为主体的、多元化的知识系统[4]。学者黄克孝将职业教育课程内容概括为知识、技能、态度三要素[5]。

18世纪后期,西方哲学界出现了一个著名的命题,即"什么知识最有价值"。从此,

---

[1] [美]泰勒.课程与教学的基本原理[M].罗康,张阅,译.北京:中国轻工业出版社,2008:57-59.
[2] 靳玉乐.现代课程论[M].重庆:西南师范大学出版社,1995:191-194.
[3] 施良方.课程理论——课程的基础、原理与问题[M].北京:教育科学出版社,1996.8(2013.7重印):106.
[4] 王玉苗,庞世俊.职业教育课程内容的透视:知识观的视角[J].河北师范大学学报,2008(11):109-113.
[5] 黄克孝.职业和技术教育课程概论[M].上海:华东师范大学出版社,2000:14.

第4章 基于现代学徒制的高职体育类专业课程体系构建——以体育运营与管理专业为例

教育界也开始思考这一命题。对于非技术性的专业来说,教育就是告诉学生所学知识的概念与内涵,阐释其原理,是关于"是什么"的教育;对于技术性的专业来说,教育过程将具体的操作方法与知识原理看得同等重要,是关于"做什么"的教育。本书结合近年来国内外职业教育领域的研究趋势,在职业教育研究领域引入基于工作知识的课程内容开发的概念。邦德(D.Bound)和西门斯(C.Symes)认为,工作知识是"一种能提高生产力,更为有效,更能满足劳动过程需要的知识"[1]。只要与工作完成相关的知识,都可认为是工作知识的范畴。这种不再将理论与实践分开的研究方法,是未来将理论知识和实践知识进行有机整合的重要途径,同时还能构建出与工作场景中真实存在的却隐含很深的职业知识体系。

切贝尔(C.Chappell)认为,"工作知识是瞬间形成的。由于现代经济生活中服务和生产性质的变化,这种知识只存在很短的一段时间。在后工业社会经济体系中,其价值的判断是基于效率的最大化。也是跨学科的,不再是基于传统的知识分类,而是基于难以概括的工作情境"[2]。这段话表达出了工作知识的3个特征:工作过程所使用的知识、工作行动所表征的知识、工作任务所组织的知识。

工作知识这一概念不同于以往理论与实践的二元框架,用来观察职业教育课程内容,具有较大的创新与优势。

首先,它在职业教育领域的课程内容选取中尝试彻底放弃学科知识体系,构建起以工作知识为主的课程内容体系。它强调了工作在知识中的核心地位,就彻底改变了传统的职业教育课程内容选取和制定的思维模式。在传统二元分析框架认为,实践是理论指导下的附庸,忽视实践知识的重要性和独特性,难以开发出职业环境中的隐含的独特的课程内容体系。

其次,它能够有助于获取结构较为严谨的课程内容。传统的二元分析理论认为知识与技能中是两个平行的概念,这是造成职业教育领域课程内容之间缺少你内在深层次联系的根本原因。工作知识可以很好地解释这一现象。

如何根据职业能力结构对知识的要求进行合理的阐释,进而要求个体理会和掌握内容,解蔽现代社会日益综合化的职业情景中的工作知识,避免用传统的相对各自独立的二元框架裁剪学科知识的现象,是对职业教育课程内容筛选与确定的重要举措。用工作知识的理论可以更好地理解。首先,课程内容的分析必须建立在工作成果所需要

---

[1] Bound, D,& Symes, C.(2000). A welcome note. In Working knowledge: productive learning at work proceedings of the international conference(Sydney, Australia, December 10 – 13,2000).

[2] Chappell, C.(2000). New knowledge and the construction of vocational education and training practitioners In Working knowledge: productive learning at work, proceedings of the international conference(Sydney,Australia, December 10 – 13,2000).

的岗位能力的基础上。其次,职业教育课程内容分析应采用知识描述的形式整体进行①。

本书在引入工作知识概念的前提下,结合学界研究基础②,将专业课程内容按照工作知识的难易程度和掌握的逻辑顺序,将专业课程内容分为技术理论知识、技术实践知识、工作技能知识、技术知识的文化维度。

基于现代学徒制的体育运营与管理专业课程内容及其体系

现代学徒制专业课程体系构建的基本单位是课程,组织结构单位是课程模块。根据我国高等职业教育人才培养目标,及高等职业教育课程内容的选取原则,课程内容源于技术知识,按照内在逻辑关系,共包括技术理论知识、技术实践知识、工作技能知识和技术知识的文化维度。对应的可以将现代学徒制人才培养模式下的体育运营与管理专业的课程内容分为4个课程模块:职业素质养成课程、专业基础技术技能课程、岗位(群)技术技能课程和学徒个人职业发展需求课程模块。每个模块都对应了学校课程与企业课程。

职业素质养成课程模块。本模块的内容主要是基于社会主义核心价值观的职业素养,包括职业道德、职业修养和行为等。本模块主要是让学生(学徒)对专业的内涵进行初步的感知和认识,了解专业的职业特征与职业内涵,为后期的学习规划和工作方向奠定初步的基础。课程学习的内容主要包括两课、外国语、信息化办公、职场公文写作等,并将党史国史、劳动教育、创新创业教育、美育等列入必修课或选修课两课的教学内容必须符合教育部有关规定。其他通识课程则根据专业的特点和企业的要求对教学内容、教学方法和评价方式进行安排。同时,该课程模块的内容设置与教学方法要与企业的文化内涵相融合,通过开设企业文化课程、企业安全课程、企业凝聚力塑造以及企业沟通等课程。

为贯彻落实《国家职业教育改革实施方案》,进一步完善职业教育国家教学标准体系,教育部于2019年7月公布了包含体育运营与管理专业在内的347项《高等职业学校教学标准》《体育运营与管理专业教学标准》,对人才培养所要求的素质要求做了以下规定:(1)坚定拥护中国共产党领导和我国社会主义制度,在习近平新时代中国特色社会主义思想指引下,践行社会主义核心价值观,具有深厚的爱国情感和中华民族自豪感。(2)崇尚宪法、遵法守纪、崇德向善、诚实守信、尊重生命、热爱劳动,履行道德准则和行为规范,具有社会责任感和社会参与意识。(3)具有质量意识、环保意识、安全意识、信息素养、工匠精神、创新思维。(4)勇于奋斗、乐观向上,具有自我管理能力、职业生涯规划的意识,有较强的集体意识和团队合作精神。(5)具有健康的体魄、心理和健全的人

---

① 徐国庆.职业教育课程论[M].上海:华东师范大学出版社(第2版),2015:132.
② 张永林.高等职业教育专业课程设计研究[D].天津:天津大学,2015:130.

格,掌握基本运动知识和1—2项运动技能,养成良好的健身与卫生习惯,以及良好的行为习惯。(6)具有一定的审美和人文素养,能够形成1—2项艺术特长或爱好①。

根据对素质要求的分析,专业职业素质养成课程模块由公共基础课程来完成。结合现代学徒制人才模式的创新与要求,该部分开设的课程有思想政治理论、中华优秀传统文化、体育与健康、军事理论与军训、大学生职业发展与就业指导、心理健康教育等;并将党史、国史、劳动教育、创新创业教育、大学语文、高等数学、公共外语、信息技术、健康教育、美育、职业素养、企业文化教育、企业安全教育等列入公共基础必修课。同时,学校根据学校与企业的实际情况可开设具有本校、本专业、现代学徒制合作企业特色的校本课程。

专业技术技能基础课程模块。本模块从岗位职业能力分析入手,以多家大型企业类似岗位为基础,适应和培养行业人才的通用性,培养学生(学徒)掌握同行业基本专业技能。本单元应包括较为完整的基础理论知识体系和专业学科基本技术技能,课程设置应以工作岗位的共同工作任务和基本职业能力为基础。

该模块在人才培养方案中主要以专业基础课程(或专业平台大类课程)等名称呈现,经分析筛选,该模块主要包含以下课程:运动解剖、运动生理、体育产业导论、实用体育管理、体育经济学基础、体育市场营销实务等。学校和合作企业可自主确定课程名称。

岗位(群)技术技能课程模块。该模块主要培训学生(学徒)掌握以合作企业为代表的行业具体岗位的技术技能。基于公司岗位(群)的核心能力和行业岗位标准,以职业资格考试为参照,为学徒开发多岗位技术技能模块。该模块主要是师傅带徒弟进行岗位培养的形式为主。

该模块主要包括一系列专业核心课程,有体育营销策划实务、体育赛事管理实务、体育场馆管理实务、客户服务管理、体育经纪人、体育专项训练等。

学徒个人职业发展需求课程模块。依照行业最新发展趋势以及学徒个人的学习背景与学习兴趣,该模块注重个性化的培养和职场适应能力、改善职业发展空间。可以按照自己未来的职业定位进行个性化课程选取,教师可以由学校和企业共同指定选派,以师傅带徒弟的方式进行岗位个性化培训。

该模块主要包括一系列专业拓展课程,有运动防护类课程及社会体育指员、体育赞助、电子商务实务、品牌管理、体育设施与管理、体育运动俱乐部管理、体育消费心理学、商务沟通与谈判、市场调查与分析、体育法规等。

---

① 中华人民共和国教育部网站.高等职业学校教学标准[EB/OL].http://www.moe.gov.cn/s78/A07/zcs_ztzl/2017_zt06/17zt06_bznr/bznr_gzjxbz/

4.4.3 基于现代学徒制的高职体育运营与管理专业课程保障体系

高等职业教育专业课程保障体系

高等职业教育培养人才的途径最终还需落实在课程体系构建与高质量的教学体系实施。课程目标的制定与课程内容的开发为课程的实施铺好了道路。课程质量保障是教育质量保障中至关重要的组成部分。提高课程质量是提高研究生教育质量的关键。要想达到这个目的,必须构建科学的课程保障体系。

20世纪中期,美国学者费根堡姆(Armand Vallin Feigenbaum)提出了"全面质量管理"概念,1987年国际标准化组织成立质量管理和质量保证技术委员会,制定了ISO9000质量管理标准。对于高等职业教育来说,课程保障体系就是指运用一系列措施保障课程运行质量的系统活动。高等教育质量保障体系的相关主体包括高校、政府、社会等,通过运用质量管理和监控手段保障高等教育质量的活动。高等职业教育课程实施的质量保障体系包括外部保障体系和内部质量保障体系。

东方传统哲学理论指出,人类社会的实践活动是人、事、物三者的统一体。这是我国古代哲学对整体论和系统论最丰富的解读。中国系统科学领域专家于20世纪90年代归纳出了物理—事理—人理方法论,以此来寻找解决巨系统相关的复杂性问题,简称"WSR方法论"[①]。

高等职业教育课程保障体系是一个复杂的系统。其实施过程涉及诸多因素,如国家政策、社会经济水平、文化传统观念、各利益相关体等。借鉴WSR理论,可将课程保障体系分为人理(双师队伍)、事理(国家政策、校企组织管理体系)、物理(实训基地、课程资源)。

基于现代学徒制的高职体育运营与管理专业课程保障体系内容

综合西方质量管理观与东方哲学系统论,认为高等职业教育专业课程保障体系主要包含引导校企深度融合的各项法规政策、校企"双师型"师资队伍、功能完善的实习实训基地、完备科学的组织与制度等方面。

(1)引导校企深度融合的各项法规政策。高等职业教育的课程实施离不开国家政策的引导和保障。产教深度融合是《国务院关于发展现代职业教育的决定》提出的现代职业教育体系构建和我国职业教育改革发展的新的目标诉求,包括产业与职业教育、生产与教学两个方面的深度融合。校企深度融合是开展现代学徒制的基础和条件。在校企深度融合方面,阐明了教育部门、职业院校、各行业企业主管部门、财政、税收等部门的职责。强调各级政府要根据该文件的精神制定合作企业的鼓励措施,提高企业的参与职业教育的主观意愿、责任感和社会服务意识。各级政府要通过资金资助、政府购买服

---

① 李国.基于WSR方法论的群众体育系统影响因素与评价模型研究[J].体育科学,2012(4):29-34.

务、职业培训补贴等措施,探索建立多样化的利益补偿机制,激发企业参与现代学徒制的活力。要积极探索,给予试点单位在招生政策、培养方案、师资配备上更多权力,将现代学徒制试点招生纳入招生计划,允许不同特点的生源采用不同的学制和培养方案。要保障学生(徒)和导师的合法利益和权利,解决学生(徒)的基本保险、人身意外伤害保险等,落实参与现代学徒制试点工作的企业师傅、兼职教师和学校教师的收入、职称、评优评先等各项待遇。

目前,教育部及各地教育行政部门已经下发了推行现代学徒制试点的相关政策文件,各级政府部门也已出台激励企业吸纳学生到企业参加实训实习、老师到企业进行岗位锻炼、推进校企合作制度化的相关文件。

体育运营与管理专业课程保障应该根据专业特色,不仅要在国家政策的推动下和保障下逐步开展现代学徒制的试点工作,还要根据专业发展的内在驱动力和本质特征构建符合本专业发展的完备的保障体系。我国可以从国家层面出发,借鉴其他国家的先进理念,根据《中华人民共和国职业教育法》指引与规范,建立专门适用于现代学徒制开展推行的法律体系,明确其法律地位和社会各方参与者的责任和义务。其中,要在各个法律法规中对现代学徒制的制度运行、学徒培训经费等做出专项立法。国家各职能部门也需进行部门立法,建立起符合地方经济发展现状和水平的法律规范,校企双方共同形成有层次的法律法规体系,其体系构成逻辑如图4-2所示。

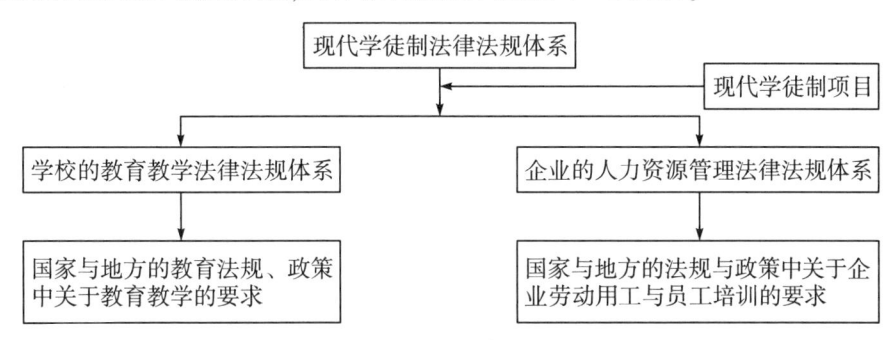

图4-2 现代学徒制法律法规体系逻辑路径图

我国政府较早出台的政策是教育部于2014年的《关于开展现代学徒制试点工作的意见》(教职成〔2014〕9号)。该意见提出,学校主管部门全力支持,合作企业积极参与,同时争取行业协会支持,解决上岗证等问题。在政策体系的框架中,政府部门的职能应当从控制向监管与协调进行调整。随后国家相关部门又出台了一系列的政策文件(见表4-4)。

表4-4 国家开展现代学徒制的相关政策

序号	时间	颁发部门	文件名称
1	2014年8月	教育部	《关于开展现代学徒制试点工作的意见》
2	2015年1月	教育部职成司	《关于开展现代学徒制试点工作的通知》

(续表)

序号	时间	颁发部门	文件名称
3	2015年8月	教育部办公厅	《教育部办公厅关于公布首批现代学徒制试点单位的通知》
4	2015年7月	人社部、财政部	《关于开展企业新型学徒制试点工作的通知》

（2）校企"双师型"教师队伍。教师是实现人才培养目标过程中的关键因素。高等职业教育领域"双师型"教师的概念最早是由学者王义澄提出的。1990年他在《中国教育报》发表文章呼吁专科学校要加强"教师制造、运行、维修和安装等实践能力培养"，"要建设'双师型'专科教师队伍"①。经过学者们的研究，"双师型"教师概念有了很大的丰富与扩展。经过归纳，有以下几种观点。"双证书观"认为"双师型"教师是既拥有高等学校教师资格证，又拥有专业相关的行业职业资格证书的教师。这种观点的优点就是具有较强的操作性，比较容易认定，至今还是很多高职院校采用的方法。"双能力观"认为"双师型"教师是既拥有"理论教学"的能力，也拥有"实践教学"能力的教师。这种观点的优点是注重从教师所应具备的能力与素质要求进行描述。"综合观"结合上述两种观点，认为"双师型"教师是既具有"双证书"，又具备"双能力"的教师。这种观点从外延与内涵同时对双师教师的综合能力进行了阐释②。

2000年，国家第一次系统地对"双师型"教师的内涵进行了规范。2004年，教育部也做了进一步充分阐释，认为"双师型"教师专业素质既包括一定水平的教育教学能力，也包括在企业中形成的专业实践能力，还包括应用科研能力③。2008年，教育部通过发布的高职高专人才培养工作水平的评估方案对原有的阐释进行了完善修改，但对综合能力与素质的要求基本一致。

综合来讲，"双师型"教师应该具备的能力包括：①教学基本能力，即教育教学能力、组织协调能力等能力；②理论与实践结合及其教育转化能力；③专业技术能力；④与产学研结合的教研、科研能力；⑤职业指导和创业教育的能力。

根据已有的各高职院校的试点工作的经验，为保证学徒培养的质量，学徒与企业师傅的比例不应超5∶1，同时应该配备双班主任，加强学徒的学业和生活管理。现代学徒制导师团队由试点院校正式聘请，由所属二级教学单位及专业教研室进行具体管理。

---

① 左彦鹏.高职院校"双师型"教师专业素质研究[D].沈阳:辽宁师范大学,2016:14.
② 姚贵平.解读职业教育"双师型"教师[J].中国职业技术教育,2002(6):12-16.
③ 《关于全面开展高职高专院校才培养工作水平评估通知》文件认为，"双师素质教师"是指具有讲师或以上教师职称，又具备下列条件之一的专任教师:有本专业实际工作的中级或以上技术职称；近5年中有累计计算的两年以上在企业第一线本专业的实际工作经历，或参加教育部组织的教师专业技能培训获得合格证书，能全面指导学生专业实践实训活动；近5年主持或主要参与两项应用技术研巧，成果已被企业使用，且效果良好；近5年主持或主要参与两项校内实践教学设施建设或提升技术水平的设计安装工作，使用效果好。

为了提高学校教师和企业技术人员参与现代学徒制的积极性,可将参与现代学徒制培养的工作和成绩纳入院校、企业考核体系,加强激励措施。体育运营与管理专业培养的师资保障主要体现在两个方面:一是拥有结构合理的、理论教学能力突出的校内师资团队;二是必须拥有一支实践指导能力强的、素质高的校外企业的专家(师傅)。

(3)功能完善的实习实训基地。实习实训是高职教学的重要组成部分。实习实训基地为学徒(学生)提供了培训技能的必要条件,为教学提供了良好的环境,使其能够提供接近实际岗位的技术技能培训,为知识和能力的转化提供了一个中间场所。学生可以通过设备操作、场景服务进行培训,完成从知识到技能的转化。学生在实习培训基地做中学、学中做,不仅开阔视野,增加知识,而且锻炼了自己的实践动手能力,各方面的能力和素质都会提高。

教育部《关于印发高等职业教育创新发展行动计划(2015—2018年)的通知》指出:"推动校企共建校内外生产性实训基地、技术服务和产品开发中心、技能大师工作室、创业教育实践平台等。"从国家层面强调了职业院校实训实习基地建设的重要性。在产教融合背景下,高职院校实训实习基地建设面临供给侧结构性改革和需求侧耦合不平衡、"产"与"教"的矛盾、"双导师制"育人机制不完善、人才培养成本分担机制缺失等诸多难题。

在现代学徒制培养模式下,企业是学徒完成生产性任务训练的重要场所,校企行三方应根据培养任务为学徒配置能满足其职业技能培养的生产岗位和生产环境,配备音视频远程教学系统设备,以满足学徒与学校必要的教学互动。对于基于现代学徒制的体育运营与管理专业的人才培养而言,实践教学基地主要是来自能提供更多实践岗位、更多实践教学指导老师的企事业单位。通过协调供给侧和需求侧的关系、培育"双导师制"型人才基地、构建互惠合作的人才培养机制,推动实训实习基地建设。

(4)完备科学的组织与制度。试点院校内部的组织保障。试点院校内部要协调各方资源,建立现代学徒制的多层级组织机构。学校职能部门及二级教学单位,应加强对现代学徒制工作的管理,落实责任,组建工作小组,定期会商和解决有关工作中的问题。学校要建成现代学徒制试点专门工作组,组长由学校领导担任,成员由教务处、人事处、学生工作处、财务处、设备处、图书馆、试点专业所在院系等单位负责人组成。学校各职能部门和二级教学单位要明确各自的职责,分工协作,保障试点项目的顺利进行(见表4-5)。① 教务处。作为现代学徒制试点宏观协调的业务统筹单位,负责拟定校企双方合作框架,参与合作企业协商,牵头制定现代学徒制相关管理制度,统筹试点专业的人才培养方案的编制等。② 学生工作处(招生就业处)。负责联合企业做好现代学徒制试点的宣讲与招聘,联合企业完成现代学徒制学徒的招生与招工,购买相关的保险,摸查学徒的思想动态,定期到企业做好学徒的思想教育工作,联合企业做好学徒的毕业工作等。③ 财务处。负责现代学徒制经费核算和划拨。④ 二级教学单位。作为现代学徒制试点项目的直接责任单位,负责与企业进行具体沟通与协商,制订现代学徒制试点工作计划,与企业联合制定人才培养方案和考核验收标准,做好学徒的思想动员工作,安排好学徒及其导师的住宿、交通等,具体落实学徒的教学、管理等。

表4-5 体育运营与管理专业现代学徒制工作小组表

序号	工作小组名称
1	校企协同育人机制建设工作小组
2	招生招工一体化建设工作小组
3	人才培养制度与标准建设工作小组
4	师资队伍建设工作小组
5	保障体系建设工作小组

4.4.4 基于现代学徒制的高职体育运营与管理专业课程实施体系

高等职业教育专业课程实施及其体系

高等职业教育专业课程的实施过程的核心是构建螺旋式模块课程体系。1960年,杰罗姆·布鲁纳(Jerome Bruner)提出螺旋式课程理念。该理念的基本假设是所有教材可以用某种合理形式教授给不同发展阶段的儿童[①]。该课程理念提到的"序化"中的"螺旋"指构思、设计、实现、运作循环的4个过程,从低级阶段到高级阶段都在不断重复,逐步深入。螺旋式课程可通过深度、广度、应用三维度完成[②]。具体的建设流程包括选取典型技术任务(项目)、序化典型技术任务(项目)、知识领域分析、模块化课程、螺旋式模块课程体系等5个步骤,最终形成螺旋式模块课程体系,如表4-6所示。

表4-6 螺旋式模块课程体系结构表

学期	技术技能成熟度	典型技术任务或任务	知识体系				课程体系
			技术理论知识(TT)	技术实践知识(TP)	工作技能知识(S)	技术知识的文化维度(C)	
1	技术工人(TW)	简单技术任务(L1S1-n)	TWTT L1S1-n	TWTP L1S1-n	TWS L1S1-n	TWC L1S1-n	职业素质养成课程模块
		中等技术任务(L1M1-n)	TWTT L1M1-n	TWTP L1M1-n	TWS L1M1-n	TWC L1M1-n	
		复杂工程(L1C1-n)	TWTT L1C1-n	TWTP L1C1-n	TWS L1C1-n	TWC L1C1-n	

---

① [美]布鲁纳.教育过程[M].邵瑞珍,译.北京:文化教育出版社,1982:176.
② 孔凡哲.基础教育新课程中"螺旋式上升"的课程设计和教材编排问题探究[J].教育研究,2007(5):62-68.

(续表)

学期	技术技能成熟度	典型技术任务或任务	知识体系				课程体系
			技术理论知识(TT)	技术实践知识(TP)	工作技能知识(S)	技术知识的文化维度(C)	
2—3	技术专家(TE)	简单技术任务(L2S1-n)	TW-TETT L2S1-n	TW-TETP L2S1-n	TW-TES L2S1-n	TW-TEC L2S1-n	专业技术技能基础课程模块
		中等技术任务(L2M1-n)	TW-TETT L2M1-n	TW-TETP L2M1-n	TW-TES L2M1-n	TW-TEC L2M1-n	
		复杂工程(L2C1-n)	TW-TETT L2C1-n	TW-TETP L2C1-n	TW-TES L2C1-n	TW-TEC L2C1-n	
4—5	实施专家(IE)	简单技术任务(L3S1-n)	TE-IETT L3S1-n	TE-IETP L3S1-n	TE-IES L3S1-n	TE-IEC L3S1-n	岗位(群)技术技能课程模块
		中等技术任务(L3M1-n)	TE-IETT L3M1-n	TE-IETP L3M1-n	TE-IES L3M1-n	TE-IEC L3M1-n	
		复杂工程(L3C1-n)	TE-IETT L3C1-n	TE-IETP L3C1-n	TE-IES L3C1-n	TE-IEC L3C1-n	
6	战略专家(SE)	简单技术任务(L4S1-n)	IE-SETT L4S1-n	IE-SETP L4S1-n	IE-SES L4S1-n	IE-SEC L4S1-n	学徒个人职业发展需求课程模块
		中等技术任务(L4M1-n)	IE-SETT L4M1-n	IE-SETP L4M1-n	IE-SES L4M1-n	IE-SEC L4M1-n	
		复杂工程(L4C1-n)	IE-SETT L4C1-n	IE-SETP L4C1-n	IE-SES L4C1-n	IE-SEC L4C1-n	

注:TW 技术工人(technical worker);TE 技术专家(technical expert);IE 实施专家(implement expert);SE 战略专家(strategic experts)。TT 技术理论知识(technical theoretical knowledge);TP 技术实践知识(technical practical knowledge);S 工作技能知识(skill knowledge);C 技术知识的文化维度(cultural dimension of technical knowledge);L1、L2、L3、L4 代表四级水平。

选取典型技术任务(项目)。典型的技术任务来自企业生产实践。选择典型技术任务(项目)需要考虑两点。首先是技术任务(项目)在专业生产实践活动中是否具有典型性和代表性。其次是每个技术任务(项目)是否都可实现概念、设计、实现和运行周期。进一步确定技术任务名称、内容、所需工具和完成过程等。每一项典型技术任务都是一个完整的操作,不受特定岗位或特定生产环节的制约。

序化典型技术任务(项目)。对典型技术任务(项目)序化的标准既非完全的主观标准,也非完全的客观标准,而是位于主观标准和客观标准中间的某一点,处于动态微调中。序化过程按照技术工人、技术专家、实施专家、战略专家向上延伸。在每个具体序化阶段,按照技术难度(简单技术任务、中等技术任务、复杂技术任务)在小范围内调整。

典型性技术任务的序化过程对应着学徒对企业岗位的认知的递进(见图4-3)。

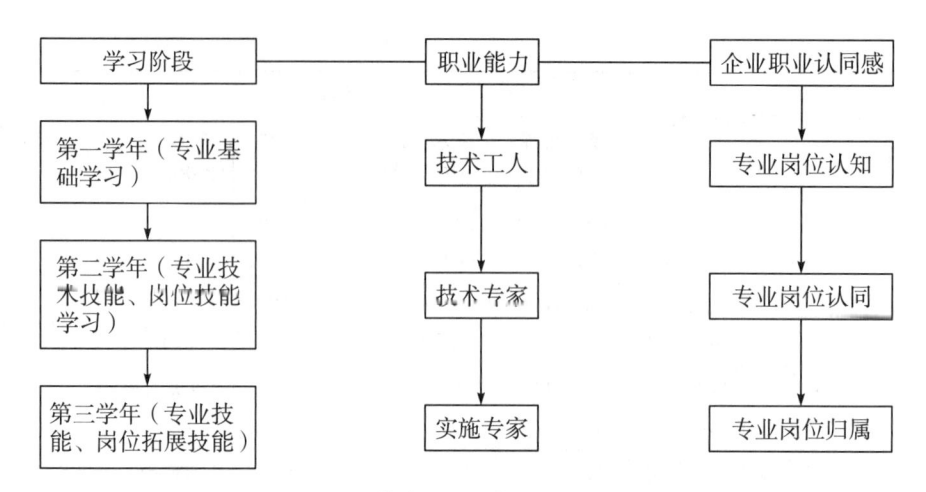

```
学习阶段              职业能力           企业职业认同感
   ↓                   ↓                   ↓
第一学年（专业基         技术工人           专业岗位认知
础学习）
   ↓                   ↓                   ↓
第二学年（专业技         技术专家           专业岗位认同
术技能、岗位技能
学习）
   ↓                   ↓                   ↓
第三学年（专业技         实施专家           专业岗位归属
能、岗位拓展技能）
```

图 4-3　学徒对企业岗位认知递进图

知识领域分析。依托岗位典型工作任务（项目），建立与其复杂程度吻合的知识体系。专业课程是通过"科学的结构"——构思、设计、实现、运作循环结构来统摄相关学科知识，其知识体系是技术知识体系。每一个维度上的知识点代表着一个学习结果，由知识、技能、素质三部分构成。完成典型技术任务或项目，除了专业技术要求外，还需要社会、自然、法律、商业应用等多种输入因素的融合。这些因素都可以纳入技术知识的文化维度。

模块化课程。模块化是将具有半自律性的子系统（模块）按照一定的联系规则进行分解和创造性的再整合的行为。在课程论的基本含义是指构成个性化课程计划的最小单元，也被称为课程单元[1]。澳大利亚培训课程委员会对模块的定义是："模块就是自身完整的具体学习单元。它涉及职业教育的一个或几个方面，建立在符合国家目的和目标的预定的理解水平和技能操作的基础上。模块必须能被单独评价，能在相同或相关研究领域有自己的模块或者与其他模块相连接。"[2]20 世纪 70 年代与 80 年代，职业教育专业课程随着技术世界和劳动市场结构的变化而变得更加模糊和具有流动性，线性课程已经不适合教学的实施了。模块原则是工业新生产理念在高等职业教育课程组织与开发过程中的反映。将不同模块课程放在一起组成课程计划，以取得具体职业和工作的最佳安排。按照知识体系维度，将学科体系知识解构、重构，融入典型技术任务或项目中。依托技术任务或项目，实现理实一体化。学科知识得以解构重构，企业的技术任务得以抽象出来，成为专业课程核心内容。将这些模块化课程归纳、分属为 4 部分，构成职业素质养成课程模块、专业技术技能基础课程模块、岗位（群）技术技能课程模块、学徒个人职业发展需求课程模块。

螺旋式模块课程体系。将模块化课程分配到 3 个学年六学期中，最终得到螺旋式模

---

[1] 黄克孝.职业和技术教育课程概论[M].上海:华东师范大学出版社,2000:87.
[2] [瑞典]T.胡森,[德]T.N.波斯尔斯韦特.教育大百科全书[M].张斌贤,等,译.重庆:西南师范大学出版社,2011:125.

块课程体系。它以典型工作任务或项目为载体,实现构思、设计、实现、运作循环。每次循环是内容更加复杂和更加深入,体现了循序渐进、螺旋式上升的教学要求[①]。螺旋式模块课程体系实质是结构化课程体系。这与欧洲的政府和高校采用结构化的方法来解决课程体系构建问题的做法很相似[②]。该课程体系使技术知识和学科之间的无缝对接,为技术技能型人才培养提供了根扎现实技术实际问题和系统科学理论的教育系统。构建专业课程体系是一项复杂的任务,因为系统的每一个成分必须被综合在一起考虑,体现每一个课程设计构成要素功能,有机地合成在专业课程形成过程及其结果中。从组织流程和结果评价,基于产业技术课程设计基本实现了多尔的4R标准,即丰富性、回归性、关联性、严密性[③]。

基于现代学徒制的体育运营与管理专业课程实施体系

根据前文分析,基于现代学徒制的高职体育运营与管理专业课程内容主要包括职业素质养成课程模块、专业技术技能基础课程模块、岗位(群)技术技能课程模块、学徒个人职业发展需求课程模块。

根据体育运营与管理专业的职业面向表(见表4-7),选取了体育运营与管理专业典型技术任务或项目,包括体育市场调研与产品(服务)营销、体育市场服务销售与推广、体育产业活动组织与策划、体育场馆(俱乐部)运营、体育场馆(俱乐部)管理、体育场馆(俱乐部)健身指导与服务等。

表4-7 体育运营与管理专业职业面向表

所属专业大类 (代码)	所属专业类 (代码)	对应行业 (代码)	主要职业类别 (代码)	主要岗位群或技术领域
教育与体育大类 (67)	体育类 (6704)	体育 (89)	健身和娱乐场所服务人员 (4-13-04)	体育场馆管理员
				健身休闲场所管理人员
			体育经纪人(4-13-05-02)	赛事执行人员
				赛事策划人员
		商务服务业 (72)	其他文化、体育和娱乐服务人员(4-13-99)	赛事营销(推广)人员
				运动顾问
			商务专业人员(2-06-07)	体育运动项目培训推广
				体育市场营销专业人员

---

① 李茂国,朱正伟.面向工程过程的课程体系研究[J].高等工程教育研究,2014(4):1-5+14.
② [美]内拉德,赫格兰.博士教育全球化:动力与模式[M].李毅,张国栋,译.上海:上海交通大学出版社,2010:附录A.
③ [美]多尔.后现代课程观[M].王红宇,译.北京:教育科学出版社,2000(9):248-260.

以"体育俱乐部经营与管理"课程典型技术任务(体育场馆、俱乐部管理)为例,分析课程实施及其体系构建(见表4-8)。

表4-8 "体育俱乐部经营与管理"课程螺旋式模块课程体系结构图

学期	技术技能成熟度	典型技术任务或任务	知识体系				课程体系
			技术理论知识(TT)	技术实践知识(TP)	技能知识(S)	技术知识的文化维度(C)	
1	前台服务人员	简单技术任务	掌握服务行业前台服务人员的工作流程等相关知识	(1)熟悉前台各项操作流程 (2)熟知各种会员卡的类型以及各类卖品的销售价格 (3)统计每日客流情况,水电等日常开销 (4)做好与次日工作人员交接留言工作	(1)按照制度和要求,做好所有电器电源的开关准备工作 (2)准备工作过程所需的所有接待物品 (3)并查看上一班次工作记录	(1)接待会员投诉 (2)主动维护公司形象和声誉	职业素质养成课程模块
		中等技术任务	掌握服务行业前台服务人员的工作价值和意义等相关知识	(1)负责保管部门内部相关物品 (2)做好部门内仓库盘点工作	(1)核对会员卡,做好会员卡和手牌号的登记 (2)计算机输入快速正确	为健身俱乐部创造一种热情、友好的氛围格	
		复杂工程	掌握服务行业前台服务人员的与人交流沟通的技巧与心理学等相关知识	(1)整理归放前台物品,检查设备 (2)配合公司其他部门工作人员做好相关工作	(1)主动积极促销卖品,积极配合、协助其他部门的工作 (2)上级布置的其他临时性工作	领悟公司企业文化,践行公司的企业文化	

(续表)

学期	技术技能成熟度	典型技术任务	知识体系				课程体系
			技术理论知识（TT）	技术实践知识（TP）	技能知识（S）	技术知识的文化维度（C）	
2—3	前台经理	简单技术任务	掌握服务行业前台服务人员的工作流程、工作性质和意义等相关管理学知识	(1)检查卫生安全等情况 (2)管理重要物品 (3)签字确认物品领用单 (4)按规定时间开放各种辅助区设施 (5)检查客服人员出勤率 (6)俱乐部设施运行情况	(1)查看、督察前台各岗位的工作情况 (2)统计并填写每日营运客流分析表 (3)检查电源及电器设备，消除所有安全隐患 (4)查看交班本内容，组织召开晨会 (5)安排当天工作，安排人员班次	(1)接待会员投诉 (2)主动维护公司形象和声誉	专业技术技能基础课程模块
		中等技术任务	掌握服务行业前台服务人员的与人交流沟通的技巧与心理学等相关管理学、心理学、社会学知识	(1)查看各工作点物品数目、摆放、会员卡、销售物品数量等情况 (2)按营业时间段打开营业区，确保工作顺利	(1)检查前台、保洁、工程岗位的营业前准备情况 (2)及时跟踪和反馈设备使用和损坏情况，配合工程人员维护和更新	为健身俱乐部创造一种热情、友好的氛围	
		复杂工程	掌握服务行业客户服务、消防知识、沟通技巧、销售理论等知识	热情接待客户，及时上报和处理客户投诉	负责前台管理工作，按时召集前台员工例会，定期给部门员工进行培训	领悟公司企业文化，践行公司的企业文化	

(续表)

学期	技术技能成熟度	典型技术任务或任务	知识体系				课程体系
			技术理论知识（TT）	技术实践知识（TP）	技能知识（S）	技术知识的文化维度（C）	
4—5	运营部经理	简单技术任务	掌握健身俱乐部运营部各部门人员工作流程，掌握健身俱乐部交流沟通技巧与心理学等相关管理学、心理学、社会学知识		协助其他各部门完成公司分配任务及制度		岗位（群）技术技能课程模块
		中等技术任务	(1)掌握健身行业沟通技巧、相关管理学、心理学、社会学知识 (2)掌握大型公司企业消防知识、销售理论等知识	(1)预防并处理好会员投诉，维护公司形象 (2)精通公司各项规章制度和人事流程	(1)负责部门新进员工入职培训 (2)负责召开部门例会，店周例会、月例会		
		复杂工程	(1)掌握健身俱乐部部门机构设置、人员配置、工作流程 (2)掌握健身行业沟通技巧等心理学、营销学、管理学、心理学、社会学知识	(1)负责俱乐部营运目标的达成 (2)确保俱乐部内及周边卫生环境达标 (3)建立会员档案，接待会员来信、来访，处理、答复会员投诉			

(续表)

学期	技术技能成熟度	典型技术任务或任务	知识体系				课程体系
			技术理论知识（TT）	技术实践知识（TP）	技能知识（S）	技术知识的文化维度（C）	
6	俱乐部经理	简单技术任务	(1)掌握健身行业各部门人员的工作流程 (2)掌握健身行业交流沟通的技巧与心理学等相关管理学、心理学、社会学知识	(1)确保俱乐部正常接待、引导顾客 (2)确保俱乐部设备设施、客用品、办公用品用具的正常使用、数量充足	(1)确保运营工作和服务符合规定流程和标准 (2)确保俱乐部各类物资安全、充足，并可及时领用 (3)负责监督处理顾客投诉，监督退换货管理，价格管理，商品陈列	从公司的运营等各个层面、为公司创造一种热情友好的氛围格，组织各种活动培养学徒归属感以及认同感	学徒个人职业发展需求课程模块
		中等技术任务	(1)掌握健身行业交流沟通的技巧与心理学等相关管理学、心理学、社会学知识 (2)掌握大型公司企业消防知识、销售理论等知识	负责与会所相关的公安、消防、卫生防疫、工商、城管、社区办事处、物业等机构保持良好的关系	(1)保证俱乐部消防等方面的公共安全 (2)配合各部门组织各种促销活动	领悟公司企业文化，践行公司的企业文化，组织各种活动培养学徒归属感以及认同感	
		复杂工程	(1)掌握大型企业各部门的机构设置、人员配置、工作流程 (2)掌握健身行业交流沟通的技巧与心理学、营销学、管理学、心理学、社会学知识	(1)负责部门月度、年度工作计划的编制与监督执行 (2)负责监督现场服务质量，环境质量，现场纪律的管理	(1)工作成果报告，营运成果效益评估，改善报告 (2)负责会馆销售业绩的收集、分析、反馈 (3)部门会议的召开及主持，参与公司会议，协助各部门完成相关工作任务	(1)领悟、践行公司的企业文化，组织各种活动培养学徒归属感以及认同感 (2)通过企业运营丰富企业文化的内涵与外延	

4.4.5 基于现代学徒制的高职体育运营与管理专业课程评价体系

课程质量的提高离不开课程评价。课程评价实践需要选择特定的评价方法与模式,更重要的是评价指标的构建。

所谓评价,是一定事物或对象的价值在人们意识中的反映。课程评价是根据一定的课程价值观或课程目标,运用一定的科学手段,通过系统地搜集信息、资料,分析、整理,对课程方课程实施过程和结果等的价值或特点做出判断,从而为课程决策提供可靠信息的过程。什么是课程评价? 从词源上看,英语中的"evaluation"(评价)意为引出和阐发价值。就本质而言,评价系指个人或团体对某一事件、人物或历程的价值判断活动,是对客体满足主体需要程度的判断。

课程评价(Curriculum Evaluation)的概念最早由泰勒提出。泰勒认为,课程评价是确定已形成的和已组织的学习经验实际上达到多少预期目标的过程[1]。小威廉姆 E. 多尔(William E. Doll)认为,课程评价是一种判断按照明确的目标所使用的教学内容和教学过程的效果的过程。斯泰克(R.E.Stake)提出,课程评价应包括基础因素(教学条件)、过程(如师生互动)和结果(包括认知、动机、个性及对社区的影响)3 个方面[2]。这些都是课程评价定义的主流观点。然而,当前职业教育课程改革最需要关注的恰恰是评价目标和课程内容本身的合理性问题。

对众多课程评价定义加以概括,可以分为 5 类:(1)将课程评价视同为测验,以学生在测验中所得的分数为准。桑代克·埃贝尔(B.Ebel)等人认为,课程评价是优点的判断,有时完全基于测验分数[3]。(2)把课程评价看成是确定行为与目标间一致性的程度。泰勒认为:"由于目标是指人的行为变化,因此课程评价实质也就是一个确定实际发生的行为变化的程度的量过程。"[4](3)把课程评价理解为给课程决策提供信息的工作,属于非判断性描述。如克隆巴赫指出,课程评价是为做出有关课程的决策,收集和使用信息。斯塔弗尔比姆也认为,"课程评价就是描述获得提供、运用信息的过程"。[5] (4)课程评价是对成绩或价值的判断。英国课程专家凯利(A.V.Kelly)认为,课程评价是"评估课程价值和效用的过程"[6]。艾斯纳指出,课程评价"就是要就某些价值评估不同课程方

---

[1] [美]拉夫尔·泰勒.课程的基本原理[M].施良方,译.北京:人民教育出版社,1994:85.
[2] Jackson, P. W. (Ed). (1992). Handbook of research on curriculum. New York: Macmillan Publishing Company, p.128.
[3] [美]拉夫尔·泰勒.课程的基本原理[M].施良方,译.北京:人民教育出版社,1994:85.
[4] 黄政杰.课程评鉴[M].台北:台北师大书苑有限公司,1987:14.
[5] 廖哲勋.课程学[M].武汉:华中师范大学出版社,1991:272.
[6] A.V. Kelly, The Curriculum: Theory and Practice, London: Paul Chapman Publishing Ltd, p.187.

案的长短,评价的主要问题在于抉择焦点复杂性和综合性"①。(5)课程评价是对课程形成判断、做出决策的过程。这种课程评价观认为,评价是课程方案设计的促进者、课程价值的仲裁者,评价的对象是课程方面的所有因素,不只是行为目标以及学生的表现。

综上所述,可以看出,课程评价的概念从偏重量化的测量、粗糙的定性,再到逐重视定量与定性效用与价值判断描述与形成决策的统一,从不同角度揭示了课程评价的本质特征。

梳理课程评价的发展历史,初期的课程评价和教育评价是概念较为模糊交叉在一起的。随后的研究大致经历了4个阶段:测量时期(通过一定的方法测量和测验个体)、描绘时期(从仅仅注重测量结果转化为根据设定目标描述教学过程的结果②)、判断时期(将目标本身与实现目标的过程也纳入"判断"的范围)、多维度评价时期(将整个课程方案从不同维度进行全方位地评价)。

高等职业教育课程评价及模式介绍

高等职业教育专业课程评价是高等职业教育专业课程体系正常运作的控制措施,是引导专业课程的开发和实施全过程的重要手段,也是学校教育的一个基本环节。结合已有研究成果,总结高等职业教育课程评价的模式主要有以下几种。

(1)行为目标模式(Behavioral Object Mode)。20世纪30年代,泰勒在课程"八年研究"中,提出了行为目标课程评价模式。泰勒认为,"评价必须建立在清晰地陈述目标的基础上,而且是课程编制过程中的一个不可或缺的环节"③。由于他在此评价模式中确立了课程目标的位置,所以被称为"目标模式"。在其著作《课程与教学的基本原理》中,将课程发展分为确定教育目标、选择学习经验、组织学习经验、评价教学结果4个阶段。其观点认为,教育目标是教学评价过程的起步和开端。开展评价之前,有必要让学生和老师明白评价目标,以便指导和修正自己的学习和教学行为。在此过程中要考察各种评价手段,以便判别评价手段与教育目标是否契合。在行为目标评价模式中,各个步骤都与目标紧密联系,并且这些目标都是以具体表现在学生身上的可测量的行为目标为主,因此评价的操作性和针对性很强④。

(2)CIPP模式(CIPP Mode)。该模式由斯塔弗尔比姆于1967年对泰勒行为目标模式反思的基础上提出的。该模式的特点是一种整合型的评价模式。即是由4种评价方式组合而成,用背景评价(context evaluation)、输入评价(input evaluation)、过程评价

---

① E.W. Eisner, The Educational Imagination: On the Design and Evaluation of School Programs, New York: Macmillan, 1985, p.152.
② 黄政杰.课程评鉴[M].台北:台北师大书苑有限公司,1987:4-7.
③ [美]拉尔夫·泰勒.课程与教学的基本原理[M].北京:人民教育出版社,1984:13.
④ 夏建国.高等职业教育课程模式及评价[J].教育发展研究,2005(8):75-77.

(process evaoeess evaluation)和结果评价(produetevaluation)4 种评价方式的第一个英文字母命名。该模式认为,评价是"为决策提供有用的信息的过程"①。因为该模式具有较强的工具性,初期经常被用于职业教育课程的开发过程中。但是该模式将教育评价独立地分为四个方面,不仅容易造成评价过程的人为断裂,而且只有在大型的教育决策中才可能使用,在小型的教育决策中,效率太低②。

(3)梅特费赛尔模式(Metfessel Mode)。该模式是由美国学者梅特费赛尔(M. Metfessel)模式总结归纳的。这一模式在强调目标评价的同时,强调了评价的持续性与全面性。其主要有 8 个步骤③。该模式依然视课程目标为核心标准的一种评价模式。但是其更加强调了多主体的参与、目标范围的广泛性和持续性的观察课程的实施过程效果,比以往的目标评价模式有了价值上的提升和改善。

(4)CSE 评价模式(Center for Stof Evagination Mode)。CSE 是美国加利福尼亚大学教学评价中心英文简称。该中心在 20 世纪 60 年代以来,在一系列的研究基础上提出了 CSE 评价模式。其包含了 4 个步骤:需要评定、方案计划、形成性评价和总结性评价。该模式是将形成性评价与总结性评价有机统一的,并且持续整个教育改革各个阶段的动态评价,是一种典型的综合性、整合性的评价模式。

(5)反对者模式(Adversary Mode)。该模式是由美国学者欧文斯(R.G. Owens)等人在 20 世纪 70 年代提出的。它非常重视教育过程中反对者的提出的意见与争议,通过对比揭示课程模式的正、反两方面的优劣,使得该模式能够更公允地听取各方面的意见与建议,使评价的信息更加全面和合理。这一评价的特点是充分反映了各类人员多元的价值认识,是依靠人们直觉与经验的评价④。它注意到评价中存在的多元价值观的问题。这一模式的不足之处主要表现在,评价结果易受辩论技巧的左右、花费高且效率较低两个方面⑤。

(6)应答模式(Responsive Mode)。应答模式是由斯塔克(R.E.Stake)首先提出。他认为,应该把问题作为评价的先行组织者,强调评价必须从关心评价活动的所有人需要出发,通过信息反馈,使评价结果满足大多数人的需要。与泰勒行为目标模式相比,评价主体更加注重对活动参与者的所有需要的关注,强调了多元现实性和价值观念的发散性。在方法上,强调非正式地观察、交往、描述性的定性分析方法⑥。

(7)目标游离模式(Goal Free Mode)。该模式是 1967 年由美国的斯克里文(M.

---

① 瞿葆奎,陈玉琨,赵永年.教育学文集·教育评价[J].北京:人民教育出版社,1989:301.
② 徐艳国.教育评价[M].北京:高等教育出版社,2007:33.
③ 陈玉琨.课程改革与课程评价[M].北京:教育科学出版社,2001:148-149.
④ 陈玉琨.课程改革与课程评价[M].北京:教育科学出版社,2001:149.
⑤ 徐艳国.教育评价[M].北京:高等教育出版社,2007:36.
⑥ 陈玉琨.课程改革与课程评价[M].北京:教育科学出版社,2001:151.

Scriven)提出的。该模式认为,教育活动不仅会收到预期的成就,还会产生各种非预期效应。这些积极的或者消极的效应对教育过程的价值会有一定程度的影响,所以根据事先确定的教育目标进行评价可能会限制评价的范围。这种模式把教育目标与评价活动分离开,故称为目标游离模式。斯克里文认为"对于评价过程来说,目的并不是根本的①","对目标的考虑和评价是一个不必要的,而且很可能是有害的步骤②"。

此外,在现代教育评价理论中,还有自然探究模式(Natural Inquiry Mode)、医疗模式(Medical Model of Evaluation)、EPIC模式等③。在职业教育课程评价研究领域,职业教育课程评价是对教育课程在实现培养目标过冲的可能性、有效性进行价值判断,以便做出改进。

基于现代学徒制的体育运营与管理专业课程评价体系

在确定基于现代学徒制的高职体育运营与管理专业课程目标体系、确定专业课程内容体系、完善专业课程保障体系和构建专业课程实施体系之后,如何评价基于现代学徒制的体育运营与管理专业课程体系的实施效果和科学性就显得尤为重要。这一评价过程有助于发现现有课程体系在运行实施过程中的偏差甚或谬误,以便及时重构,获得更大更理性的教育效果。对基于现代学徒制而构建的高职体育类专业的课程体系进行评价,主要遵循以下主要流程。

(1)确定评价主体。高等职业教育体育运营与管理专业课程评价体系是一个开放体系。多主体参与的课程评价过程,是各种人的视角相互作用、相互融合的过程。"三位一体"是专业课程评价追求的最终价值的必然状态④。为了满足评价主体多元化的特点,在评价主体的确定与选择上,基于现代学徒制的体育运营与管理专业课程评价主体选择包括课程与教学专家、教学管理者、校内任课教师、企业师傅、学生、行业企业专家六类人,组成评价指标体系构建小组。

①课程与教学专家。课程与教学专家有着丰富的课程教学理论知识,对课程理论与教学实践的教育价值和规律都有着深刻的认知、研究和把握,对课程评价的原则和方法等科学性较其他评价主体理解更为透彻,所以课程与教学专家在包括职业教育在内的各个教育体系内的课程评价中都占有非常重要的地位。课程与教学专家与基于现代学徒制的体育运营与管理专业课程无直接利益关系,没有直接参与课程教学过程,但是,课程与教学专家可以作为中立客观的"第三方"指导课程开发与实施、参与课程评价。

---

① [瑞典]T.胡森,[德]T.N.波斯尔斯韦特主编.教育大百科全书[M].张斌贤,等,译.重庆:西南师范大学出版社,2011:585.
② 瞿葆奎,陈玉琨,赵永年.教育学文集·教育评价[J].北京:人民教育出版社,1989:772.
③ 陈玉琨.课程改革与课程评价[M].北京:教育科学出版社,2001:153.
④ 马良军.高等职业教育专业实践课程评价研究[D].天津:天津大学,2014:139.

②教学管理者。学校领导与教务人员作为体育运营与管理专业课程的日常管理者,会参与基于现代学徒制培养模式的全过程,对政策的传达与制定、师资队伍的评聘、校内教学保障设施的建设等都有全方位的管理与监控。在整个管理过程中,能及时把握各个环节可能出现的问题,及时与各相关利益方进行沟通、协调与管理。专业课程评价中,教学管理者一般表达的是学校方的评价价值,看重的是教学质量是否达到最优化。教学管理者是课程教学有效性的最终获利的群体。教学管理者对专业课程进行全面控制,对专业课程实施过程中的利益冲突、解决方法比其他群体更易洞察。

③校内任课教师。作为课程与教学的最直接的实施者,校内任课教师对教育目标的把握和课程实施过程的理解最全面,担当着重要的人才培养任务和使命。体育运营与管理课程评价时,校内任课教师作为重要评价者的重要性表现在:教师最为课程最直接的参与者,对课程具有最直接感知,最有发言权[1];教师本身对课程的理解决定其在实施课程过程的主观态度[2];进行课程评价可促进教师反思其课程知识,帮助自身专业化发展[3]。

④企业师傅。现代学徒制的实施过程中,企业师傅扮演着非常重要的角色。企业师傅这个群体的选择、管理和激励等决定了师傅带徒弟的教学效果与质量。企业师傅不仅担负着对学生进行职业道德教育,还要对学生进行岗位技术和技能的传授带教。同时,企业师傅还要参与整个培养过程,从课程体系建设、课程教学实施到课程考核方法等。能全方位深层次地把握课程价值的实现效果,所以,企业师傅对基于现代学徒制的课程评价具有不可替代的作用。

⑤学生。在传统的课程评价体系中,往往忽视了学生在课程评价中的地位和重要性。认为学生主要是处于课程评价的另一面,即作为评价客体接受评价。学生在接受教育过程中的知识、技能、态度等方面所体现的变化是教育的目的的外显。情境学习理论认为,学生在学习情境中,本质就是与外界进行信息互动,构成课程教育活动主体的过程。学生作为评价主体,不仅是对课程的静态价值和动态实施进行价值判别,也是课程评价实现价值寻求的主动需求,因为学生主体是课程价值实现的直接受益者和重要参与者[4]。学生作为课程实践的主体,在课程开发与实施中发挥着独特而不可替代的作用。学生参与是课程需求和价值实现的重要表达方式之一[5]。

在课程评价参与中,学生主要有两个来源:一类是即将毕业,以及接受大部分专业

---

① Kridel,C. Encyclopedia of Curriculum Studies[M].Los Angeles:SAGE,2010:867.
② 马良军.高等职业教育专业实践课程评价研究[D].天津:天津大学,2014:140.
③ 张瑞,刘志军.教师:不可或缺的课程评价主体[J].课程·教材·教法,2008(8):11-16.
④ 姚梅林.从认知到情境:学习范式的变革[J].教育研究,2003(2):60-64.
⑤ Nygaard,C., Hojlt, T. &Hermansen, M. Learning-based Curriculum Development[J]. Higher Education, 2008(55):33-50.

基础课程和专业方向课程学习、正在企业岗位实训的即将毕业学生。另一类则是工作1—3年的毕业生。因为毕业生经历了学校学习、职场实践和职业成长等自我成长阶段。他们对高职课程的有效性与教育的培养价值与企业的需求有着最真实的见解,所有见解是对自身接受系统专业课程学习的直接价值反馈,对课程体系评价具有参考价值。课程体系制定者可以通过毕业生的评价理解真实工作场景对专业课程的价值和内容需求。这也是检测课程的有效性与适应性的重要手段。

⑥行业企业专家。职业教育的课程设计的一个重要手段就是选取典型工作任务。典型工作任务源于生产实践与行业一线。行业标准引领着企业的工作方向与规范。所以,基于现代学徒制的课程体系无论是构建阶段、实施阶段还是评价阶段,都在一定程度上受到行业与企业的影响。

企业的本质是社会经济组织,通过生产和商业活动为社会提供产品和服务。行业专业和企业成员参与课程评价是职业教育课程评价必然趋势。学生通过专业课程的学习,掌握的技术技能知识应用在企业生产过程中,会为企业必然带来价值。企业期望得到更高技术技能水平的员工,以提升生产效率和利润,对课程做出有价值的评价自然会提供培养质量。这种循环可以作为接受企业作为评价主体的必要性。

企业是一个通过生产经营活动为社会提供产品和服务的社会经济组织。行业企业专家作为评价主体是职业教育课程评价的一个必然选择。通过吸纳受过专业训练的职工从事生产或服务工作,不仅能提高劳动效率,还可以转化为企业生产率,带来超值回报和丰厚利润,进而提高企业核心竞争力,获得更大的生存与发展空间[①]。企业是职业教育的用户与重要伙伴。学生的专业能力和专业素养最终都会在企业实际工作过程中得以展现,并对企业的经济绩效产生重大影响。所以,行业企业专家参与课程评价,对学校课程目标的实习和企业的利益诉求的实现都很有必要。

综上所述,以江苏省W高职学院体育运营与管理专业为例,其专业课程评价首先建立多元化组合的评价主体,在平等对话与充分交流沟通的前提下,积极主动参与课程评价。课程评价小组主要由17人组成,包括校内外高等职业教育课程与教学专家3名,校内专业课程教师3名、学校教学运行管理者2名,合作企业师傅2名、非合作企业师傅1名,行业专家3名,大三在校学生1名、毕业1—3年毕业生2名。

(2)建立评价指标体系。建立指标体系是评价工作程序中非常重要环节和核心问题。其作用是对评价对象行为的质的导向。指标体系的建立过程,也是人们价值认识取得一致的过程。所以说,只有建立科学合理的指标体系,实行分项评价才是科学的[②]。评价指标体系的构成要素主要包括评价指标、指标权重、评价标准3个方面。

---

① 肖凤翔,史可可.简论职业教育利益主体的演变[J].职教论坛,2012(13):8-11.
② 姜凤华.现代教育评价——理论·技术·实践[M].广州:广东人民出版社,2003:20-22.

评价指标具有具体化可操作的特征。评价体系中的各个指标要根据重要程度等逻辑性进行层次分解。在分解时,有必要考虑新出现的和潜在的因素,以确保评估系统的完整性。初拟指标还应注意具体性和可操作性,分解成一定程度的指标如果仍然抽象,需要继续分解。根据评估目的的复杂性,课程的总体目标可以分解为几个一级指标,一些一级指标还可以细分为二级指标和三级指标。提出初拟指标,一般以头脑风暴的方法进行研讨,尽可能地找出所有有价值的影响因素,并列为指标。这些指标源于实践经验的总结、研究文献中的陈述、专业人员的咨询等①。

通过头脑风暴、逻辑分析、案例研究调查分析和数理统计法等方法初拟指标体系后,再进行归纳筛选。基于现代学徒制培养模式下的高职体育运营与管理专业的评价指标主要有课程建设标准、课程实施过程和课程实施效果3个一级指标。课程目标、课程内容、教学方法与手段、支撑条件、活动主体状态、学生学习效果评价、校内评价、社会评价等8个二级指标(见表4-9至表4-11)。

表4-9 课程建设标准评价指标及其观测点

一级指标	二级指标	主要观测点
课程建设标准	课程目标	行为性目标
		生成性目标
		表现性目标
		创新性目标
	课程内容	课程内容选取
		课程内容组织与安排
		课程内容呈现形式

表4-10 课程实施过程评价指标及其观测点

一级指标	二级指标	主要观测点
课程实施过程	教学方法与手段	教学方法
		教学手段
	支撑条件	校内外实践教学基地
		企业师傅实践与教学能力
		教学管理制度
		经费保障
	活动主体状态	教师(师傅)教学态度
		学生(学徒)学习态度

---

① 陈玉琨.教育评价学[M].北京:人民教育出版社,1999:35-36.

第4章 基于现代学徒制的高职体育类专业课程体系构建——以体育运营与管理专业为例

表4-11 课程实施效果评价指标及其观测点

一级指标	二级指标	主要观测点
课程实施效果	学生学习效果评价	专业理论考核成绩
		专业实践能力态度
	校内评价	学生评价
		校内专业教师评价
		教学管理人员评价
	社会评价	行业企业专家评价
		企业师傅评价
		毕业生评价

评价指标体系中的各级指标与主要观测点评定以后,需要确立个评价指标的具体权重。权重体现了不同因素在影响目标达成度方面具有不同的重要性。某一因素的权重的意义是指,在其他因素相对不变的情况下,该因素的变化对目标达成度的影响。权重的分配一般采用主、客观相结合之方法。

确定权重的方法主要包括两种。一种是经验判断法,是通过获取有经验的专家学者的经验、知识和能力,依靠他们的科学经验判断确定权重集合。研究方法中常见的专家咨询就属于此类。另一种是数理统计法,指的是通过数理统计等数据处理确定权重的方法。人的培养本身就是一个非常复杂的系统,在高等职业教育课程评价过程中,用非常客观的数字数据获得评权重比较困难,数学模型的可操作性也不强;反之,如果仅仅依靠专家学者的主观判断,也比较难以得出科学的权重集合。大多数情况下,研究都是结合两种方法灵活应用。各种方法都需从指标的高级到低级进行。首先确定一级指标的权重,再确定二级指标权重,依次往下。总目标的权重值一般确定为1,其后每一级指标的权重值之和为1,下一级指标随着指标级别的降低,在总权重值中的贡献量越来越小[①]。

本研究结合研究实际,综合采用了上述两种确定权重方法的层次分析法。层次分析法是美国著名运筹学家萨蒂(T.L.Saaty)于20世纪70年代提出来的一种数学方法。它能把统计数据或观测数据、专家意见和主观判断有效地结合起来,充分利用人的分析、判断和综合能力,适用于结构较为复杂、决策准则较多且不易量化的决策问题[②]。它将定性分析和定量分析相结合,具有高度的有效性、可靠性、简明性和广泛的适用性[③]。其主要步骤如下。

[①] 马良军.高等职业教育专业实践课程评价研究[D].天津:天津大学,2014:172.
[②] 涂艳国.教育评价[M].北京:高等教育出版社,2007:177.
[③] 刘志波.网络课程评价及其评价指标体系的建构[D].西安:陕西师范大学,2003:29-31.

①确定子指标系统。

②将各指标进行相对重要等级两两比较(见表4-12)。如果被调查与访谈的专家人数较多,需求得各个数据的平均数。

表4-12 相对重要性的等级表

相对重要程度	含义	说明
1	同等重要	两者对目标的贡献相等
3	略为重要	一个因素比另一个因素稍微重要

③对结果进行判断倒数矩阵。

矩阵中 a_{ij} 表示第 i 项指标对第 j 项指标的相对重要性等级, $a_{ij}=\dfrac{1}{a_{ji}}$,矩阵的对角线元素均为1,表示任意指标与自身比较为同等重要,赋值为1。n 阶表示指标的总项数。

$$\begin{vmatrix} 1 & a_{12} & a_{13} & \cdots\cdots & a_{1n} \\ \dfrac{1}{a_{12}} & 1 & a_{23} & \cdots\cdots & a_{2n} \\ \dfrac{1}{a_{13}} & \dfrac{1}{a_{23}} & 1 & \cdots\cdots & a_{3n} \\ \cdots\cdots & \cdots\cdots & \cdots\cdots & & \cdots\cdots \\ \dfrac{1}{a_{1n}} & \dfrac{1}{a_{2n}} & \dfrac{1}{a_{3n}} & \cdots\cdots & 1 \end{vmatrix}$$

④根据下列公式求出各指标的权重系数。

$$w_i = \frac{1}{n}\sum_{j=1}^{n}\left(\frac{x_{ij}}{\sum_{i=1}^{n}x_{ij}}\right) \tag{4.1}$$

⑤一致性检验。

无论采用哪种评定权重的方法,对多个因素进行两两比较时,都有可能会产生部分不一致的结论。其中主要有客观事物本身的复杂性因素,还有评价者对客观因素认存在主观多样性,不可能达到完全一致。为了判断矩阵是否具备一致性,可对一致性指标以及检验系数进行计算,判断矩阵一致性。计算公式如(4.2)所示。

$$CI = \frac{\lambda_{max} - n}{n - 1} \tag{4.2}$$

其中: $\lambda_{max} = \dfrac{1}{n}\sum_{i=1}^{n}\dfrac{(a\omega)_i}{\omega_i}$

检验系数公式:CR=CI/RI。RI 指同阶的平均随机一致性指标,可通过表4-13查得。当两两比较矩阵维数越大,判断的一致性就越低,维数较大的两两比较矩阵一致性的要求要降低。需引入 RI 值进行修正。

表 4-13 以容量为 500 样本求得的平均随机一致性指标

阶数	2	3	4	5	6	7	8	9
RI	0.00	0.58	0.90	1.12	1.24	1.32	1.41	1.45

当 CR<0.1 时,则可判断矩阵具有较好一致性,否则必须对判断矩阵进行再次调整[①]。

⑥求得系统中所有指标权重系数。

以计算"课程内容"指标下的重要观测点权重为例,解释计算权重的过程。3 个观测点进行两两比较,计算得到判断矩阵(见表 4-14)。

表 4-14 "课程内容"指标观测点两两比较后判断矩阵

	课程内容选取	课程内容组织与安排	课程内容呈现形式
课程内容选取	1.000	1.500	2.000
课程内容组织与安排	0.667	1.000	1.500
课程内容呈现形式	0.500	0.667	1.000

"课程内容选取"观测点权重系数为:

$$\omega_{内容选取} = \frac{1}{3}\left(\frac{1}{1+0.667+0.5} + \frac{1.5}{1.5+1+0.667} + \frac{2}{2+1.5+1}\right) = 0.460$$

"课程内容组织与安排"观测点权重系数为:

$$\omega_{内容组织与安排} = \frac{1}{3}\left(\frac{0.667}{1+0.667+0.5} + \frac{1}{1.5+1+0.667} + \frac{1.5}{2+1.5+1}\right) = 0.319$$

"课程内容呈现形式"观测点权重系数为:

$$\omega_{内容呈现形式} = \frac{1}{3}\left(\frac{0.5}{1+0.667+0.5} + \frac{0.667}{1.5+1+0.667} + \frac{1}{2+1.5+1}\right) = 0.221$$

检验"课程内容"指标下观测点权重系数一致性:

---

① 王钢.定量分析与评价方法[M].上海:华东师范大学出版社,2003:381-382.

$$\lambda_{\max} = \frac{1}{n}\sum_{i=1}^{n}\frac{(a\omega)_i}{\omega_i} = \frac{1}{3}\left(\frac{1\times 0.460 + 1.5\times 0.319 + 2\times 0.221}{0.460} + \right.$$

$$\frac{0.667\times 0.460 + 1\times 0.319 + 1.5\times 0.221}{0.319} +$$

$$\left.\frac{0.5\times 0.460 + 0.667\times 0.319 + 1\times 0.221}{0.221}\right)$$

$$= 3.002$$

$$CI = \frac{\lambda_{\max} - n}{n-1} = \frac{3.002 - 3}{3-1} = 0.001$$

RI(3) = 0.58

CR = CI/RI = 0.001/0.58 = 0.001 72 < 0.1

从 CR 的计算结果可以认为,该矩阵满足一致性要求。所以,通过计算"课程内容"指标下所有观测点权重系数(见表 4-15)。

表 4-15　"课程内容"指标观测点权重系数

二级指标内容	观测点	权重系数
课程内容	课程内容选取	0.460
	课程内容组织与安排	0.319
	课程内容呈现形式	0.221

用同样的方法,可以计算出各二级指标以及其观测点权重系数(见表 4-16 至表 4-26)。

表 4-16　"课程目标"指标观测点权重系数

二级指标内容	观测点	权重系数
课程目标	行为性目标	0.366
	生成性目标	0.213
	表现性目标	0.201
	创新性目标	0.220

表 4-17　"教学方法与手段"指标观测点权重系数

二级指标内容	观测点	权重系数
教学方法与手段	教学方法	0.586
	教学手段	0.414

表 4-18 "支撑条件"指标观测点权重系数

二级指标内容	观测点	权重系数
支撑条件	校内外实践教学基地	0.322
	企业师傅实践与教学能力	0.213
	教学管理制度	0.241
	经费保障	0.224

表 4-19 "活动主体状态"指标主要观测点权重系数

二级指标内容	观测点	权重系数
活动主体状态	教师(师傅)教学态度	0.500
	学生(学徒)学习态度	0.500

表 4-20 "学生学习效果评价"指标观测点权重系数

二级指标内容	观测点	权重系数
学生学习效果评价	专业理论考核成绩	0.400
	专业实践能力态度	0.600

表 4-21 "校内评价"指标观测点权重系数

二级指标内容	观测点	权重系数
校内评价	学生评价	0.486
	校内专业教师评价	0.313
	教学管理人员评价	0.201

表 4-22 "社会评价"指标观测点权重系数

二级指标内容	观测点	权重系数
社会评价	行业企业专家评价	0.472
	企业师傅评价	0.416
	毕业生评价	0.112

表 4-23 "课程建设标准"指标下的二级指标权重系数

一级指标内容	观测点	权重系数
课程建设标准	课程目标	0.400
	课程内容	0.600

表 4-24 "课程实施过程"指标下的二级指标权重系数

一级指标内容	观测点	权重系数
课程实施过程	教学方法与手段	0.201
	支撑条件	0.313
	活动主体状态	0.486

表 4-25 "课程实施效果"指标下的二级指标权重系数

一级指标内容	观测点	权重系数
课程实施效果	学生学习效果评价	0.573
	校内评价	0.192
	社会评价	0.235

表 4-26 一级指标的权重系数

二级指标内容	权重系数
课程建设标准	0.284
课程实施过程	0.402
课程实施效果	0.314

在推算出各级指标在上一级指标体系中的权重后,可以得出末级指标(即观测点)在整个课程评价指标体系中的权重。方法是将相应各级指标权重系数进行连乘。得出基于现代学徒制的高职体育运营与管理专业课程评价指标体系的权重(见表4-27)。

表 4-27 体育运营与管理专业课程评价指标权重系数

一级指标	二级指标	主要观测点	权重(%)
课程建设标准	课程目标	行为性目标	4.2
		生成性目标	2.4
		表现性目标	2.3
		创新性目标	2.5
	课程内容	课程内容选取	7.9
		课程内容组织与安排	5.4
		课程内容呈现形式	3.8
	教学方法与手段	教学方法	4.7
		教学手段	3.2

(续表)

一级指标	二级指标	主要观测点	权重(%)
课程实施过程	支撑条件	校内外实践教学基地	4.1
		教师实践能力与教学能力	2.7
		教学管理制度	3.0
		经费保障	2.8
课程实施效果	活动主体状态	教师教学状态	9.8
		学生(学徒)学习状态	9.8
	学生学习效果评价	专业理论考核成绩	7.2
		专业实践能力态度	10.7
	校内评价	学生评价	2.9
		校内专业教师评价	1.7
		教学管理人员评价	1.2
	社会评价	行业企业专家评价	3.4
		企业师傅评价	3.1
		毕业生评价	1.2

第 5 章 个案研究：江苏省 W 高职院校体育运营与管理专业现代学徒制的实践探索

5.1 江苏省 W 高职院校体育运营与管理专业现代学徒制实践背景

在我国现代职业教育人才培养过程中，现代学徒制已经成为校企联合育人的重要创新模式，在 20 世纪 90 年代末就曾被提及过，但是没有在国家层面和全国范围内形成国家制度。2014 年以来，现代学徒制成为职业院校研究与实践的一大趋势，从国家到地方政府部门，再到教育部门和各级学校，一系列文件的颁布，支持与保障了这一制度的全面推行。全国高职院校响应政府部门的号召，积极探索实施现代学徒制试点与推进工作。

2019 年 5 月 1 日，《江苏省职业教育校企合作促进条例》正式实施，江苏省着力打造一批产教融合领军学校。在省范围内全面推行现代学徒制，每年通过评选认定 100 家产教融合型企业，进而激发了企业参与职业教育的内生动力。

江苏高等职业教育被誉为全国高职的"高原"。截至 2017 年，江苏省有独立设置的高职院校 90 所，在校生 68.50 万人，近 5 年毕业生 117.65 万人，初次就业率保持在 95% 左右。高等职业教育在服务江苏经济建设和社会发展中探索、转型、跨越、提升，不断发展壮大，起到了重要的作用。2015 年招生 19.2 万人，占全省高校招生总数的 42.8%；在校生 68.3 万人，占高等学校在校生总数的 39.8%。在稳定规模的同时，高职院校内涵建设水平和服务能力持续提升。江苏省有 15 所院校入选国家示范（骨干）高职院校项目，省级以上示范高职院校占比 50%。截至 2014 年底，全省高职院校生师比为 14.4∶1，"双师"素质专任教师比例平均为 72.6%；拥有科技人员、工程师 13 612 人。2014 年全省高职院校通过各种渠道获得科技经费 4.0 亿元，承担各类科技项目 3 712 项。全省建成 20 个有特色、成规模、效果明显、影响广泛的省级职业教育集团。江苏省连续 5 年在全国高职院校学生技能大赛中获得团体第一名，合作机构与项目达到 235 项。

2014 年，国家级职业教育教学成果奖江苏高职获奖 36 项（一等奖 6 项、二等奖

30项),获奖总数全国第一。全省高职院校主持的国家级专业教学资源库项目17项,占立项总数88项的近1/5。高度重视了创新创业教育和技能精英培养,在职业院校技能全国大赛中连续7年获得冠军。全面提升了学生文化素养,强化了社会主义核心价值体系对学生精神风貌、思维方式、价值取向及行为规范的重要影响。全省高职院校拥有学生社团4 342个,每校平均52个。学生对母校满意度为85%。2014年全省高职毕业生就业率达到97.3%,连续10年保持在92%以上。

江苏省高等职业教育的服务能力不断增强。近年来,江苏高等职业教育建立了对接产业发展需求的专业动态调整机制,2015年增设工业机器人技术、移动互联应用技术、网络营销、城市轨道交通等专业35个,全省高职院校现有专业数420个、专业布点数2863个,涵盖26个专业大类,专业结构与布局紧密对接江苏省产业结构分布。坚持"服务发展、促进就业",发挥高等职业教育地方性和行业性特点,重点服务区域发展、企业特别是中小微企业发展。2014年,全省高职院校共签订技术市场交易合同2 144项,成交总金额2.7亿元。2015年,全省高职院校毕业生本地就业率57.4%,在中小微企业等基层服务的学生比例达70%。

2015年,教育部确定了第一批现代学徒制试点单位,一共有165家,来自13个行业协会,共有8家企业、100所高职院校和27所中职学校,江苏省共有1家企业和6所高职院校进入名单。试点工作开展以来,江苏省各试点高职院校积极推行项目建设,从项目基础到项目过程等都得到逐步完善和认可。2017年,教育部公布的第二批试点院校名单中,江苏省又有4所高职院校和5所中职学校被确定为试点单位。同时,江苏省遴选了52家企业、29所职业学校、37个专业进行省级试点工作①。2018年,教育部公布的第三批试点院校中,江苏省共有7所高职院校入选。

江苏省《国民经济和社会发展第十三个五年规划纲要》(苏政发〔2016〕35号)提出,加大推广工学结合和校企合作技术工人的培养模式和力度,加快人才强省建设。到2020年,人力资本投资占GDP比重达17%,每万名劳动者中高技能人才由616人提高至700人②。江苏省委印发的《关于聚力创新深化改革打造具有国际竞争力人才发展环境的意见》也指出"培养技艺精湛的技能人才。建立健全技术技能人才培养体系,推行学徒制、'双导师制'、'双元制'职业教育"③。近年来,江苏经济与全国其他省份一样,出

---

① 彭召波.江苏推进现代学徒制的实践与探索[J].职业技术教育,2017(27):52-57.
② 江苏省人大常委员会网站.江苏省国民经济和社会发展第十三个五年规划纲要[EB/OL].http://www.jsrd.gov.cn/huizzl/qgrdh/20181301/sycy/201802/t20180227_491059.shtml.
③ 中国江苏网.关于聚力创新深化改革打造具有国际竞争力人才发展环境的意见[EB/OL].http://jsnews.jschina.com.cn/swwj/201701/t20170125_16429.shtml.

现了因产业转型升级而造成的高素质技术工人缺乏的局面。在苏、锡、常地区,有3 000家以上企业仅"工业机器人的制造与操作岗位"就缺少10多万相应的技术技能人才。建立现代学徒制已经成为职业教育主动服务江苏经济社会发展,推动职业教育和劳动就业体系互动发展,拓宽技术技能人才培养通道的战略选择①。

5.2 江苏省W高职院校体育运营与管理专业现代学徒制实践举措

江苏省W高职院校创建于20世纪50年代,为现代化社会建设各行业培养了大量高素质技术技能人才。学校建有国家级重点建设专业、精品课程、资源共享课程、教育部现代学徒制试点专业等多个。学校全面深化课程改革,深度优化教学标准,系统改革人才培养方案,探索复合型、创新型卓越技术技能人才培养新模式。近年来,获得国家教学成果奖多项,省级教学成果各奖项多项。学校与社会各行业领军企业实施现代学徒制项目数十个。

江苏省W高职院校体育运营与管理专业顺应专业发展和产业趋势,与江苏省内多家健身行业企业进行现代学徒制试点工作,在人才培养的诸多方面开展创新实践。

5.2.1 人才培养机制举措

W高职院校体育运营与管理专业实施基于现代学徒制课程改革和教学创新,由W高职院校与H健身有限公司合作,构建校企双主体育人平台,成立了工作领导小组,负责在"双主体"创新育人机制中的重要决策、监督和管理领导小组,并在学院教务处设立办公室和成立专业改革小组。在人才培养过程中,明确双主体(学校和企业)职责。学校现代学徒制管理办公室负责学籍管理、各项管理制度的制度和统筹、在校课程的安排与考核。企业负责选拔高水平优秀技术技能型企业骨干作为师傅,指导传授学生实践技能技术。合作企业建设系统的学徒工作岗位和实践教学场所,接纳学生学徒毕业后到合作企业就业。校企双方共同商讨参与课程建设和培养方案的制订,一起确立学生与学徒的双重身份,共同加强师资队伍培养、教学条件改善,实现招生、招工同步,形成校企"一体化"育人机制。

学院和江苏省H健身有限公司等合作企业签订订单培养,共建体育运营与管理专业,在招生层面、学生管理方面、人才培养方案制订方面共同协商实施。专业师资队伍由

---

① 中华人民共和国教育部网站.关于开展现代学徒制试点工作的意见[EB/OL].http://old.moe.gov.cn/publicfiles/business/htmlfiles/moe/s7055/201409/174583.html.

学校教师和企业技术人员共同组成。在学院需求时,企业技术人员可以完成教师工作;在企业需求时,学院教师也是企业员工。企业设备、场地随时为学徒实习提供条件。专业建设实行"双带头人制"。课程体系建设和实践实施由校企双方负责人共同完成,共同参与人才培养的全过程。学校、企业和学生签订培养三方协议,企业参与学院现代学徒制班级招生工作,录取的学生既是学校在校生,也是企业预备员工,双方共同签订校企合作协议,实行招生与招工同步。为保障现代学徒制的顺利进行,江苏省 H 健身有限公司等合作企业提供与学生学费等额的奖学金,同时根据学徒的学习工作表现,提供教育培训经费,用于学徒培养和发展。

5.2.2 人才培养模式举措

学校在系统推进校企合作、产教深度融合人才培养模式改革的基础上,成立专业建设委员会,确定完善"双主体"育人培养机制。工学交替时间分配为:2/5 时间在校学习相关职业理论基础与技术基础课程,3/5 时间在企业典型工作岗位学习,接受企业师傅的指导,开展与专业职业岗位对应的工作。通过完成在校课程的学习,并在企业学习掌握了一定的技术技能,再通过体育行业特有工种的国家职业资格培训与考核,同时可获得职业资格证书和江苏省 W 高职院校专科学历证书。

通过实践,体育运营与管理专业形成了"学生—学徒—员工"三位一体的工学交替人才培养模式(见图 5-1)。在这 3 年,第一学年以学校育人为主,企业训练为辅,在企业完成 2 周的专业认知学习实习和企业高级管理人员、技术骨干定期开展的企业文化知识讲座的学习,使学生对所学知识和未来从事的岗位,以及企业员工的基本素质要求有初步认识。第二学年,学生在校学习专业技术理论、训练专业基本技能,通过岗位认识实习等企业课程,培养专业技术能力。第三学年第一学期,学生根据自己特长,选择专业方向,在学校学习专业方向理论,训练专业通用技能,根据企业岗位需求完成 8 周岗位技能训练;第三学年第二学期,学生完全进入合作企业上岗实习,由企业师傅和专业教师共同负责,进行技能训练和指导,完成岗位专项技能训练,岗位专项技能训练结束后,学生要获得相应行业与工种职业资格证书,取得入职后的上岗资格证;通过每学年的学校课程和企业课程的交替进行试炼,实现工学交替;在企业课程和理实一体课程的实践项目中,采用师傅带徒弟的教学模式;师傅亲自向徒弟传授技术与服务技能,训练其岗位工作技能,增强所培养毕业生的针对性;符合行业的发展趋势,合作企业接纳全部学徒制毕业生就业。

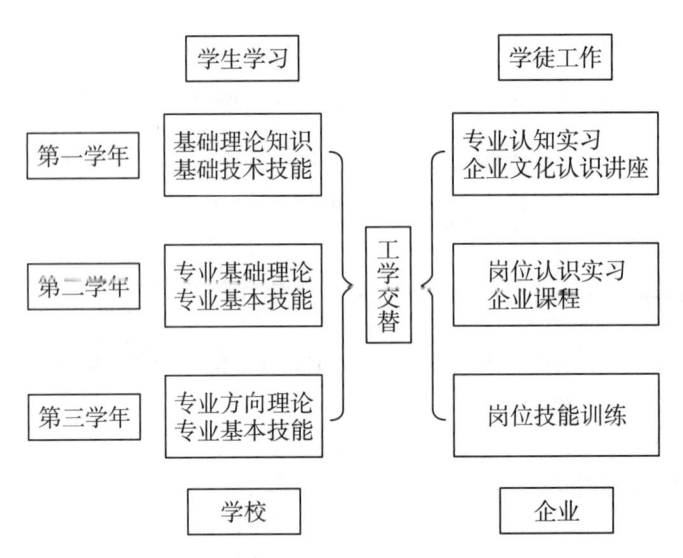

图 5-1 体育运营与管理专业"三位一体、工学交替"人才培养模式

5.2.3 课程体系建设举措

通过行业企业供需调研、职业能力分析、典型工作岗位分析等工作后,开展职业能力与知识点的分析与解构,再通过课程体系连接岗位能力要求与技术技能知识之间的关系。以实践性教学为主线,将企业岗位标准及相应的职业标准与学校课程、教学评价等融为有机的整体,开发、完善符合现代职教体系规律,符合现代学徒制发展特色的"学校+企业"双轨并行的课程内容体系。

2017年10月18日,习近平同志在十九大报告中指出,实施健康中国战略。在健康中国建设国家战略背景下,江苏省W高职院校体育运营与管理专业在现代学徒制试点过程中,结合当前国家发展目标,根据行业发展趋势,分析企业典型工作岗位的职业能力,再进行螺旋式课程模块的构建,并结合人才成长规律与行业企业岗位的技术需求于岗位职责,将体育运营与管理专业课程内容体系划分为4个模块,即职业素质养成、专业技术技能基础、岗位(群)技术技能和学徒个人职业发展需求课程模块(见图5-2)。

第 5 章 个案研究：江苏省 W 高职院校体育运营与管理专业现代学徒制的实践探索

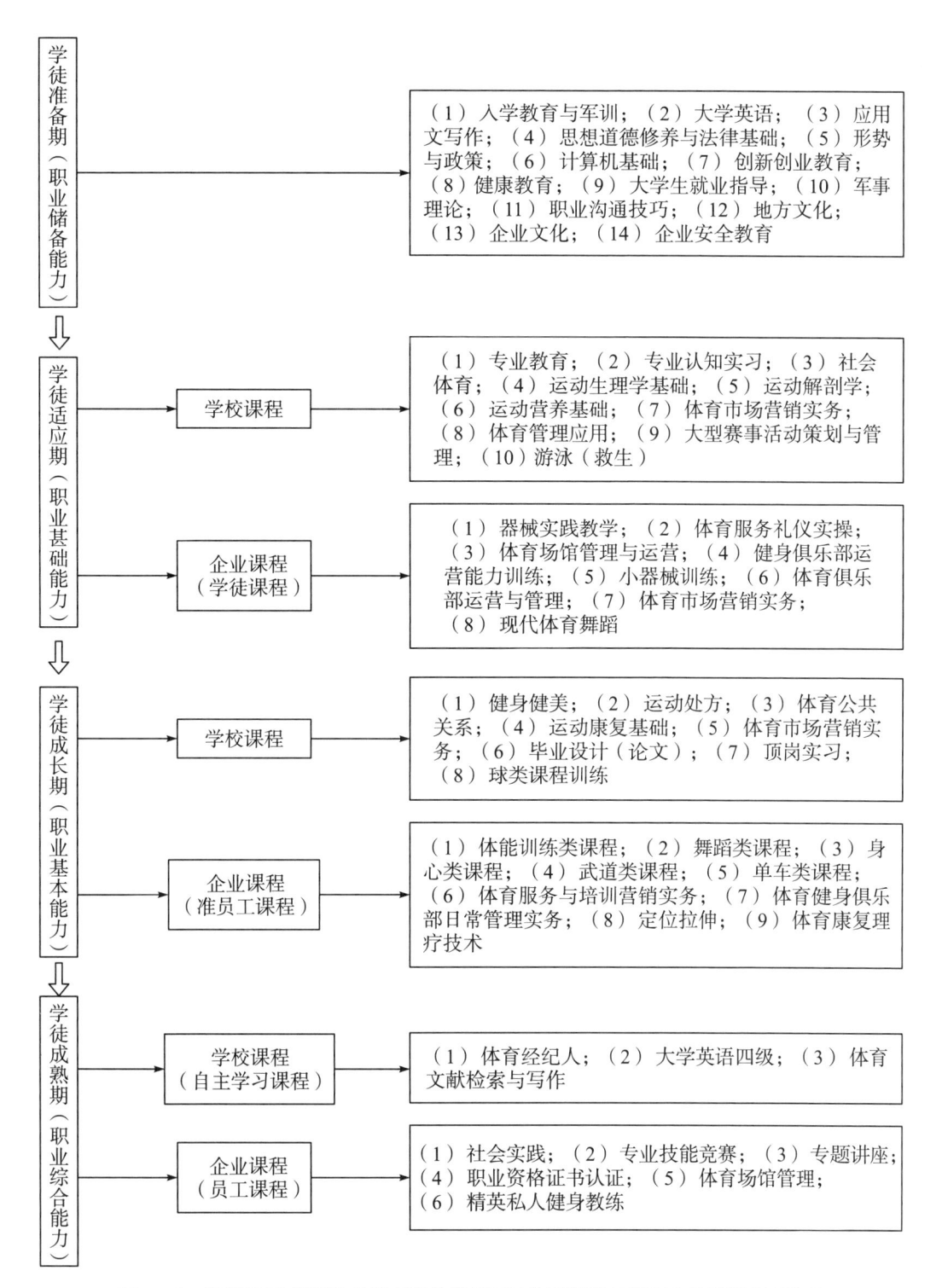

学徒准备期（职业储备能力）
（1）入学教育与军训；（2）大学英语；（3）应用文写作；（4）思想道德修养与法律基础；（5）形势与政策；（6）计算机基础；（7）创新创业教育；（8）健康教育；（9）大学生就业指导；（10）军事理论；（11）职业沟通技巧；（12）地方文化；（13）企业文化；（14）企业安全教育

学徒适应期（职业基础能力）

学校课程：（1）专业教育；（2）专业认知实习；（3）社会体育；（4）运动生理学基础；（5）运动解剖学；（6）运动营养基础；（7）体育市场营销实务；（8）体育管理应用；（9）大型赛事活动策划与管理；（10）游泳（救生）

企业课程（学徒课程）：（1）器械实践教学；（2）体育服务礼仪实操；（3）体育场馆管理与运营；（4）健身俱乐部运营能力训练；（5）小器械训练；（6）体育俱乐部运营与管理；（7）体育市场营销实务；（8）现代体育舞蹈

学徒成长期（职业基本能力）

学校课程：（1）健身健美；（2）运动处方；（3）体育公共关系；（4）运动康复基础；（5）体育市场营销实务；（6）毕业设计（论文）；（7）顶岗实习；（8）球类课程训练

企业课程（准员工课程）：（1）体能训练类课程；（2）舞蹈类课程；（3）身心类课程；（4）武道类课程；（5）单车类课程；（6）体育服务与培训营销实务；（7）体育健身俱乐部日常管理实务；（8）定位拉伸；（9）体育康复理疗技术

学徒成熟期（职业综合能力）

学校课程（自主学习课程）：（1）体育经纪人；（2）大学英语四级；（3）体育文献检索与写作

企业课程（员工课程）：（1）社会实践；（2）专业技能竞赛；（3）专题讲座；（4）职业资格证书认证；（5）体育场馆管理；（6）精英私人健身教练

图 5-2 江苏省 W 高职院校基于现代学徒制的体育运营与管理专业课程内容体系

5.2.4 课程资源开发举措

课程资源的开发创新一定程度上决定着高职院校职业能力培养质量高低。课程资源的开发建设需要根据现代学徒的学习行为习惯,开发适应碎片化、移动式学习的课程资源,比如微课、视频、电子教材等,并提供实时的网上技能考核试题资源库、案例库(见图 5-3)。

参考国家体育总局职业资格鉴定中心的考核与培训标准,引入职业标准和企业岗位工作标准,参照国家体育行业职业资格标准,选取典型工作岗位的职业任务流程,选取课程内容,开发学徒学习手册、导师指导手册、课程视频库、课程案例库、微课资源库、实训指导手册、仿真实训项目、自主学习资源、训练试题题库等教学资源,为学生自主学习提供丰富的教学资源。学校与企业共同根据行业发展的标准和需求进行系统化的课程资源开发。

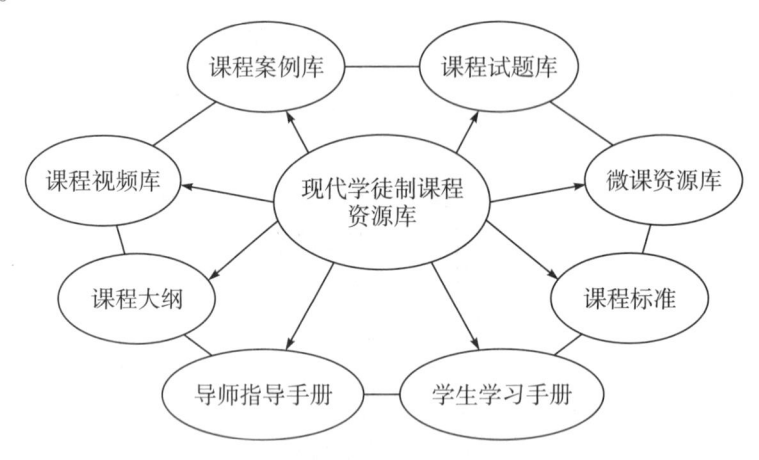

图 5-3 体育运营与管理专业现代学徒制课程资源库

5.2.5 教学团队建设举措

培养双师素质和水平的师资队伍,选聘在体育行业、企事业单位的专家、典型岗位工作的骨干、能手和管理人员担任企业师傅,同校内专任教师一起负责实施现代学徒制课程教学,制定企业师傅聘任的方法、双方各自的权责以及工作考核,并实施双导师聘任互聘制度,建成来源丰富、岗位齐全的企业师傅资源库。通过在学校成立名师工作室,在企业成立技师工作室,保障课程实施的高质量完成。开展双方人员师资互聘,共同开发开展横向课题研究,对双方师资的能力提升和内涵培养有重大推进作用。

根据专业教学的需求,江苏省 W 高职院校体育运营与管理专业聘任健身有限公司经理为兼职专业带头人。10 名体育行业、企业的经理级别的管理人员为核心课程的兼职负责人,负责一线工作岗位的技术人员和管理人员,承担带徒弟的教学任务,形成了企业导师资源库,并配合企业对企业师傅成员进行动态管理,根据学徒数量、学徒岗位要求动态调整带徒师傅人员及数量。学校成立名师工作室,在企业建立教师流动工作站,培训企业师傅教学能力,开展校级研讨活动。

专业教学与管理团队的分工情况如图 5-4 所示。

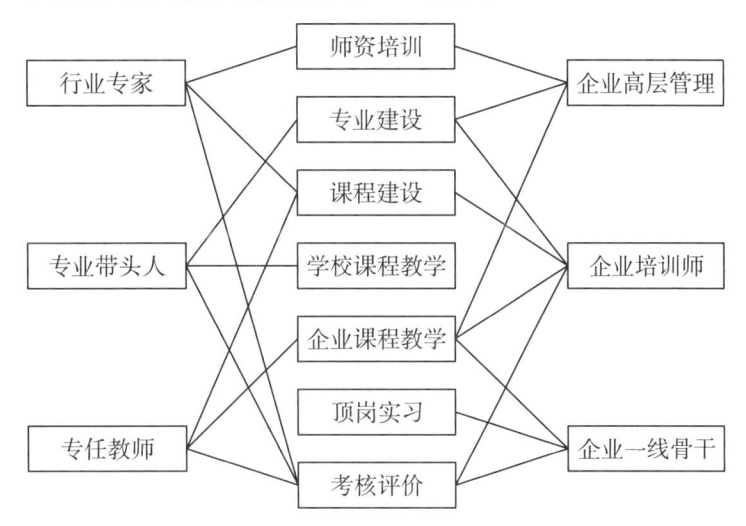

图 5-4 江苏省 W 高职院校体育运营与管理专业教学团队及分工

5.2.6 教学条件建设举措

实践实训教学条件是现代学徒制课程目标实现的重要保障和条件之一。校企双方应以"共建、共享、共管、共赢"为原则,开展深度合作,依托学校实训基地,整合校内外实训基地和企业工作岗位,探索在企业共建"厂中校",在学校共建"校中厂",为学徒学习提供完善的实践教学环境。

体育运营与管理专业根据现代学徒制培养模式的特点,结合行业企业的最新发展规范与动态,建成了校内外功能完备的一体化实训实践教学基地(见表 5-1、表 5-2)。

表 5-1 体育运营与管理专业校内实训中心建设情况

序号	名称	面积(平方米)	位置	管理员
1	运动人体科学实训室	100	体育馆	王××
2	生命健康安全体验实训室	100	体育馆	王××
3	运动康复实训室	100	体育馆	王××
4	人体测量与运动指导实训室	100	体育馆	王××
5	体能训练实训室	100	体育馆	王××
6	营养与健康管理实训室	100	体育馆	王××
7	身心素质职业技能训练基地	500	体育场	谢××
8	高尔夫运动实训室	50	体育馆	刘××

(续表)

序号	名称	面积(平方米)	位置	管理员
9	体育营销实务模拟实训中心	150	计算机中心	刘××
10	其他办公室、仓库等功能房	100	体育馆	王××

表 5-2　体育运营与管理专业校外实训中心建设情况

序号	名称	面积(平方米)	合作属性
1	江苏省××市体育场馆运营与管理有限公司	800	紧密合作型
2	江苏省健身有限公司××分公司	500	深度合作型
3	江苏省 H 健身俱乐部	500	深度合作型
4	江苏省××市体育医院	300	一般合作型
5	江苏省××市全民健身中心游泳馆	500	紧密合作型

5.2.7　教学组织管理举措

根据学历教育与企业学徒要求,校企双方共同成立体育运营与管理专业现代学徒制工作小组(见表 5-3),校企共同制定企业师傅管理办法和学徒(学生)管理办法等 20 多个教学管理制度文件,明确校企双方在人才培养体系中的组织与管理工作中的标准、内容、程序和职责。校企共同参与现代学徒制的教学管理运行全过程。学生在校内课堂,通过专业教师的教授,加强专业理论学习与知识储备,以及专业单项和综合技能的培训。在掌握了一定基础的基本理论后,学生在企业实践教学场所,在师傅的现场教学与实践指导下完成学习过程,取得行业通用的实践技能和实际工作经验,再进行校内的专业理论学习。这种双身份交替的过程能够实现专业理论知识和岗位技术技能的螺旋式提升。

表 5-3　江苏省 W 高职院校体育运营与管理专业现代学徒制工作小组成员一览表

姓名	职称/职务	工作单位	小组职务	主要工作
周××	教授	江苏省 W 高职	组长	试点条件保障、工作整体推进
谢××	教授	江苏省 W 高职	副组长	人才培养模式创建
王××	副教授	江苏省 W 高职	副组长	现代学徒制的制度建设与机制开发
刘××	副教授	江苏省 W 高职	副组长	人才培养方案制订、专业建设标准
张××	总经理	江苏省 W 健身有限公司	副组长	制度建设与企业课程开发
胡×	部门经理	江苏省 W 健身有限公司	成员	开展实践教学、课程开发

在分段交替的基础上,利用每学期健身行业周期性的用人高峰期,采取"一师多徒"

"一徒多师""一师一徒"等形式,安排学生进行企业课程学习。在专业认知实习期间,采用"一师多徒",一般一位师傅带 10 位徒弟。在岗位体验实习期间,采用"一徒多师"与"一师一徒"相结合的方式。为保证带徒教学质量,对师傅带徒弟的数量严格控制,一般一位师傅带徒不超过 3 人。在此期间,师傅在固定的工作岗位上,学徒则在全部典型工作岗位进行轮换实践。在顶岗实习期间,采用"一师一徒"的方式,每位学生接受一位师傅的采用现场教学方式,在师傅的指导下完成学习任务,掌握岗位训练技能(见图 5-4)。

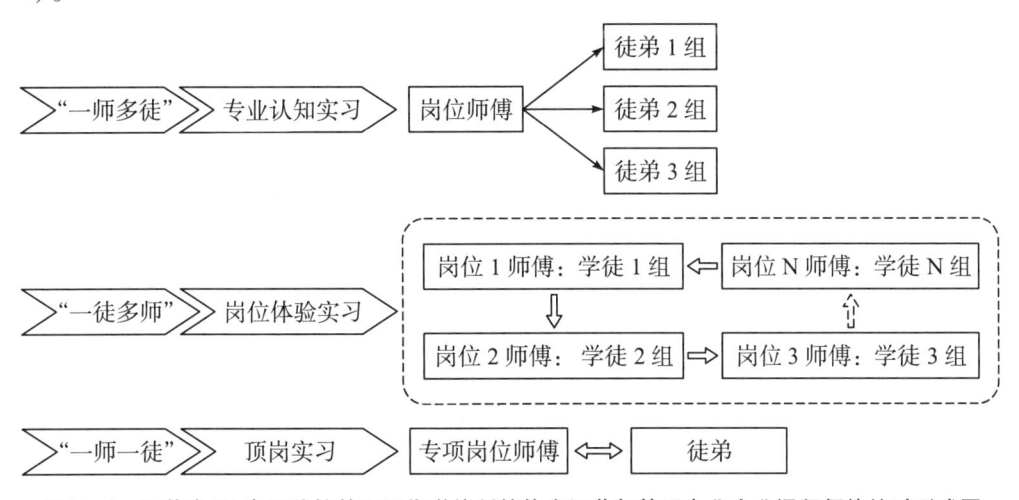

图 5-4 江苏省 W 高职院校基于现代学徒制的体育运营与管理专业企业课程师徒结对形式图

5.2.8 质量监控评价举措

学徒制最初目的是为了解决青年就业、提升青年的劳动技能,发展到今天,世界各国政府的目的已经调整为适应产业结构调整、产业转型和技术升级、提升劳动力素质和技能的一种职业教育制度。然而,并非所有的学徒都是适合这种培养模式。在培养过程中有时候会因为学徒自身原因退出学徒培养,有时候由于没能通过考核而退出学徒培养。所以说,现代学徒制是一种筛选机制。筛选的意义体现在对学徒的职业素养和能力做出识别和考核,衡量是否达到培养目标,是否适合在其所学职业领域继续发展。

在校企联合培养现代学徒制模式过程中,通过对学徒阶段性学习成果和终结性学习成果进行多元交互的考核和评价,判断学徒的素养、能力能否胜任学徒岗位工作,能力的成长是否匹配学徒岗位成长。考核评价工作贯穿于整个学徒培养期。

通过对学徒、导师、教学管理部门等学徒制人才培养各参与方进行考核,可以检验学习、教学、指导和管理的效果,也可以提供下一步学习和工作的路径和思路,力图保障学徒培养目标的实现,从而构建多方交互考核评价机制(见图 5-5)。

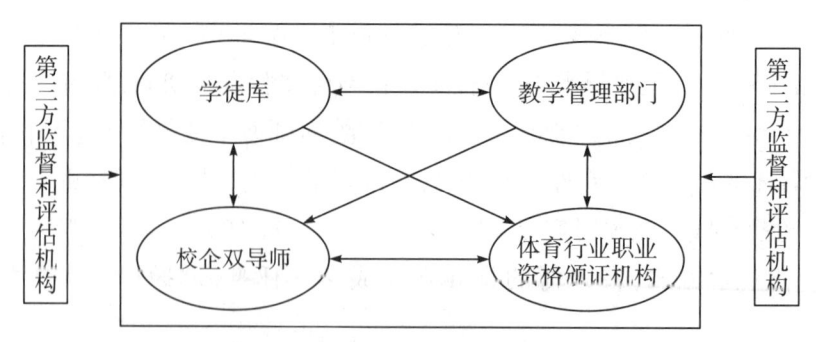

图 5-5 体育运营与管理专业现代学徒制多方交互评价机制图

在建立完善多方交互评价机制后,就可以按照机制的路径设计基于学徒学习全过程的评价体系。

要由校企双方共同组建质量监督与评价小组,对学徒学习过程和学习效果的考核,建立基于学徒学习全过程的多元化评价体系(见图 5-6),力图能全过程、全方位、多维度地来考核学徒的学习和成长。其中,职业素质养成课程模块以学校老师考核为主,专业基础技术技能课程模块与岗位(群)技术技能课程模块由校企"双导师"共同考核,校内导师主要考核学徒的知识和素养,企业导师主要考核实践任务的完成情况。学徒个人职业发展需求课程模块以企业导师(师傅)考核为主,主要考核学徒岗位技能和岗位工作情况在考核的时候综合考虑学徒学习态度、学习记录、团队协作、技能训练结果、期末考核结果、企业师傅提供的学徒实践报告、院校教师提供的学徒课程报告等内容,评估学徒在岗培养的效果。

体育运营与管理专业依据专业人才培养方案,从教师(师傅)课堂(现场)教学、学生(学徒)学习效果出发,每门课程都制订细化的课程考核方案,实施校企共同评价。企业课程以企业考核为主,理实一体化课程以学校考核为主,将学生自我评价、教师评价和企业师傅评价纳入学生的综合评价标准。

考核评价由课程与教学专家、教学管理者、校内任课教师、企业师傅、学生、行业企业专家共同组建,确定培养全过程、真实情境化综合考核,由此提高了技术技能型人才培养质量,为企业提供了高质量的劳动者,满足了企业生产与社会发展的需要。

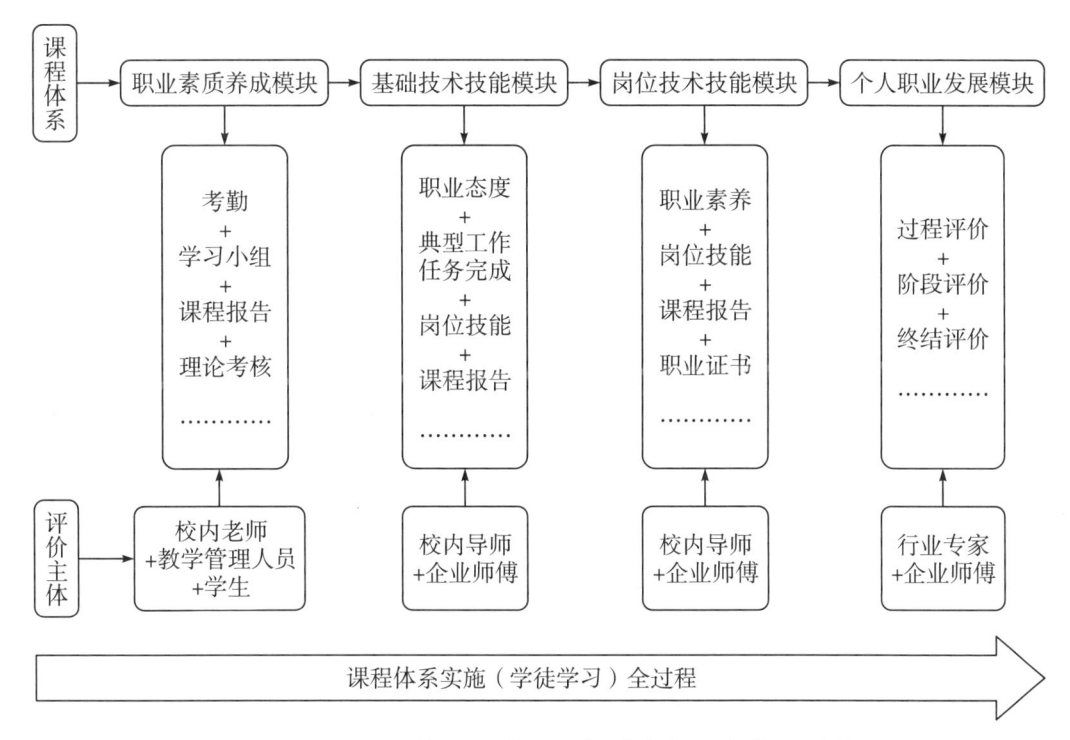

图 5-6　现代学徒制基于课程体系实施(学徒学习)全过程评价体系

5.3 基于现代学徒制江苏省 W 高职院校体育运营与管理专业人才培养方案

5.3.1 人才培养方案（学校）

基本信息

（1）专业名称:体育运营与管理;(2)专业代码:670408;(3)招生对象:普通高级中学毕业生(体育加试)、中等职业学校毕业或具备同等学力;(4)基本修业年限与学历:年限:三年;学历:专科。

人才培养方案开发流程

（1）开发指导思想。专业人才培养方案开发要坚持以服务为宗旨,以就业为导向,走产教深度融合结合发展道路的方针,遵循教育人才培养规律,以培养学生的职业能力为根本目标,以典型工作岗位技能要求,参考行业职业资格标准的具体要求,适应新时代社会经济发展和科技进步的需要,深化职教体系改革。着力培养学生专业职业技术能力和社会能力,强调学生职业道德、专业能力和职业综合能力共同发展的思路。

（2）开发流程。通过对行业的充分调研,对企业的工作岗位进行调研分析,对合作企业学徒岗位的岗位工作任务以及岗位需要的职业素质和技能要求进行分析,明确现代学徒制的人才培养定位和培养目标,进而选择课程内容,构建螺旋式课程体系,并且编制专业核心课程的实施方案(见图5-7)。

行业企业调研 → 职业能力分析 → 课程体系构建 → 课程与教学标准编制

图5-7 专业人才培养课程与教学标准编制流程图

职业工作任务描述

(1)工作任务1:体育用品或服务营销。

工作任务描述。在体育用品或体育服务营销方面必须具备的能力,即具有体育市场的调查、分析、预测的基本能力,掌握基本营销技能,具有商务谈判技巧,能够组织策划体育市场活动、票务销售、体育消费市场的调研与开发等。就业岗位主要有体育用品或服务客户专员、营销专员、体育市场开发员、体育会展专员、体育场馆、俱乐部会籍营销等。

工作流程。能运用所学知识和技能,进行以下工作,即能在对体育市场进行调查分析的基础上,进行组织策划体育市场活动,进行体育用品或体育服务的营销等工作。

(2)工作任务2:体育场馆的经营与管理。

工作任务描述。在大型体育场馆、体育休闲俱乐部、各类体育装备工商企业胜任体育场地管理、会展接待和管理、体育器材维护和管理等岗位的服务与管理工作。主要就业岗位是体育场馆经理、体育会展专员、体育场馆物业管理员、体育场馆客户专员。

工作流程。能运用所学知识和技能,进行体育场馆无形资产的招商、体育场馆物业管理、场馆客户的接待服务管理、体育场馆消费会员管理等。

(3)工作任务3:体育健身指导。

工作任务描述。在体育场馆、体育休闲健身场所、体育会所、各类体育培训机构等能胜任体育项目的技术指导、体育健身过程指导等岗位的服务与指导工作。主要就业岗位是体育健身场馆教练、各类体育培训机构教师、各类大型活动健身指导员。

工作流程。能运用所学知识和技能,在体育场馆、体育健身场所、体育会所以及各类体育培训机构等对不同健身锻炼人群、不同体育项目进行针对性的健身指导,在各类健身培训机构进行健身指导与健身康复等服务与指导工作等。

(4)工作任务4:体育赛事与活动运营与管理。

工作任务描述。在体育场馆、体育俱乐部、体育会所、各类体育培训机构等能胜任体育赛事与活动的策划运营、服务管理等岗位的服务与指导工作。主要就业岗位是体育健身场馆主管、各类体育培训机构主管、各类大型活动赛事组织者。

工作流程。能运用所学知识和技能,在各类体育场馆、体育俱乐部、体育会所、各类体育培训机构进行体育赛事与活动的策划运营、服务管理等岗位的服务与指导工作。

人才培养目标

本专业培养理想信念坚定,德、智、体、美、劳全面发展,具有一定的科学文化水平,良好的人文素养、职业道德和创新意识,精益求精的工匠精神,较强的就业能力和可持续发展的能力;掌握本专业知识和技术技能,面向体育和商务服务行业的健身和娱乐场所服务人员、体育经纪人、其他文化体育和娱乐服务人员、商务专业人员等职业群,能够从事体育赛事的组织和实施、体育场所的管理和服务、体育培训的市场推广以及体育装备的市场营销等工作的高素质技术技能人才。

毕业生质量标准

(1)能力目标。

①能对体育企业进行管理和服务;②能对体育市场的进行调查、分析、预测与开发;③能进行体育产业推广;④能进行体育中介活动或咨询服务活动;⑤能对体育用品、体育赛事、体育品牌进行营销策划;⑥能在体育场馆、高尔夫球场、会所、俱乐部各类活动场所进行活动项目的组织策划;⑦能在群众体育活动中运用知识和应用能力进行健身活动的组织与服务;⑧能熟练地处理体育市场客户关系;⑨能处理体育市场公关事和进行体育市场商务谈判;⑩能对各类体育场地器材进行维护、操作。

(2)知识目标。

①了解团队管理、团队培训、团队指导的一般知识;②了解社会、行业、企业等组织策划活动相关的基本知识;③了解对体育场馆、器材管理与维护的基本知识;④理解体育产业的营销与管理的相关知识;⑤理解本专业必需的人体解剖与生理基础、运动损伤防治技术、推拿与保健等基本知识;⑥掌握一定的基础文化知识、人文社会科学知识、外国语和信息化知识;⑦掌握本专业较强的运动指导专业知识;⑧掌握本专业必需的体育专业知识与有氧操、健身健美、球类、游泳与救生等项目的基本知识。

(3)素质目标。

①思想素质。a.热爱祖国,拥护党的路线,具有坚定的政治信念;b.努力学习新时代中国特色社会主义思想等重要思想。

②职业素质。a.热爱本职工作,具备尽职尽责的职业道德与职业修养;b.实事求是的工作作风、严谨的工作态度;c.善于创新,勇于开拓创新;d.具有体育活动的安全意识;e.具有体育运营与管理的意识;f.具有环保意识和法律法规意识;g.团队协作精神;h.树立坚定的理想信念、正确的世界观、人生观和价值观。

③人文科学素质。a.了解中国传统文化传承发展脉络,与祖国民族文化知识。b.具备宽阔视野,一定的文学艺术修养。c.养成健康的审美修养与积极的生活态度。d.锻炼人际交流、团结与沟通能力;热爱生活,真诚待人,处事大方。e.具有扎实的文化科学知识、理论,具有一定逻辑思维能力。

④身体心理素质。a.树立自觉锻炼的意识;b.具备基本的军事素质;c.具备基本的卫生保健知识;d.树立终身锻炼的意识;e.体质、体格和体能达到国家相关规定的标准。

毕业生必须获得的证书要求

本专业毕业生的质量要求如下:

(1)职业资格证书。

①社会体育指导员初级证书(必考,健美操、健身教练、游泳、羽毛球等多选一);②游泳救生员初级证书(选考);③初级营销师证书(选考);④健康管理师(选考)。

(2)技能等级证书。

①全国计算机等级一级(B)或以上证书(必考);②高等学校英语应用能力B级证书(必考);③普通话三甲证书(必考);④学徒等级证书。

专业课程体系设计

(1)行动领域的描述(见表5-4)。

表5-4 行动领域的描述

行动领域	职业能力	所需的知识、技能与态度描述		
		知识	技能	态度
体育产品或服务的营销与策划	体育产品或服务的营销能力	(1)体育市场调研的知识 (2)体育产品管理的知识 (3)公关策划的知识 (4)健身指导的知识	(1)体育市场调查方案的制订 (2)体育市场调查的组织与实施 (3)体育市场调查报告的编写 (4)体育产品调研 (5)体育产品开发 (6)体育产品管理 (7)运动损伤的防治 (8)运动处方的制订 (9)体育健身服务	热情、勤奋、有责任感、团队合作精神
	体育产品或服务的策划能力			
体育场馆经营与管理	体育场馆经营的能力	(1)体育俱乐部管理的知识 (2)体育场馆经营的知识 (3)体育场馆管理的知识	(1)俱乐部活动策划 (2)俱乐部经营 (3)体育公关策划 (4)体育传播沟通 (5)场馆管理、服务销售 (6)客户开发 (7)客户维护 (8)会员服务 (9)会员发展	热情、勤奋、有责任感、团队合作精神
	体育场馆管理的能力	(1)体育场馆建设的知识 (2)体育赛事活动的组织与策划的知识	(1)场馆管理、服务销售 (2)体育场馆物业管理的能力 (3)体育场馆赛事及演出服务与保障的能力 (4)体育场馆无形资产招商策划的能力 体育场馆会员管理的能力 (5)组织策划展览和大型活动的能力	热情、勤奋、有责任感、团队合作精神

(2)学习领域的描述(见表5-5)。

见表5-5 学习领域的描述

学习领域（课程）	学习目标	对应的行动领域	典型工作任务	学习范围	涵盖的学科课程
体育产品经营	通过体育市场的调研,能进行体育产品的营销、策划、管理	体育产品(服务)的营销与策划	(1)体育市场调研 (2)体育产品销售 (3)体育产品管理	(1)体育市场的调研、决策 (2)市场经营活动中的相关产品与服务的销售与管理	体育产业概论、体育市场营销学、体育管理应用
体育服务营销	能进行体育市场中的服务进行销售与推广		(1)体育市场服务 (2)体育市场中介 (3)体育服务销售 (4)体育服务推广	体育市场产品与服务的营销策略与推广	体育管理应用
体育产业活动策划	能进行体育市场活动的策划、赛事组织、旅游活动的组织与策划		(1)体育市场活动策划 (2)体育赛事策划 (3)体育旅游组织与策划	体育产业活动、赛事的组织与策划	体育公共关系、体育管理应用
体育场馆（俱乐部）经营	能对体育场馆（俱乐部）进行赛事策划、常规经营、品牌推广及体育场馆无形资产的招商	体育场馆经营与管理	(1)体育场馆运营 (2)体育场馆赛事策划 (3)体育场馆宣传	体育场馆的商业运作、赛事推广、策划与宣传	体育管理应用、体育市场营销
体育场馆（俱乐部）管理	(1)能对体育场馆（俱乐部）进行日常管理、维护、检修 (2)能对场馆客户的接待进行服务管理		(1)体育场馆日常管理 (2)体育场馆赛事管理 (3)体育场馆维护与检修	体育场馆的日常管理与维护、赛事管理	体育管理应用、体育场馆经营与管理、体育俱乐部经营与管理
体育场馆（俱乐部）健身指导与服务	(1)能在体育场馆（俱乐部）进行大型活动的策划 (2)能进行健身项目的指导与服务 (3)能进行前台接待与服务		(1)体育场馆活动策划 (2)体育场馆健身指导 (3)体育场馆赛事服务	(1)体育场馆的日常活动策划 (2)体育场馆的健身指导与服务	人体解剖与生理基础、运动损伤防治、健美操、健身教练、游泳（救生员）、网球

(3)学习领域课程设计(见表5-6)。

表5-6 学习领域课程设计

学习领域（课程）	学习目标	学习情境	项目名称	课程课时分配			总课时
				课内	课外1	课外2	
体育产品经营	通过体育市场的调研,能进行体育产品的营销、策划、管理	体育市场营销	体育市场调研与产品营销	50	40	10	100
体育服务营销	能进行体育市场中的服务进行销售与推广	体育公共关系	体育市场服务销售与推广	50	40	10	100
体育产业活动策划	能进行体育市场活动的策划、赛事组织、旅游活动的组织与策划	体育产业概论	体育产业活动组织与策划	50	40	10	100
体育场馆（俱乐部）经营	能对体育场馆（俱乐部）进行赛事策划、常规经营、品牌推广	体育场馆管理	体育场馆（俱乐部）经营	50	40	10	100
体育场馆（俱乐部）管理	能对体育场馆（俱乐部）进行日常管理、维护、检修	体育管理学	体育场馆（俱乐部）管理	50	40	10	100
体育场馆（俱乐部）健身指导与服务	(1)能在体育场馆(俱乐部)进行大型活动的策划 (2)能进行健身项目的指导与服务	人体解剖与生理基础 健美操 健身教练 游泳（救生员） 网球	体育场馆（俱乐部）健身指导与服务	50	40	10	100

(4) 教学项目的描述(见表 5-7)。

表 5-7 教学项目的描述

项目编号	项目名称	项目性质	项目课时分配			分布学期/总课时	项目考核方式/内容	涵盖课程
			课内	课外1	课外2			
1	体育市场调研与产品营销	专业概貌项目	50	40	10	100	过程考核、综合考核	体育市场营销学
2	体育市场服务销售与推广	贯穿项目	50	40	10	100	过程考核、综合考核	体育公共关系
3	体育产业活动组织与策划	综合项目	50	40	10	100	过程考核、综合考核	体育产业概论
4	体育场馆(俱乐部)经营	综合项目	50	40	10	100	过程考核、综合考核	体育场馆经营与管理
5	体育场馆(俱乐部)管理	贯穿项目	50	40	10	100	过程考核、综合考核	体育管理学
6	体育场馆(俱乐部)健身指导与服务	贯穿项目	50	40	10	100	过程考核、综合考核	人体解剖与生理基础、运动损伤防治、健美操、健身教练、游泳(救生员)、网球

(5) 学习领域(课程)与教学项目对比统计表(见表 5-8)。

表 5-8 学习领域(课程)与教学项目对比统计表

项目编号	项目名称	项目课时分配			学习领域(课程)	项目课时分配			项目与课程间关系
		课内	课外1	课外2		课内	课外1	课外2	
1	体育市场调研与产品营销	50	40	10	体育产品经营	50	40	10	课程内
2	体育市场服务销售与推广	50	40	10	体育服务营销	50	40	10	课程内
3	体育产业活动组织与策划	50	40	10	体育产业活动策划	50	40	10	课程内
4	体育场馆(俱乐部)经营	50	40	10	体育场馆(俱乐部)经营	50	40	10	课程内
5	体育场馆(俱乐部)管理	50	40	10	体育场馆(俱乐部)管理	50	40	10	课程内

(续表)

项目编号	项目名称	项目课时分配			学习领域（课程）	项目课时分配			项目与课程间关系
		课内	课外1	课外2		课内	课外1	课外2	
6	体育场馆（俱乐部）健身指导与服务	50	40	10	体育场馆（俱乐部）健身指导与服务	50	40	10	课程内
合计	—	300	240	60	—	300	240	60	
总计	—	540		60		540		60	—

教学进程表

教学课程进程表如表5-9所示；通识平台（学院通识选修+特色课程）课程教学进程表如表5-10所示；学时与学分分配表如表5-11所示。

表5-9 《体育运营与管理专业》课程教学进程表

课程类别	序号	课程名称	考核方式		学时数			课程教学周数与学时(周课时)						课程学分
								一学年		二学年		三学年		
			考试	考查	总时数	理论	实践	一	二	三	四	五	六	
通识平台课程（必修）	1	思想道德修养与法律基础		1	48	32	16	2						3
	2	概论		2—3	64	48	16		32(2)	32(2)				4
	3	形势与政策		1—2	16	16	0	8(2)	8(2)					1
	4	大学生就业指导		4	24	24	0					2		1.5
	5	职业沟通技巧		2—4	32	32	0		2		(2)			2
	6	创新创业导论		1	32	32	0	2						2
	7	英语	1—2		112	112	0	48(4)	64(4)					3+4
	8	英语（选择性必修课）	3—4		48	48	0			3	(3)			3
	9	计算机应用基础		2	64	32	32	4						4
	10	大学生心理健康教育		1	32	24	8	2						2
	11	军事理论		1	24	24	0	2						1.5
	12	入学教育与军训			40	6	34	2周						2.5
	13	学业职业生涯规划指导			80	80	0							0
	14	健康教育			8	8	0	2	(2)					0

(续表)

课程类别	序号	课程名称	考核方式 考试	考核方式 考查	学时数 总时数	学时数 理论	学时数 实践	一学年 一	一学年 二	二学年 三	二学年 四	三学年 五	三学年 六	课程学分
通识平台课程（选修）	1	学院通识选修课			≥120			1						≥15
	2	二级学院通识选修课			≥120				2	2	4			
		小计			≥240	0	≥240							
专业大类平台课程（必修）	1	运动解剖学	1		64	48	16	4						4
	2	*体育管理应用	3		64	40	24				4			4
	3	社会体育	4		48	12	36					3		3
	4	游泳（救生）	1—2		64	8	56	2	2					4
	5	*健身健美训练	3		64	8	56				4			4
	6	网球	2		64	8	56		4					4
	7	*有氧操训练	3		48	4	44				3			3
	8	体育综合能力训练		2	32	4	28		2					2
		小计			448	132	316							28
专业方向平台课程（必修）	1	运动生理学	2		48	36	12		3					3
	2	运动康复与营养基础	3		32	24	8			2				2
	3	体育场馆管理与运营	1		32	4	28	2						2
	4	*大型赛事活动策划与管理	3		32	4	28			2				2
	5	体育服务能力训练		4	48	12	36					3		3
	6	*体育俱乐部运营与管理	3		64	28	4				4			4
	7	户外运动与素质拓展训练		2	32	4	28		2					2
	8	*体育市场营销实务	4		48	28	4					3		3
	9	民族传统体育（武术）	3		48	4	44			3				3
	10	羽毛球	4		48	12	36					3		3
	11	游泳教练员实训		2	20	0	20	1周						1
	12	健身健美教练员实训	3		20	0	20		1周					1

注：标*的为核心课程。

(续表)

课程类别	序号	课程名称	考核方式		学时数			课程教学周数与学时(周课时)						课程学分
								一学年		二学年		三学年		
			考试	考查	总时数	理论	实践	一	二	三	四	五	六	
专业方向平台课程(必修)	13	体育运营与管理综合实训(企业)		5	120	0	120					6周		6
	14	毕业设计(论文)		5	80	0	80					4周		4
	15	学徒课程(详见企业培养方案)		6	340	0	340						17周	17
	16	毕业教育		6	10	0	10						1周	0.5
		小计			1 022	156	818							56.5
专业拓展平台课程(选修)	模组1	定位拉伸(限选)		4	32	4	28				2			2
		体育康复理疗技术(限选)		4	32	28	4				2			2
	模组2	现代体育舞蹈(限选)		5	32	4	28	(2)	(2)	(2)				2
		体育文献检索与写作(限选)		5	32	28	4	(2)	(2)	(2)				2
	模组3	高尔夫运动(任选)		5	32	4	28	(2)	(2)	(2)				2
		体育公共关系(任选)		5	32	16	16	(2)	(2)	(2)				2
		体育经纪人(任选)		5	32	16	16	(2)	(2)	(2)				2
		小计			224	100	124				10			≥10
第二课堂(选修)	1	参加思想成长、社会实践、志愿公益、创新创业、文体活动、技能特长、工作履历7个模块包含的各类社团、活动、志愿者工作等、实践活动等												
	2													
	3													
	4													
	...													
		小计			≥128		≥128							≥8
		合计			≥2 866	1 034	1 832	24	27	27	22			≥151

表 5-10 《体育运营与管理专业》通识课程平台(选修)课程教学进程表

课程类型	序号	课程名称	考核方式		学时数			课程教学周数与学时(周课时)						课程学分
								一学年		二学年		三学年		
			考试	考查	总时数	理论	实践	一	二	三	四	五	六	
通识课程平台(选修)(累计选修学分需要≥15学分)														
	通识选修课													
	1	"文化与经典"模块		1—5	24/32	24/32		2	(2)	(2)	(2)	(2)		1.5—2
	2	"艺术与审美"模块		1—5	24/32	24/32		2	(2)	(2)	(2)	(2)		1.5—2
	3	"语言与文学"模块		1—5	24/32	24/32		2	(2)	(2)	(2)	(2)		1.5—2
	4	"科学与应用"模块		1—5	24/32	24/32		2	(2)	(2)	(2)	(2)		1.5—2
	5	"社会与职场"模块		1—5	24/32	24/32		2	(2)	(2)	(2)	(2)		1.5—2
	6	"体育与健康"模块		1—4	16	1	15	1	(1)	(1)	(1)			1
	7	地方文化		1—5	16			2	(2)	(2)	(2)	(2)		1
	8	生命教育		1—5	16			2	(2)	(2)	(2)	(2)		1
	9	户外素质拓展		1—5	16			2	(2)	(2)	(2)	(2)		1
	10	安全教育		1—5	16			2	(2)	(2)	(2)	(2)		1

表 5-11 学时与学分分配表

序号	课程类别	课程类型	学分数	学时		
				总学时数	实践学时数	实践学时占总学时比例
1	通识课程	必修	33.5	624	106	17.0%
		选修	15	240	240	100.0%
2	专业大类课程	必修	28	448	316	70.5%
3	专业方向课程(不含实践周)	必修	27	432	228	52.8%
4	专业方向课程(实践教学周)	必修	8	160	160	100.0%
5	专业拓展课程	选修	10	160	80	50.0%
6	毕业实践环节课程(顶岗实习、毕业设计、毕业教育)	必修	21.5	430	430	100.0%
7	第二课堂成绩单	选修	8	128	128	100.0%

(续表)

序号	课程类别	课程类型	学分数	总学时数	实践学时数	实践学时占总学时比例
8	其他选修课	选修	9	144	144	100.0%
9	考试周		0	100	0	0.0%
10	毕业基准学分及对应教学总学时		160	2 866		100%

5.3.2 人才培养方案（企业）

坚持以企业发展需求与用人规划为原则，通过学院面向高职应届毕业生，入学后择优录用为公司员工充分利用学院资源，开展学徒式培养，为培养和储备公司后备人才队伍，建立人才梯队，继而为公司的可持续发展提供人力支持。

学徒培养目标

培养企业关键技术岗位的高素质技能人才，通过校企联合培养，使其具备健身场馆的运营、管理、服务等岗位能力，具备体育健身技能、熟练掌握辅导、健身指导的专业知识，具备从事健身指导、体育场馆运营管理、体育营销与服务等工作能力的可持续发展的技术技能型人才。

学徒培养内容

学徒的选拔与录用。制订公司用工计划，并提供给学校。面向普通高中应届毕业生，采用单独招生和高考录取两种方式。在招生时，由公司人力资源部门全权负责参与面试。通过学院录取线，经公司面试合格的考生，录用为企业学徒。

课程体系结构。规划学徒培养课程体系，以学校培养过程为主要依据，制定不同时期学徒的对应课程，形成系统的企业课程体系（见表5-12）。

表5-12 体育运营与管理专业学徒课程结构表

培养过程		学徒成长时期	企业课程
职业基础能力培养阶段		学徒适应期	专业认知实习、企业部门经理讲座、企业岗位认知实习、体育服务礼仪实操
职业基本能力（专项能力）培养阶段	体育运营与服务	学徒成长期	前台、销售、健身、服务等多个部门岗位实践与实习课程、俱乐部运营与管理、职业资格认证
	体育管理与服务		体育场馆管理、体育营销实务、体能训练类课程、武道类课程、现代体育舞蹈、职业资格认证

(续表)

培养过程	学徒成长时期	企业课程
职业综合能力培养阶段	学徒成熟期	顶岗实习、毕业设计、高级私人教练、高级职业资格认证

企业课程。根据江苏省 H 健身有限公司对学徒能力要求为基准,采用公司真实项目,结合公司经营管理中的典型工作任务,设置学徒企业课程实训项目(见表 5-13),课程负责人负责制定课程标准。

表 5-13 体育运营与管理专业学徒企业课程

序号	企业课程名称	实训项目	课时
1	前台接待与引导	前台接待实训、体育礼仪实训	48
2	私教课程销售与客户维护	私教课程销售实训、私教客户维护实训	48
3	私教健身辅导教学	精英私教课程、健身教练专项提升课程	48
4	操舞类课程教学	团课教练认证	48
5	器械维护与场地维护	体育场馆管理与维护实训	48
6	大型赛事与体育活动策划与管理	赛事策划与管理、俱乐部管理实训	32

学徒培养形式

与学校合作,实施"工学交替式"学徒培养,通过在学校的理论学习和基本技能学习,以及在企业岗位工作中的不定期交替的形式来完成学徒培养。为适应学徒成长的不同时期,公司为学徒配置师傅,采用师带徒式,由实施部门负责人组织实施学徒培养,体育运营与管理专业课程的师带徒形式及教学组织过程方案如表 5-14 所示。

表 5-14 体育运营与管理专业课程带徒形式

教学内容	学徒组织安排	教学方法	学时
企业岗位认知培训	全体学徒	典型案例分析讲述	20
会籍及服务岗位实训	分组进行,共四周时间	演示、示范讲解指导、分组、实践、点评、分享	80
前台服务岗位实训	分组进行,共四周时间	演示、示范讲解指导、分组、实践、点评、分享	80
场馆管理运营咨询	分组进行,共四周时间	演示、示范讲解指导、分组、实践、点评、分享	80
体育赛事活动策划与管理	分组进行,共四周时间	演示、示范讲解指导、分组、实践、点评、分享	80
体育健身指导实训	全体学徒	展示实习所见所学,收获和体会,根据学生展示的情况,进行相应的点评评分	40

企业师傅队伍建设

基础条件。(1)思想道德好,热爱本职工作,吃苦耐劳,爱岗敬业。有强烈的事业心和责任感,具有良好的职业道德。(2)技术业务精。胜任本职工作,能认真学习,刻苦钻研业务,具有本专业工种从业资格证书或技术技能证书;有熟练的操作技能、专业特长,经验丰富,技术骨干或能工巧匠。(3)管理能力强,善于做好团队建设,团结互助具有较强的计划、组织、协调、控制等管理能力。(4)身体健康,从事本工种岗位工作经验3年以上(含3年特别优秀员工,工作年限可降至2年),具备教师基本素质,语言表达能力较强,具有一定的指导能力。

选拔聘用流程。(1)每学期末,根据学徒课程需求,与学校共同制订用人计划。(2)由各用人部门统筹安排,在符合基本条件的员工中,采取自愿报名,择优选拔的方式,推荐受聘人员。(3)各部门将受聘人员上报,人力资源管理部门审批合格后聘用。(4)与受聘人员签订聘用合同,聘期为一年。(5)受聘期间享受企业师傅的相应待遇。

师傅职责。(1)完成企业课程教学工作任务。企业师傅应按专业教学要求承担企业课程的教学任务,并在每学期准备好各项教学资料,在课程实施前一周做好教学场地、工具、设备等各项教学准备,接受学校及企业教学督导检查。一个师傅带多个徒弟时,应编制不同的工作任务,指导徒弟轮流完成;一对一带徒弟,师傅在岗示范时间不超过课堂时间的1/4,其余时间应指导师徒弟在岗工作。应按每门课程的考核方案要求严格对徒弟进行考核,并完成对徒弟的书面评价。(2)参加学院组织的教学研讨、教学活动和教研活动,企业师傅应定期参加专业的教研活动,并负责在企业现场组织教学研讨。(3)参加各类培训,企业师傅要按学院和企业对员工的培训要求,参加教学能力提升培训、企业理论讲座等活动。

师傅的考核与管理。师傅由人力资源部统一管理,建立个人业务档案。每个聘期结束后,记载在受聘期间的表现及教学任务完成情况,由人力资源部派专门人员对师傅进行考核。考核内容主要由两方面组成(见表5-15)。带徒能力和带徒态度各占50%,考核按分数高低排出名次,作为下一轮聘任的主要参考依据。

表5-15 体育运营与管理专业企业师傅考核内容

考核项目	考核方法	考核内容
带徒能力	徒弟的技能比赛	课程学习项目实操
带徒态度	管理人员评分、徒弟评分	在岗考勤情况指导徒弟态度、反馈

学徒考核评价

每完成一门企业课程,对学徒(学生)进行一轮考核。未达到规定要求者,不予进行后续企业课程学习;学徒期满后未达到要求者予以辞退,并不予结算工资。以游泳(救生)课程为例,对学徒进行考核的标准与实施细则如表5-16所示。

表 5-16　学徒(初级游泳救生员课程)考核内容标准细则表①

(1)基础项目。

项目内容及标准	技术要点及规范	考核扣分及考点
25 米快游(男≤22 秒,女≤25 秒)	不限泳式,根据信号,池边起跳或水下出发	计时
20 米潜泳(水深 1.5~2.0 米)	不限泳式,根据信号,水下蹬壁出发	方向,躯干是否露出水面;完成距离情况

(2)现场心肺复苏技术。

CPR 技术为重点项目,陆上模拟人进行操作,分值 25 分,得到 15 分以上为合格(见表 5-17)。

表 5-17　现场心肺复苏技术考核标准

CPR 程序	技术培训要点及规范	分值	鉴定考核扣分及考点
判断意识	在溺者身旁,手轻拍其近端肩部,呼喊,判断有无意识	25	(1)操作顺序错误扣 25 分 (2)没有判断意识扣 1 分 (3)没有呼救扣 2 分
脱离危险	进一步脱离危险,确认现场环境安全	3	
呼喊救援	呼救。招呼旁人立即拨打求救电话		
清除异物	用食指和中指取出异物	1	未清除口腔异物扣 1 分
放置体位	跪于溺者体侧,将其仰卧,双臂置体侧,呈 CPR 操作姿势		
打开气道	仰头举颏法:打开气道,畅通呼吸道	3	打开气道手法头部后仰不到位扣 1 分
检查呼吸	(1)耳朵靠近溺者口鼻位,判断有无呼吸 (2)一看二听三感觉 (3)如无呼吸,继续向下进行	3	(1)未眼看胸起伏扣 1 分 (2)未听吸气声音扣 1 分 (3)未脸颊感觉嘴鼻有无 (4)气体呼出扣 1 分
人工呼吸吹气两口	(1)人工呼吸。口对口吹气两口 (2)按压前额的手捏闭溺者鼻孔,两次吹气换气时松捏鼻手。检查胸部有明显起伏 (吹气量:成人 700~1 000 mL。吹气频率:成人 10~12 次/min,每 5 sec/次;儿童 16 次/min,每 4 sec/次) (3)吹进气,继续向下进行	4	(1)未捏鼻子或两次吹气间未松开捏鼻子的手扣 4 分 (2)吹不进气或漏气扣 2 分
检查脉搏	(1)检查脉搏。三指触摸颈动脉,判断有无心跳 (2)有脉搏无呼吸时,进行人工呼吸。无脉搏:继续向下进行	3	颈动脉找不准位置错误扣 3 分

---

① 注:参考国家体育总局体育行业职业资格考核(游泳救生员工种)标准。

(续表)

CPR 程序	技术培训要点及规范	分值	鉴定考核扣分及考点
人工循环	(1)无脉搏时(实施人工循环的条件),人工循环 (2)二指法寻找按压点:中指沿肋骨框下缘滑动移至肋弓与剑突交点的胸骨切迹上,二指(食指和中指)并拢竖立 (3)第一节拍时下压,第二节拍时放松,下压放松(比率1:1。按压深度:成人4-5 cm;儿童2.5-4 cm,按压频率:成人100次/min;儿童110次/min。按压与吹气比率:30:2。)	8	(1)按压定位不准扣3分 (2)肩与按压点不垂直扣1分 (3)按压次数错误扣3分 (4)按压深度过大或过小扣0.5分 (5)按压节拍过慢或过快扣0.5分

(3)实操考核项目。

实操考核项目满分100分。实操笔试为25分,现场实操为75分。其中,赴救技术为30分,陆上解脱技术20分,心肺复苏技术25分。

赴救技术。由学徒假扮溺者(分正面、背面、侧面3种情形)。水中距离15米。根据信号,学徒池边原地起跳,联合进行入水、接近、拖带和上岸4个环节的动作。(共12个题签,抽2题进行考核,见表5-18。)

表5-18 赴救技术实操考核项目

项目内容及程序		技术培训要点及规范	分值	考核扣分及考点
入水、接近、拖带、上岸		动作迅速、正确、连贯	30	12个动作题签中抽选1题进行
(1)入水	蛙腿式	上体压水,蛙腿式腿内夹(跨步式剪水),臂抱压水,头部始终保持水面上,眼睛不离开溺者	5	(1)头部没入水中扣5分 (2)眼睛离开溺者扣3分 (3)双臂或两腿未分开扣2分
	跨步式			
(2)接近	正面接近	(1)距离溺者3米左右急停,下潜至其髋部以下,转髋180°呈背面 (2)双手托腋或单手夹胸有效控制溺者(夹胸是臂经溺者肩上,腋卡肩,臂夹胸。不是搂腰)	10	(1)距溺者3米未急停下潜扣3分 (3)未髋部转体180°呈背面扣5分 (4)未有效控制溺者扣2分
	背面接近	(1)距离溺者1~2米处急停(防止被抓抱) (2)双手托腋或单手夹胸有效控制溺者		(1)距溺者1~2米未急停扣4分 (2)离溺者太近(远)扣4分 (3)未有效控制溺者扣2分
	侧面接近	(1)距离溺者3米左右转为侧向游进,抓握溺者近侧手腕 (2)双手托腋或单手夹胸有效控制溺者		(1)距离溺者3米未侧向游进扣3分 (2)未抓溺者近侧手腕扣5分 (3)未有效控制溺者扣2分

(续表)

项目内容及程序		技术培训要点及规范	分值	考核扣分及考点
（3）拖带	双手托腋反蛙泳式	（1）一手先上顶溺者髋部让其漂平，再双手托腋反蛙泳拖带 （2）拖带过程溺者口鼻始终露出水面	10	（1）溺者口鼻没入水1次扣5分，2次扣10分 （2）拖带脱手扣10分 （3）压迫溺者颈部扣5分 （4）技术运用不合理扣4分 （5）未顶髋，溺者下肢下沉扣4分 （6）拖带方向错误扣2分
	单手夹胸侧泳式	（1）一手经溺者肩上夹胸，夹胸的前臂不能勒卡溺者颈部，侧髋上顶溺者髋部让其漂平，夹胸侧泳拖带 （2）拖带过程溺者口鼻始终露出水面 （3）拖带过程夹胸的臂部不能压迫溺者颈动脉及呼吸道		
（4）上岸单人、深水、无阶梯	压手法	（1）先压一手至池边或船沿 （2）再重叠放二手 （3）再压重叠上手背 （4）救者不松按压手上岸 （5）压手转腕，交叉抓握溺者手腕，将其转体呈背对岸边 （6）垂直上提 （7）一手托溺者背部并护头 （8）一手拨其双腿旋转90° （9）放置呈仰卧	5	（1）上岸过程脱手扣5分 （2）未交叉抓握将其转体180°扣5分 （3）直接托溺者颈后部或未对头部进行保护扣2分

陆上解脱技术。8题签中抽1题进行。学徒假扮溺者，双人操作，并互换考评。考官指令，考生不能戴游泳镜。陆上解脱：头发被抓、手被抓、颈部被抱、腰部被抱4类8种中抽选1个动作进行（见表5-19）。

表5-19 陆上解脱技术实操考核项目

项目内容及程序			技术培训要点及规范	分值	考核扣分及考点
4类8种抓抱			解脱动作正确、迅速、连贯、有效控制	20	4类8种中抽选1个动作操作
发被抓	（1）头发被抓		压腕扳手法：一只手压腕，另一只手扳手指。解脱后迅速有效控制溺者	20	（1）解脱手法错误扣8分 （2）用力过度或不足扣4分 （3）动作不连贯扣4分 （4）解脱后未对溺者有效控制扣4分
			扳指推肘法：对侧手扳指，头前顶，同侧手推肘。解脱后迅速有效控制溺者		

(续表)

项目内容及程序		技术培训要点及规范	分值	考核扣分及考点
手被抓	(2)单手被单手抓	转腕法。同侧被抓:虎口转腕,解脱后换手再有效控制溺者。异侧被抓:虎口转腕,解脱后直接有效控制溺者	20	(1)解脱手法错误扣8分 (2)用力过度或不足扣4分 (3)动作不连贯扣4分 (4)解脱后未对溺者有效控制扣4分
手被抓	(2)单手被单手抓	推击法:未被抓的手推击其抓的手腕。解脱后迅速有效控制溺者	20	
手被抓	(3)单手被双手抓	推击腕。肘回击腕法:未被抓的手推击其抓的手,打掉后顺势抓住溺者手腕,再曲肘回击其抓的另手腕顺势侧拉。解脱后迅速有效控制溺者	20	
手被抓	(4)双手被双手抓	转腕推击法。同侧被抓:各自转腕,手侧拉。交叉被抓:先敲击掉一个抓的手腕,再转腕。解脱后迅速有效控制溺者	20	
颈部被抱	(5)正面颈部被抱	推双肘法:抱持较松时,双手推击溺者双肘。解脱后迅速有效控制溺者	20	
颈部被抱	(6)背面颈部被抱	压腕推肘法:异侧手按压溺者环抱的上手,同侧手上推溺者环抱上手的肘部,紧收自己的下颌,防止颈部被卡。解脱后迅速有效控制溺者	20	
腰部被抱	(7)正面腰部被抱	搂腰夹鼻推颌法:如双臂被环抱在内,先要弓身抽出一臂,一手搂腰贴紧,抽出的手食指和中指夹鼻,手掌心正前推颌。解脱后迅速有效控制溺者	20	
腰部被抱	(8)背面腰部被抱	扳指侧拉后窜法或屈肘上顶法:如双臂被抱在内,先要扳指弓身抽出双臂。各扳溺者同侧的拇指,抓紧,双手侧拉呈十字,迅速经溺者腋下向后下窜过至背后。或抱持较松时,可采用屈肘张臂上扛顶溺者双臂下窜至背后。解脱后迅速有效控制溺者	20	

心肺复苏技术。CPR重点项目考评,获取的15分及以上的分值要纳入实操项目中累计算分(见表5-20)。

表5-20 心肺复苏技术实操考核项目

项目内容及程序	技术培训要点及规范	分值	考核扣分及考点
CPR技术	参见前面内容	25	15分为合格,参见前面内容

(4)实操笔试。

实操笔试为25分,闭卷考试15分钟(见表5-21)。

表 5-21　实操笔试

	内　　容		分值	形　　式
实操笔试	安全预防、损伤急救		25	闭卷形式，15 分钟
	安全预防	检查、观察、判断、措施等	20	
	损伤急救	处理、止血、包扎、复位等	5	

学徒管理

（1）学徒资格。年龄 18—24 周岁，无不良记录，态度端正，具备较强的学习能力，身体素质好，无传染疾病。

（2）学徒期限。江苏省 W 高职院校联合培养学徒，期限 3 年。

（3）学徒待遇。学徒期满，经考试合格后，与公司签订劳动合同。公司为其指定师傅，一经确定不会更改，学徒期内前两年不享受工资待遇。第三年按相关规定享受公司部分待遇。

（4）学徒在学徒期内有义务和责任参加公司各项活动

（5）如有以下行为之一者，可予以辞退。迟到早退 3 次以上者；学徒期满，考试不合格者；因自身原因离职者；品行不端、行为不检、经告诫不改者；擅离职守、工作态度怠慢者；打架斗殴赌博，不服从领导、师傅管理和公司安排者；在工作场所不遵守相关制度，严重影响其他人工作者；违背国家法律法规和公司规章制度、管理制度，情节严重者。

5.4　基于现代学徒制江苏省 W 高职院校体育运营与管理专业课程实施对策

现代学徒制是我国职业教育人才培养的创新模式。在具体的实践过程中，江苏省 W 高职院校体育运营与管理专业课程主要实施了以下对策，为高等职业教育体育类人才的培养指明方向。

5.4.1　加强政府引领，完善法律法规建设

健全的法律法规与系统的社会规章制度是国家关注和改革的重点内容。在学徒制的发展过程中，西方发达国家重视法律法规和制度方面给予学徒制发展的保障，推动学徒制平稳有序、良性发展。如英格兰的《工匠学徒法》(1563 年)中提到，为了解决越来越严重的贫困问题，试图统一学徒制度，通过加大培训手工艺制作的力度，提高相应的

质量①。

我国现有的法律体系在高等教育、职业教育等方面，对于鼓励培养高素质技术技能型人才都有很多的规定，但是还没有出台关于现代学徒制方面的法律条文。《中华人民共和国高等教育法》界定了高等职业教育的性质。《中华人民共和国劳动法》第八章第六十六条规定"国家通过各种途径，采取各种措施，发展职业培养使用，开发劳动者的职业技能"。《中华人民共和国职业教育法》第四条规定"传授科学文化与专业知识，培养技术技能，进行职业指导，全面提高教育者的素质"②。可见完善相关的法律法规体系建设非常重要。

各地方政府可通过政府购买服务、培训补贴等具体措施进行财政补贴，探索建立立体化的利益补偿机制，这样才能激发企业参与现代学徒制试点的热情。

5.4.2 吸纳行业协会，借鉴行业协会标准

在当今世界，以行业为主导是很多西方国家发展职业教育的重要举措与方针。比如澳大利亚的 TAFE 学院职业教育以及德国的"双元制"学徒培训。行业参与职业教育的作用主要表现在以下几个方面。

行业在职业教育发展过程中起到监督与管理的职能。这种监督主导作用主要表现在职业教育的宏观决策。比如澳大利亚的 TAFE 学院职业教育，国家行业技能小组由来自州、自治区一级及联邦政府的行业代表和行业组织中，行业在职业教育中具有最高的话语权。决策是职业教育管理的核心环节。行业话语权在国家职业教育管理局、国家行业技能组等国家职业教育管理机构中有利于行业在职业教育宏观决策中的主导作用。国家培训局在澳大利亚职业教育的发展中具有重要的作用。例如，在德国，"双学徒"制企业实践培训是按照培训章程进行的，"双学徒制"职业学校理论教学是按照教学计划进行的。德国联邦职业教育法规定，本法范围内规定的职业教育主管部门为行业协会，负责制定职业培训条例，管理"双元制"培训工作。行业组织是职业教育管理和监督的主体。在产业主导模式下，产业组织是职业教育管理和监督的主体。这些行业组织可以分为两类，一类是行业协会。以德国和澳大利亚为例，政府和行业实施 TAFE 管理和监督的主体是行业协会。二是行业培训咨询委员会、行业技能委员会、行业能力标准委员会，主要由行业人员组成。

例如在澳大利亚，行业参与职业教育的主要机构是行业技能委员会。委员会成员来自不同的行业，整合与经济建设和社会发展相适应的技术进步要求等，同时努力实

---

① 孙日强，石伟平.国际视野下学徒制质量保障的实践举措与制度框架研究[J].职教论坛，2015(25)：34-37.
② 黄日强，等.中国职业教育现代学徒制度研究[M].北京：中国原子能出版社，2014：170.

施、不断改进和积极发展高品质的培训产品和服务①。

职业教育发展的基点是行业的需要,而不是个体企业的需要。职业教育的发展要跟上社会的实际需要,必须了解行业企业的需求。这正是我国近年来不断探索校企合作解决这一矛盾的重要原因。行业关注职业教育与企业发展趋势,因此是联结职业教育与社会需求的最佳纽带。

虽然在现代学徒制的实践中,行业协会不是主要的参与主体和利益方,但是行业协会能够发挥行业优势,借鉴行业标准,构建现代学徒制是课程体系对学生(学徒)培养质量的把握至关重要。

5.4.3 激发企业动力,提升企业参与活力

当前,我国教育界高度重视现代学徒制的推广,投入力度也较大,为人才培养模式的探索做了诸多有益的尝试。企业在这一过程中相对被动,发展存在较多制度瓶颈与制约因素,其中有历史原因,也有现实因素。随着国家经济结构调整和转型升级,人才人力资源的地位愈加重要,人才在企业发展中的作用越来越重要。企业之间的竞争从物质资源竞争演变成人才的竞争,优秀人才成为企业保持核心竞争力的关键因素。在这种背景下,企业应加强与高职院校的合作,联合培养人才,为企业发展提供和储备更丰富的人才资源。

这就需要激发企业在校企联合培养人才中活力与动力,高度重视,加大投入。只有企业积极参与开发设计教学资源、参与组织教学培训、提升企业师傅的教学能力等方面,才能在实践中不断推进现代学徒制的发展。

企业的实质是一个经济实体与组织,获取经济利益是企业从事经营活动和开展学徒制等校企合作的一个重要动因。从降低成本、增加回报和减少风险等三方面则可以一定程度上达到这个目的。降低成本方面,首先在国家层面,应予以财政上的制度保障与支持,具体措施有降低税收要求;其次,地方政府可以在地方财政给予支持和改善建设条件上提供帮助,降低投入自然可以达到提升企业参与积极性的目的②。同时,在合作院校层面,在保障高质量完成现代学徒制培养的前提下,可以在优秀人才储备、院校科研支撑等多方面获得回报。

5.4.4 优化共育方案,创新合作机制体制

校企双方是推行现代学徒制的两大主体,首先要共同参与人才培养方案的制订,学校专业带头人负责人才培养方案的实施与管理,企业负责企业课程的实施、考核评价、

---

① 黄日强,等.中国职业教育现代学徒制度研究[M].北京:中国原子能出版社,2014:175-179.
② 苏敏.现代学徒制实施条件的研究——基于广东省的调研[J].职教论坛,2015(25):28-33.

企业师傅的选拔,配套适用于现代学徒制实践探索的制度文件,以保障项目的规范实施。校企双方通过深度协作,实现"校、企、生"三方共赢。校内专业教师通过企业教师工作站及名师工作室的培养,专业理论知识和实践技术技能得到进一步提升;企业通过现代学徒制的培养,可以吸纳优秀员工,提升企业的竞争力;学生通过现代学徒制培养,在专业知识学习和专业实践技术技能培养方面获得大幅度提升,为毕业后的就业提高了竞争力。

校企共同搭建"双主体"育人平台。具体措施有:共同制订培养方案和课程标准,共同开发学校课程和企业课程,共同开展"双导师"教学与管理,共同进行校内实训平台与企业实践教学平台建设,共同进行学生学习与学徒的评价与考核,共同制订和实施教学管理制度,明确学校和企业"双主体"权任,为模式改革与机制创新提供制度保障。在人才培养过程中,企业负责提供岗位需求、提供实训场地、开发实训项目、选拔企业师傅负责企业课程开发、实施与评价,学院负责组织双方共同制订专业人才培养方案及课程标准进行师资队伍培养、制订教学计划、组织教学实施、进行教学质量监控与评价等。

主要措施有:实现招生招工同步、创新双主体育人模式、构建"学校+企业"双轨并行的课程体系、校企共同开发教学资源、共同培育双导师教学团队、共同开展过程管理与考核评价。

5.4.5　加强制度建设,配套组织管理办法

现代学徒制的核心是校企深度合作。校企应以合作、共赢为共同目的,以制度建设为保障,从招生、教学到毕业都有科学的、系统的制度保障。按照学校体系教育和企业学徒培养的各自标准,学院与合作企业共同制定《现代学徒制管理办法》《学生学业成绩考核与管理规定》《双导师聘任与管理办法》等相关教学运行管理文件,构建完善的现代学徒制制度体系。校企双方通过共同制订专业教学的全程运行管理规定、专业学生学徒管理及岗位操作管理制度、学徒学分制与弹性学制管理办法等制度,厘清双方在管理组织和运行体系中的工作、标准和职责。

5.4.6　强化学徒权益,保障培养学习质量

学徒是现代学徒制培养体系中最为重要的参与者。英国在学徒权益保障方面有着较为完善的制度保障与操作体系,在现代学徒制的实施过程中,我国应借鉴英国的经验,加强对学徒的合法权益的保障。学生在学徒期间,校企双方协商由学校或企业承担学生(学徒)实习意外伤害保险,落实学徒的安全保障、工伤意外保险等。学校和企业共同承担企业师傅的带徒津贴与奖励;同时,企业根据学徒的工作表现和贡献为学生提供学徒期间的实习津贴和生活补贴。校企共同为优秀学生(学徒)提供各类奖学金和助学金,确保学生(学徒)高质量完成学徒制学习。

江苏省 W 高职院校体育运营与管理专业在现代学徒制的实施培养过程中,签订了学校、企业、学生和家长四方培养协议,确保学历教育与企业用工相贯通,确保学生(学徒)的利益得到保障。例如:为每位学生购买基本的医疗保险的基础上,为每位学生学徒购买了 200 元/年的意外伤害保险。企业师傅在带徒期间,在原有工作待遇的基础上每天可另外获得 300 元/天的带徒津贴。根据双方共同制定的学徒管理办法等规定,为学徒提供 1 000 元/月的学徒津贴;根据学徒的综合表现,每学期末提供 1 000—5 000 元不等的企业奖助学金。

5.4.7 加强顶层设计,制定行业职业标准

职业资格证书教育体系在西方发达国家的建设和发展较为成熟。在职业技术教育背景下,世界各国都根据自身情况建立起符合本国经济和社会发展的职业资格证书培训与考核体系。当前世界各国职业资格证书教育体系可分为三种模式:一是主要由政府统一管理,行业协会起协助作用的模式,如韩国、法国等;二是主要由行业协会负责,政府协调管理的模式,如加拿大、德国等;三是政府与行业协会共同发挥作用的模式,如英、美、日、澳等国。

我国职业教育法指出了实行学历教育与职业资格证书制度的融合的作用与重要性。我国由国家体育总局组建职业技能鉴定指导中心,于 2005 年正式在全国推行体育行业国家职业资格考核制度,在全国组织体育行业特有工种的技能培训与考核鉴定工作。近年来,体育行政部门、体育行业企业单位、高校等积极参与体育职业技能培训与考核鉴定工作,对实施环境、现状、遇到的问题等做了全方位探讨。从时间上可以看出,我国体育行业的职业标准制定与考核工作开展较晚,社会化和市场化程度不高,实施进展较慢。在学校体育专业学生群体中开展职业资格证书认证工作,是职业教育法关于"在全社会实行学历证书、职业资格证书并重制度"的要求。对提高体育专业人才培养水平,强化为经济社会服务的能力,具有非常重要的作用[1]。

为贯彻落实《国家职业教育改革实施方案》和 2019 年全国教育大会精神,加快提升职业教育质量,教育部提出"1+X"证书制度试点建设等针对性很强的改革举措,将"学历证书"与"若干职业技能等级证书"有机衔接,按照高质量发展要求,深化复合型技术技能人才培养培训模式和评价模式改革的重要改革部署和重大制度创新。人力资源和社会保障部公布国家职业资格目录(2019 版)(见表 5-21),相比较 2017 年公布的国家职业资格目录,专业技术人员职业资格由 59 项调整为 58 项,其中准入类 35 项、水平评价类 23 项。

---

[1] 刘会平.江苏省高校体育院系体育行业职业资格培训与鉴定现状调查与分析[J].湖北体育科技,2015(4):302-304.

表 5-21 国家职业资格目录(2019 版)(体育行业)

序号	类别	职业资格名称	实施部门	实施依据
1	准入类	游泳救生员、社会体育指导员(游泳、滑雪、潜水、攀岩)	体育行业技能鉴定机构(国家体育总局)	《全民健身条例》(国务院令第 560 号公布,国务院令第 638 号、第 666 号修订)、《第一批高危险性体育项目目录公告》(国家体育总局公告第 16 号)
2	水平评价类	社会体育指导员(除游泳、滑雪、潜水、攀岩之外)	体育行业技能鉴定机构(国家体育总局)	《全民健身条例》(国务院令第 560 号公布,国务院令第 638 号、第 666 号修订)

当前,我国体育行业职业资格一共有两个在国家职业大典分类中有所规定:"社会体育指导员"(职业编码为 4-04-03-01)和"游泳救生员"(职业编码为 4-04-03-07)。其中"社会体育指导员"包含游泳等 50 余个工种。

江苏省职业技能鉴定中心于 2008 年 3 月成立,进行了多个工种的培训与鉴定工作,其中在校体育专业大学生超过 40%。江苏省 W 高职体育运营与管理专业把社会认可度高的体育行业职业资格考试纳入体育运营与管理专业的人才培养体系中。对学生的毕业条件和培养规格中明确要求学生必须取得体育行业职业资格考试证书,在进行专业教育时,引导学生树立参加体育行业职业资格考试的意识[①]。从岗位能力、课程设置、教材选择、教学方法、评估方式等方面探讨如何构建能力型课程体系,在学校课程体系和企业工作岗位中对接职业资格证书的考核要求,实现教育资源的优化配置,对江苏省 W 高职体育专业人才培养目标的实现、对提升专业学生就业竞争力等,都有着不可忽视的理论价值和现实意义。

职业教育领域研究表明,人才培养标准的制定可以参考国家职业资格标准,人力资源和社会保障部和国家体育总局是我国体育行业国家职业资格标准的制定与颁发机构,具有较高的权威性与行业认可度。在此标准的基础上,将现代学徒制与学历资格、职业资格融合,建立学徒体系。同时,探索第三方监控体系构建,建立更为客观的认证体系和监控方,提升现代学徒制培养的公信力和认可度。

5.4.8 举办技能大赛,提升专业培养质量

专业技能竞赛作为促进高职院校人才培养质量提升的重要方法和途径,对推动高等职业教育教学改革具有重要意义。江苏省 W 高职体育运营与管理专业围绕专业发展,通过组织和参加企业、行业参与组织的技能竞赛,在课程体系构建、专业技能与综合素质结合、管理机制保障等方面进行了创新与实践,并从中总结出体育运营与管理专业

---

① 刘会平.江苏省高校体育院系体育行业职业资格培训与鉴定现状调查与分析[J].湖北体育科技,2015(4):302-304.

技能竞赛对于全面促进人才培养工作的良好成效和突出功效。

专业技能大赛主要是在技术、技能和专业3个方面进行竞争。学校和企业可以结合专业建设和专业技能的特点,开展相应项目和技术的技能竞赛。这种比赛的主要目的提升学生的专业技能,使学生加深对专业知识的理解。同时,企业可以利用这种大规模的正式竞争,发现优秀人才,加强对企业技能更新的认识,促进学生专业技术技能知识的更新,在深入沟通的基础上,以更好地深化社会对高校的需求。

在职业技能竞赛中,要有效地联系学生的就业需求,根据学生对岗位的实际需要来安排竞赛内容。引入相关企业行业参加比赛之中,提供技术与资金支持,甚至可以在比赛中发现并聘用优秀人才。此外,学校可以要求企业根据实际需要创建竞争主题,利用社会和企业的核心竞争力作为比赛的内容,提高学生的实践和应用能力,培养学生的竞争精神,利用社会资源,行业和企业雇用专家来教他们丰富的工作经验和实践知识和新的想法,高等院校的兼职教师直接参与职业培训的全过程,共同完成人才培养目标[①]。

健身教练是江苏省W高职院校体育运营与管理专业现代学徒制培养的重要就业岗位之一。通过有经验的行业企业师傅带领学生(学徒)参与健身教练技能大赛有助于学生(学徒)更好地将专业技能知识学习与行业整体的需求和标准对接。以中国国家职业健身大会为例,由国家体育总局人力资源开发中心与中国体育用品业联合会联合主办。自2009年创办以来,已吸引无数健身爱好者关注。

大赛组委会根据职业健身教练实用技能,在"健身职业技能挑战赛"板块设置个人赛和团体赛,创新竞赛项目。参赛选手深度交流,以推动健身教练行业的整体水平不断提升。

江苏省W高职院校为提升运营与管理专业现代学徒制培养的人才质量,参照国家健身大赛的标准每年设置健身大赛,由学校和企业为参赛队伍配备双导师队伍,选拔比赛优胜选手参加全国的健身大赛。

以2017年江苏省H健身有限公司与江苏省W高职院校共同举办的健身健美技能大赛为例。比赛共分两部分(理论考试和体能竞赛,见表5-22),一是理论考试。(1)比赛形式:闭卷笔试,计100道选择题。(2)比赛内容:以健身教练国家职业资格初中级理论考试内容为主。包含但不限于运动解剖学、运动生理学、运动营养学、运动训练学、运动心理学以及体适能理论等。(3)比赛时间:60分钟。(4)比赛要求:采用无纸化上机考试,试题由国家体育总局职鉴指导中心提供。二是体能竞赛。评分规则:体能竞赛满分200分,第一名得分200分,2~10名依次递减3分;11~20名依次递减2分;21名及以后依次递减1分。

---

① 刘彤等.新建本科院校应用技术转型的现代学徒制路径研究[M].成都:西南交通大学出版社,2019:155-156.

理论考试分数乘以 2(即满分 200 分)占分 40%,体能竞赛按照排名积分占 60%,以名次先后积分累加。

表 5-22　健身职业技能挑战赛体能竞赛项目设置表

比赛项目	项目设置及要求	备注
体测/体型	Inbody 体测分数/2;裁判形体打分。两者相加	男生沙滩裤 女生运动内衣,运动短裤
(1)抽签画肌肉	抽签决定一块肌肉,在骨骼图上标注出来	选手在自己身体上画出正确肌拉力线,错误加时 40 秒
(2)俯卧撑波比跳	男生 BOSU 球俯卧撑波比跳,女生徒手俯卧撑波比跳。Burpee 向下时,双手支撑 BOSU 球/地面,身体为一条直线,屈肘 90 度完成俯卧撑。向上时,身体呈直线推起,双腿蹬地屈髋屈膝站起,并且双脚离开地面,重复进行累计 10 次	俯卧撑向下时屈肘 90 度,向上时女生双手上举。男生举 BOSU 球向上双脚离开地面,未达要求计入犯规,犯规一次加时 5 秒
(3)壶铃摇摆	要求双手握住壶铃,向上时躯干自然伸直,手臂上举握住壶铃与地面平行 向下时握于壶铃手臂自然伸直,腰背挺直,不可弯曲 男生举 16 kg,女生举 12 kg。男生举 20 次,女生举 20 次	膝关节不能超过脚尖,犯规一次加时 5 秒
(4)对侧支撑	俯身屈肘 90 度支撑,双脚着地,身体呈一条直线 上、下肢对侧抬起,前后各有一块踏板,加一个底座,上、下肢单侧支撑保持平衡,在瑜伽垫上对侧上、下肢离地时开始计时,保持 10 秒	上、下肢抬起不能碰触踏板或身体摇摆不定为犯规,10 秒内落地则重新进行该项目直至完成。犯规一次加时 5 秒,两只秒表同时计时
(5)划船机	男生距离:150 m,阻力级别:L5 女生距离:100 m,阻力级别:L5	正确使用器械

5.5　基于现代学徒制江苏省 W 高职院校体育运营与管理专业课程与教学"诊改"

"诊断"一词源于医学界的专业术语,本义是指医生在检查病人的症状之后判定的症结,以及在此基础上开出相应的医学治疗处方。企业界较早运用"诊断"原理改进自身发展的症结与问题,并在此基础上形成诊断理论。随后,该理论引入教学界,成了一种新型的应用教育技术,在引领学校构建反思意识、强化发展动力、提高学校效能和促进自主发展等方面发挥了重要作用[①]。

---

① 周俊.基于质量提升的职业院校教学工作诊断与改进研究[J].中国职业技术教育,2015(26):35-38.

>> 第 5 章　个案研究:江苏省 W 高职院校体育运营与管理专业现代学徒制的实践探索

　　职业院校专业建设引入"诊断"概念,主要目的是通过对专业建设中的异常现象进行分析,发现潜在的"病症"及其原因,通过改进找到去除"病症"良方,确保专业建设健康发展①。我国职业院校大力开展教学诊断与改进工作,是贯彻落实《国务院关于加快发展现代职业教育的决定》的重大举措,具有鲜明的历史意义和时代价值。

　　2015 年,教育部办公厅印发《关于建立职业院校教学工作诊断与改进制度的通知》和《高等职业院校内部质量保证体系诊断与改进指导方案(试行)》,决定在全国职业院校推进建立教学工作诊断与改进制度②,指导职业院校建立内部质量保证体系,形成常态化人才培养质量保证机制。诊改制度是国家教育质量保障体系在顶层设计上的制度创新。

　　江苏省 W 高职作为全国首批"诊改"("诊断与改进")试点单位,在"质量终究要靠自身保证"质量理念的指导下,扎实推进目标标准建设、强化监测预警,做好"诊断改进",形成基于"决策指挥、质量生成、资源建设、支持服务、监督控制"纵向 5 个系统和学校、专业、课程、教师、学生横向 5 个层面的"五纵五横"网络化联动结构;"8 字形质量改进螺旋"基本运行单元;以文化与机制"双引擎"常态化动力机制以及"一平台"智能化技术支撑的"55821"内部质量保证运行模式,不断完善内部质量保证体系③。

　　"诊断与改进"是指根据事实和数据,根据服务对象的需求,高质量完成计划目标及不断创新超出原始目标而生成的主题的质量,以便确保系统的指标体系的客观影响因素,对标准化的自我诊断,对诊断的实际工作状态产生影响,进而激发学习和创新的内在动力,实现持续改进和同时提升的工作模式④。在联系职教实际、问题导向、博采众长、融会创新的基础上,初步形成以"8 字形质量改进螺旋"为基本单元的"诊断与改进"概念、内部质量保证体系框架(见图 5 - 7)。

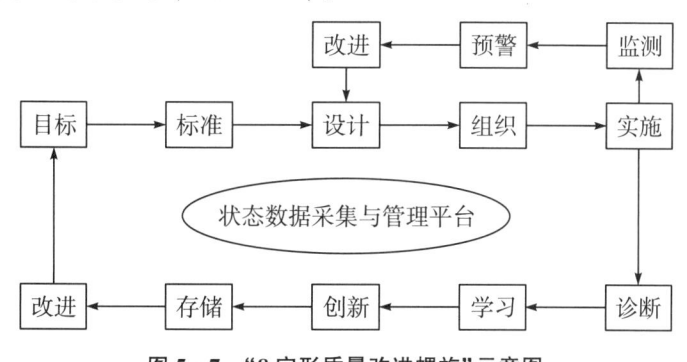

图 5 - 7　"8 字形质量改进螺旋"示意图

---

① 孙华.高职院校专业负责人"专业诊断能力"分析与提升研究[J].机械职业教育,2014(11):51-53.
② 刘海.教学诊断与改进:职业院校质量提升的内生动力[J].职业技术教育,2016,37(18):19.
③ 陈向平.基于诊改实践的高职院校内部质量保证体系建设研究[J].职教论坛,2019(2):33-39.
④ 张俊青,彭朝晖,杨筱玲.职业院校专业建设诊断与改进的理论思考[J].高教论坛,2017(4):113-117.

质量保证体系构架是高职院校内部质量保证体系的骨骼。"诊改"提出了我国高职院校网格化的"五纵""五横""一平台"内部质量保证体系构架。

"五纵"(纵向五系统):一是决策指挥系统;二是质量生成系统;三是资源建设系统;四是支持服务系统;五是监督控制系统。"五横"(横向五层面):第一层面学校,第二层面专业,第三层面课程,第四层面教师,第五层面学生。"诊改"制度以人为本,以师生发展质量保证为核心,以专业和课程为载体,促使高职院校在学校、专业等个同层面建立起完整的且相对独立的内部质量保证体系①。

基于现代学徒制的江苏省 W 高职院校体育运营与管理专业课程在学校"诊改"复核工作的要求下,也对其中横向第三层面即(课程)进行了"诊改",建立了周期性的三级"诊改"体制,形成课程建设质量改进螺旋(见图 5-8)。

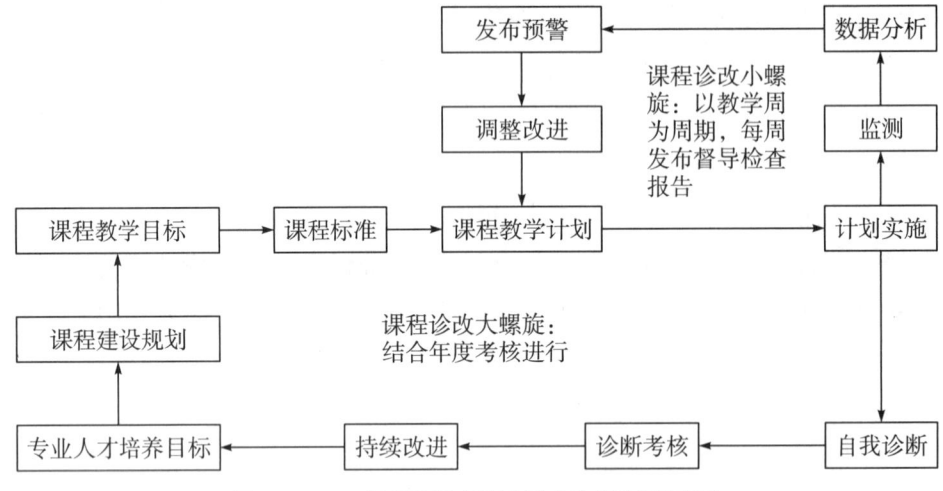

图 5-8 "8 字形课程建设质量改进螺旋"示意图

---

① 任占营.职业院校教学工作诊断与改进制度建设的思考[J].国家教育行政学院学报,2017(3):41-45.

第 6 章　主要结论与后续思考

6.1　主要结论

6.1.1　新时代职业教育发展背景下，现代学徒制具有重要创新价值

近年来，我国高等职业教育事业为提高劳动者素质、推动社会经济发展和促进就业做出了重要贡献。然而，职业教育还不能满足我国经济社会的快速发展，职业教育还存在着体系建设不够完善、职业技能实训基地建设有待加强、制度标准不够健全、企业参与办学的动力不足、有利于技术技能人才成长的配套政策尚待完善、办学和人才培养质量水平参差不齐等问题。党中央、国务院把发展现代职业教育置于国家战略的地位，对深入实施创新驱动发展战略，加快转方式、调结构、促升级都具有十分重要的现实意义。

在国家职业学校产生以前，学徒制是历史最为久远和重要的职业教育重要形式。20世纪以来，科技的发展、经济全球化趋势使国际经济竞争日趋激烈，行业领域与产业结构都有了很大的不同，职业场所对工作人员的知识储备和技术技能水平的要求更高，现代学徒制等新型人才培养模式在职业教育领域中的价值和作用重新得到重视。在此背景下，学徒制被赋予了更多的知识内涵和教育意义，现代学徒制应运而生。

新时代社会背景下，高等职业教育在人才培养过程中，必须顺应现代职业教育改革，才能体现职业教育的生命力和优势。现代学徒制的创新价值主要体现在，把传统学徒制与现代职业教育有机结合在新的时代背景和情景中。这种校企"双主体"协同育人新的人才培养模式，能够为社会培养更多优秀的技术技能人才，也成为新时代我国职业教育改革趋势和创新举措之一。

6.1.2　现代学徒制的教育过程蕴含原始的课程论基因

职业教育在古代社会呈现的即是学徒制形式，在当时的社会背景下，虽没有现代意义上的课程体系，但其教育过程是客观存在的；这种原始的师徒传承技能知识的形态虽已不复存在，但是蕴含着丰富的职业教育课程论基因。

学徒制的实践过程与其他人才培养模式的区别在于，其工作过程即是教育过程，其

学习内容以实用为导向；按照任务的复杂程度展开教学。学徒制作为古代职业教育的基本形式,在缺乏交流,甚至完全相互隔绝的时代,普遍地存在于世界各国。首先,职业教育的课程目标与内容决定了职业教育课程在经济意义上的使用价值,能增强个体的谋生能力,并让个体深刻感知到这一价值。尽管这一观点或许过于功利,但却是职业教育的基本内涵所在。其次,职业教育课程与工作体系是互动发展的。学徒制中,工作与学习是完全融合的,在其他形式的职业教育中,融合没有如此紧密；但有一点是不能变的,即职业教育既然是面向工作体系的,那么课程内容就必须与工作体系相互融合,这也体现在企业参与一直是职业教育的一条基本规律。再次,学习的基本形式应当是模仿、实践与反思。在现代学徒制教学过程中,师傅采取让学徒边观看、边模仿的模式进行学习,在这个过程中,主动投入的学徒在模仿实践之后,会对师傅精湛的技艺进行思考,在完成模仿的同时,会思考更完美的技艺形式,这时,这部分学徒就完成了"青出于蓝而胜于蓝"的飞跃,可见这种学习形式和以经验、格言为主要内容的职业知识的特征是比较一致的。

现代学徒制结合了古代学徒制与现代教育中的合理要素,对于解决现代职业教育课程所面临的一些技术问题具有重要价值。

6.1.3 构建了基于现代学徒制的高职体育类专业课程体系

基于现代学徒制的高职体育运营与管理专业课程目标体系。以体育运营与管理专业为例,其课程目标主要是关注三个方面的需要：体育运营与管理专业学生的需要、社会对体育运营与管理专业人才的需求,以及体育运营与管理专业学科本身的发展需求。

在现代学徒制人才培养模式下,通过对学习者、社会、学科三方面进行需求分析后,在此基础上进行优化,再运用"课程审议"的思维,即广泛吸收各方利益相关者(学校、企业、学生、师傅等)的参与,最后形成真正反映学生、社会和学科需要的课程目标。体育运营与管理专业课程目标确立,须从行为性、生成性、表现性和创新性目标4个类型,以及职业能力、认知结构、技术实践知识、技术理论知识4个层次来构建各课程目标。

基于现代学徒制的高职体育运营与管理专业课程内容体系,根据对专业课程目标体系的分析、专业职业面向的分析,笔者认为体育运营与管理专业的主要岗位(群)和技术领域包括体育场馆管理人员、健身休闲场所管理人员、赛事执行人员、赛事策划人员、赛事营销(推广)人员、运动顾问、体育运动项目培训推广和体育市场营销专业人员。可将基于现代学徒制人才培养模式下的体育运营与管理专业的课程内容划分为4个课程模块,即职业素质养成课程模块、专业基础技术技能课程模块、岗位(群)技术技能课程模块、学徒个人职业发展需求课程模块。

基于现代学徒制的高职体育运营与管理专业课程保障体系,根据培养目标和课程内容,体育运营与管理专业课程保障体系主要包含引导校企深度融合的各项法规政策、校企"双师型"师资队伍、功能完善的实习实训基地、完备科学的组织与制度和丰富的课程资源等方面。

基于现代学徒制的高职体育运营与管理专业课程实施体系,通过专业调研论证、职业岗位要求分析、岗位任务分解和课程结构分析等程序对职业能力进行分解,从行动领域到知识领域实施构建体育运营与管理专业课程体系。其核心实施过程是构建螺旋式模块课程体系,包括选取典型岗位工作任务、序化典型技术任务(项目)、知识领域分析、模块化课程、构建螺旋式模块课程体系5个步骤。

基于现代学徒制的高职体育运营与管理专业课程评价体系,通过科学的研究方法初拟指标体系,再进行归纳筛选,确定基于现代学徒制培养模式下的高职体育运营与管理专业的课程评价的3个一级指标,即课程建设标准、课程实施过程、课程实施效果;8个二级指标,即课程目标、课程内容、教学方法与手段、支撑条件、活动主体状态、学生学习效果评价、校内评价、社会评价等,并确立了相应的评价指标权重和方法。

6.1.4 高职体育类专业实施现代学徒制项目的具体对策

通过对江苏省W高职基于现代学徒制的体育运营与管理专业的课程体系构建的个案分析,对项目实施的实践背景、创新途径、人才培养方案的制定过程与内容、课程建设标准以及课程建设方案等进行分析,从学徒、企业、学校、政府、行业以及制度等视角,探索研究基于现代学徒制的高职院校体育类专业课程实施对策。认为主要有以下措施:加强政府引领,完善法律法规建设;吸纳行业协会,借鉴行业协会标准;激发企业动力,提升企业参与活力;优化共育方案,创新合作机制体制;加强制度建设,配套组织管理办法;强化学徒权益,保障培养学习质量;加强顶层设计,制定职业标准;举办技能大赛,提升专业培养质量。

6.2 后续思考

6.2.1 寻找两平衡点:现代学徒制中的学校与企业、理论与实践

现代学徒制的边界性表现在很多方面,相关利益群体较多。如何权衡各方利益非常重要,怎样在国家教育政策的范围内,使学生、家长、学校和企业等都能满意。明确职业人才培养利益相关方的职责,需要充分考虑各个利益相关方,明确各相关利益方的角色和定位,明确权利与义务。深化和创新校企合作运行与管理机制,充分调动和发挥行业、企业的智慧和力量,在职业教育过程中突出体现校企双方的共建、共育和共享,实现校企双元持续、深入发展,是学校深化校企合作的方向。

如何平衡基于学校的职业培训与基于职场的职业培训？企业怀疑基于学校的培训，并不是因为它的培训证书比不上那些通过工作场所培训获得的证书。他们的这种态度基于以下事实：和普通的培训生相比，参加基于学校教育全日制培训的学生社会化程度不够，不太容易融入工作生活的文化中去。研究发现，参加全日制学校培训的学生具备那些参加工作场所培训的学生所不具备的学习潜力。这是因为企业往往会受制于市场的金融逻辑。这就意味着企业提供的培训有时必须依附于生产的要求，而不是依附于培训的要求。在全日制学校培训中却没有创造利润的要求，这就意味着这里的培训可以从有助于学习的角度出发来进行计划。或者说，这里的培训计划是以每个学生的学习需求为基础的。对工作场所培训而言，这样的选择是不可能的，因为对生产的要求推翻了对学习的要求。在学校创造的学习环境中，学生有思考和犯错误的空间和余地。这一点对那些年龄小、比较脆弱的学生来说是有利的。他们可以在一两年的学校培训时间里培养出一种职业自信，然后继续到一个实习岗位上完成自己的全部培训课程。和工作场所培训相比，学校有大量时间向学生介绍行业程序和规范，让他们学习与实践技能发展相关的理论知识。在学校培训中，学生不仅参加生产过程，还参加设计过程。例如，在做成品的组装工作之前，必须先画任务图。但是，在工作场所培训的情况下，几乎不会有时间或机会来做这样的事情。

尽管基于学校的全日制职业教育与培训具备这些优点，但我们并不能认为它可以完全取代培训岗位，而更应该将其视作是紧急情况出现时的一种处理方案。其原因有以下4点。首先，学校里的学生不能和在工作场所培训一样建立相同的社会技能。他们在学校里接触不到工作团队的社会传统，也没有责任保证团队成员之间的合作以及整个工作过程能够顺利完成。其次，基于学校的培训不能让学生有机会养成良好的工作纪律和工作节奏，但工作场所培训却能够实现这些目标。再次，参加学校培训的学生没有机会学会如何与客户打交道。最后，和学校里仅仅是为了完成作业不同，参加工作场所培训的学生知道自己学会制造的商品或提供的服务对他人是有价值的。这对他们的学习动力有着很大的促进作用。经济波动严重影响培训岗位的供应，就导致对学徒岗位的社会需求和培训岗位的供给之间会周期性地出现不平衡。要实现大多数的年轻人完成"后义务教育"学习这个目标，仅仅依靠学校培训还不够。为了实现这一目标，学校培训必须对年轻人更加具有吸引力。这可以通过以下两种途径来完成：一是引入真实的商品生产和为顾客提供真实的服务；二是激励学校改进培训质量。

现代学徒制的边界性还体现在其教学实施和评价等全部过程。例如，现代学徒制能否一味地强调实践教学的范围和效果呢？理论教学和实践教学之间如何平衡？在校学习时间和工作场所的学习时间如何平衡？不断探寻这些都是平衡点两侧的边界，找到更加准确的边界线可以更加清晰地指引现代学徒制的实施方向。

6.2.2 完善顶层设计：探索建立现代学徒制国家标准

在我国，职业教育领域于 2014 年提出现代学徒制。现代学徒制模式推广和实施的困境在于法律法规不健全，缺乏顶层设计；缺乏明确各参与者权利和义务的法律规定。国家应逐步加强各层面的法律法规建设，逐步完善技能标准体系与职业资格认证体系的融合，逐步完善现代学徒制国家标准建设。

世界范围内开展现代学徒制较为有代表的国家在保障该模式的顺利开展过程中，制定了较为完备的法律体系。例如德国，于 2005 年总结法律运行的历史经验，颁布了新的《联邦职业教育法》；例如澳大利亚，在 1978 年颁布《职业培训法修正案》，明确了其法律地位；2009 年，英国政府出台《学徒制、技能、儿童和学习法案》；瑞士于 2004 年颁布通过《职业教育与培训法案》。英国由专门的机构负责开发学徒制技能标准，开展职业资格证书培训与考核。在我国，应探索以学徒制标准法案（SASE）、英国国家职业标准（NOS）及英国资格和学分框架（QCF）为参考，使最高地位行业协会制订的标准和职业资格证书与人力资源与社会保障局颁布的职业资格证书逐步统一。

近年来，我国职业教育立法也取得较大进展，但在立法上还存在诸多不足，国家主要是颁布一些政策性文件，较缺乏法律权威性。

在我国的现代学徒制运行过程中，能否借鉴发达国家的经验，进行明确、细致的立法来保障和规范学徒制的实施，出台类似英国行业法规的统一的、成体系的标准制度，能否开发统一的职业资格体系和行业技能标准，以此规范和保障学徒培养过程与质量，都是值得现代学徒制实践思考的问题。

6.2.3 维护师徒关系：从教育关系到生产中的互动

学徒制既是一种物质过程，也是一种社会过程。学徒（学生）与行业物质环境之间的互动以及生产过程中的社会关系，两者同等重要。在此互动关系中，学徒（学生）要适应不同于学校相对单一的环境，需要面对企业和师傅等群体。学生到学徒再到学生的角色转换是否顺利，直接影响现代学徒制的培养效果。

现代学徒制的一个显著特征是学生的双重身份。首先，他们是在校学生的身份，在企业学习的时候又是学徒的身份，在两者之间需要经常转换；其次，他们又是企业的潜在准员工，企业实践学习的过程中已经在开始不断融入企业文化环境，参与到企业的发展建设中。在企业学习过程中，良好师徒关系是保障现代学徒制人才培养质量的重要助推器。建立良好师徒关系，不仅要从立法的角度出发，还要加快建立行业等主体的实施规范；另外，推行企业师傅职业化发展也是重要因素。

我国学徒制中的师徒关系不仅呈现出师生教育关系和生产中的互动关系，还有师徒的个人私交关系。如何在制度的保障和规约下，通过师傅职业化的建设等创新途径发展更好的师徒关系也需要进一步思考。

6.2.4 思考专业差异性：是否所有专业都适合现代学徒制培养

学徒制是政府政策的工具，也是国家职业教育与培训体系的重要构成。这就意味着学徒制必须满足包括国家、雇主以及劳动力市场在内的诸多利益方的需要。这些需要一直相互冲突，却又保持一种动态的平衡。然而，学徒制自身的弹性并非源自国家的职业教育与培训体系，而是基于一个基本事实：学徒制首先是一种学习模式。学徒制超越了教育和行业的壁垒和等级限制，律师、医生、记者、水管工、厨师、音乐人在各自的行业中既把这个词当成一个专业术语来使用，也把它当成一种技能形成的模式。

社会进入信息化高速发展时代，无论劳动力市场、经济、和经济相关的技术以及工作的本质发生了怎样翻天覆地的变化，现代学徒制能够得以生存的根源在于坚守了其特有的学习模式。学徒制在纵向发展（进入高等教育）的同时，如何向横向发展，即发展到不同的工种和行业间，成为讨论职业学习和专业技能性质的核心。传统的手工业衍生的专业更早地进入学徒制的试点范围，从技能传授、学习效果评价和教育管理更加适切现代学徒制的培养模式。体育运营与管理等专业的不同之处在于人才培养的目标与标准，在培养和考核学生一定运动技能的同时，更重要的是培养学生体育活动、赛事和经营活动的运营与管理能力，培养的是综合的服务与管理能力，而不是技术使用和产品制作方面的能力。

现代学徒制人才培养模式在职业教育领域的优点毋庸置疑。区别于传统理工科专业的是，体育运营与管理以及其他体育类专业培养的方向是学生的综合人文综合素养，其评价方式也相对较为难以量化和外显。这种专业的差异性需要在高等职业教育学徒制培养过程中思考更加科学的培养课程设置和课程评价。这种专业差异性同时也引发教育界更多的思考，人文社会科学类的专业是否适合现代学徒制培养模式，或者说此类专业的培养效果如何？传统的课程评价方式是否能科学的呈现课程设置评价效果？学生、家长以及企业对现代学徒制培养模式的优点的认识和认可能达到怎样的层次？都是包括体育运营与管理在内的很多专业在实施学徒制人才培养模式前必须思考的问题。

6.2.5 考量学历延伸性：现代学徒制的学历层次与培养对象

现代学徒制的技能传授模式在一些国家的大学层次教育持续扩大和延伸，在引入了最终可以拿到学士甚至硕士学位的所谓"高等学徒制"之后，学徒制到底能否继续延伸？能够和应该延伸到哪一个教育层次？这种现代学徒制的延伸性需要教育部门和学界进行思考。比如英国政府，当前对3个年龄层次的学徒制提供资助，即16—18岁、19—24岁、25岁以上。这种"成人学徒制"的不断出现，作为一种学习模式和专门为年轻人而设的学徒制的传统形象也受到了挑战。

这种延伸性如今更多地体现在职业教育领域。2019年3月5日,国务院总理李克强在政府工作报告中,将高职院校扩招放在年度工作任务的就业环节,提出:"改革完善高职院校考试招生办法,鼓励更多应届高中毕业生和退役军人、下岗职工、农民工等报考,今年大规模扩招100万人。"从十九大报告中将职业教育的地位提到非常重要的战略地位。到2019年2月国务院印发的《国家职业教育深化改革实施方案》,明确提出将职业教育教育教学改革置于突出位置,高职教育进入一个全新的发展历史时代。高等职业教育的招生对象也在向在校高中生、高职生、中专生等以外的群体延伸,包括退役军人、下岗职工、农民工等。

学徒制的这种在年龄、招生群体、学历层次等方面的延伸性特征必然带来众多不稳定的因素。这种延伸是否走得太远?如何保证现代学徒制的培养效果?如何在各种延伸性状态下保障现代学徒制的顺利实施?都是未来现代学徒制必须要面对和思考的问题。

参考文献

一、著作类

[1] 吴式颖.外国教育史教程[M].北京:人民教育出版社,1999:64.

[2] [捷克]夸美纽斯.大教学论[M].傅任敢,译.北京:人民教育出版社,1984:39.

[3] [美]约翰·杜威.民主主义与教育[M].王承绪,译.北京:人民教育出版社,2001:14.

[4] 全国十二所重点师范大学联合.教育学基础(第2版)[M].北京:教育科学出版社,2008:3.

[5] 王桧林.中国现代史(第二版·上册)[M].北京:高等教育出版社,1989:序.

[6] 陈俊兰.职业教育现代学徒制研究[M].长沙:湖南大学出版社,2014:7.

[7] 辞海编辑委员会.辞海(第六版普及本)[M].上海:上海辞书出版社,2010:3867.

[8] 陈向明.质的研究方法与社会科学研究[M].北京:教育科学出版社,2000:276-277.

[9] [日]细谷俊夫.技术教育概论[M].肇永和,王立精,译.北京:清华大学出版社,1984:12-13.

[10] 石伟平.比较职业技术教育[M].上海:华东师范大学出版社,2001:6.

[11] 李邢西,罗雄飞,刘亚玫.世界中世纪经济史.新编世界经济史(上)[M].北京:中国国际广播出版社,1996:44.

[12] 高德步,王珏编.世界经济史[M].北京:中国人民大学出版社,2001:145.

[13] [苏]波梁斯基.外国经济史(封建主义时代)[M].厉以宁,译.北京:三联书店出版社,1958:524.

[14] 刘淑兰.主要资本主义国家近现代经济史[M].北京:中国人民大学出版社,1987:176.

[15] 孙祖复,金锵.德国职业技术教育史[M].杭州:浙江教育出版社,2000:7.

[16] 国家教委职业技术教育中心研究所.历史与现状:德国双元制职业教育[M].北京:经济科学出版社,1998:5.

[17] 翟海魂.发达国家职业技术教育历史演进[M].上海:上海教育出版社,2008:17.

[18] 董春高.精粹世界史·西欧封建社会[M].北京:中国青年出版社,1997:316.

[19] 金志霖.英国行会史[M].上海:上海社会科学院出版社,1995:86.

[20] 王承绪,徐辉.战后英国教育[M].南昌:江西教育出版社,1992:203.

[21] [英]托尼·布莱尔.新英国:我对一个年轻国家的展望[M].曹振寰,译.北京:世界知识出版社,1998:132.

[22] [美]杰弗里·A.康托.美国21世纪学徒制—培养一流劳动力的奥秘[M].孙玉直,译.北京:中国劳动社会保障出版社,2016:1.

[23] 赵光锋.西方现代学徒制比较研究[M].北京:中国水利水电出版社,2018:100-105.

[24] [美]拉尔夫·泰勒.课程与教学的基本原理[M].黄炳煌,译.台北:桂冠图书公司,1980:35.

[25] 李坤崇.大学课程发展与学习成效评量[M].台北:高等教育文化事业有限公司,2011:175-179.

[26] 关晶.职业教育现代学徒制的比较与借鉴[M].长沙:湖南师范大学出版社,2016:231.

[27] 李蔺田.中国职业技术教育史[M].北京:高等教育出版社,1994:296.

[28] 中共中央文献研究室刘少奇组.刘少奇论教育[M].北京:教育科学出版社,1998:215.

[29] 薛天祥.高等教育学[M].桂林:广西师范大学出版社,2001,27.

[30] 徐国庆.职业教育课程论[M].上海:华东师范大学出版社,2015:23,179.

[31] 贺国庆,朱文富.外国职业教育史[M]北京:人民教育出版社,2014:7.

[32] 华东师大教科所技术教育研究室.技术教育概论[M].上海:华东师范大学出版社,1985:1.

[33] 路宝利.美国中等职业教育发展的专业主义与民主主义之争:"普杜之辩"研究[M].上海:华东师范大学,2014:68.

[34] 潘洪建.教学知识论[M].兰州:甘肃教育出版社,2004:16.

[35] [美]B.盖伊·彼得斯.政治科学中的制度理论:"新制度主义"[M].王向民,段红伟,译.上海:上海世纪出版社,2011:17.

[36] [美]W.理查德·斯科特.制度与组织——思想观念与物质利益[M].姚伟,王黎芳,译.北京:中国人民大学出版社,2010:38.

[37] 郭元祥.教育逻辑学[M].北京:人民教育出版社,2002:233.

[38] 施良方.课程理论——课程的基础、原理与问题[M].北京:教育科学出版社,1996:85-88.

[39] 钟启泉.课程与教学论[M].上海:华东师范大学出版社,2008:59.

[40] [美]恰瑞罗特.情境中的课程:课程与教学设计[M].杨明全,译.北京:中国轻工业出版社,2007:41.

[41] [澳]科林·马什.理解课程的关键概念(第三版)[M].徐佳,吴刚平,译.北京:教育科学出版社,2009:37.

[42] [英]怀特海.再论教育的目的[M].李永宏,译.北京:教育科学出版社,1997:158.

[43] [德]F.拉普.技术哲学导论[M]刘武,等译.沈阳:辽宁科学技术出版社,1986:23.

[44] 邓泽民,张扬群.现代四大职教模式(第2版)[M].北京:中国铁道出版社,2011:234.

[45] 赵志群.职业教育工学结合一体化课程开发指南[M].北京:清华大学出版社,2009:63.

[46] 中国就业培训技术指导中心.职业课程:职业技能课程的开发理论与实务[M].北京:北京师范大学出版社,2010:331.

[47] [伊朗]S.拉塞克,[罗马尼亚]G.维迪努.从现在到2000年教育内容发展的全球展望[M].马胜利,等,译.北京:教育科学出版社,1996:147.

[48] [美]拉尔夫·泰勒.课程与教学的基本原理[M].罗康,张阅,译.北京:中国轻工业出版社,2008:57-59.

[49] 靳玉乐.现代课程论[M].重庆:西南师范大学出版社,1995:191-194.

[50] [英]丹尼斯·劳顿.课程研究的理论与实践[M].张谓城,等,译.北京:人民教育出版社,1985:122.

[51] [美]奥恩斯坦,等.当代课程问题[M].余强主,译.杭州:浙江教育出版社,2004:10.

[52] 黄克孝.职业和技术教育课程概论[M].上海:华东师范大学出版社,2000:14.

[53] [美]布鲁纳.教育过程[M].北京:文化教育出版社,1982:176.

[54] [瑞典]T.胡森,[德]T.N.波斯尔斯韦特,教育大百科全书[M].张斌贤,等,译.重庆:西南师范大学出版社,2011:125,585.

[55] [美]内拉德,赫格兰主.博士教育全球化:动力与模式[M].李毅,张国栋,译.上海:上海交通大学出版社,2010:附录A.

[56] [美]多尔.后现代课程观[M].王红宇,译.北京:教育科学出版社,2000:248-260.

[57] [美]拉尔夫·泰勒.课程的基本原理[M].北京:人民教育出版社,1994:85.

[58] 廖哲勋.课程学[M].武汉:华中师范大学出版社,1991:272.

[59] [美]拉尔夫·泰勒.课程的基本原理[M].北京:人民教育出版社,1994:85.

[60] 黄政杰.课程评鉴[M].台北:台湾师大书苑有限公司,1987:4-7,14.

[61] 廖哲勋.课程学[M].武汉:华中师范大学出版社,1991:272.

[62] [美]拉尔夫·泰勒.课程与教学的基本原理[M].北京:人民教育出版社,1984:13.

[63] 徐艳国.教育评价[M].北京:高等教育出版社,2007:33.

[64] 陈玉琨.课程改革与课程评价[M].北京:教育科学出版社,2001:148-149,151.

[65] 姜凤华.现代教育评价—理论·技术·实践[M].广州:广东人民出版社,2003:20-22.

[66] 王钢.定量分析与评价方法[M].上海:华东师范大学出版社,2003:381-382.

[67] 黄日强,等.中国职业教育现代学徒制度研究[M].北京:中国原子能出版社.2014:170.

[68] 刘彤,等.新建本科院校应用技术转型的现代学徒制路径研究[M].成都:西南交通大学出版社.2019:155-156.

[69] 滕勇.基于现代学徒制的顶岗实习教学模式研究[M].北京:北京理工大学出版社,2017:42-45.

[70] 刘福军,成文章.高等职业教育人才培养模式[M].北京:科学出版社,2007:51-53.

[71] 和震,等.职业教育产教融合制度创新[M].北京:科学出版社,2018:5.

二、期刊论文类

[1] 周细琴.体育在中国特色社会主义新时代的使命和担当[J].武汉体育学院学报,2018(3):5-10.

[2] 牛晓东.试论体育发展与大国崛起[J].体育文化导刊,2013(4):5-8.
[3] 林扬.论体育在实现伟大复兴中国梦中的地位——基于习近平系列讲话的解读[J].南京体育学院学报(社会科学版),2016,30(05):25-29.
[4] 张海峰,王义谋.高等职业教育概念的科学界定[J].中国职业技术教育,2002(18):34-35.
[5] 王根顺,王成涛.高等职业技术教育的概念、性质与作用初探[J].当代教育论坛,2003(6):89-92.
[6] 陈英杰.高职研究中概念和问题的梳理[J].职业教育研究,2006(09):4-6.
[7] 关晶,石伟平.现代学徒制之"现代性"辨析[J].教育研究,2014(10):97-102.
[8] 关晶.英国学徒制改革的新进展[J].职教论坛,2009(25):57.
[9] 芮小兰.传统学徒制与现代学徒制的比较研究[J].消费导刊,2008(4):216-217
[10] 胡秀锦.现代学徒制人才培养模式研究[J].河北师范大学学报(教育科学版),2009(3):97-98.
[11] 宋晶.传统学徒制的伦理精神探寻[J].职教论坛,2013(28):48.
[12] 徐朔.国际职业教育的基本模式及国别比较[J].外国教育研究,2005(8):68.
[13] 翟海魂.实施现代学徒制,深化工学结合[J].职教论坛,2008(1):1.
[14] 赵鹏飞,陈秀虎.现代学徒制的实践与思考[J].中国职业技术教育,2013(12):38.
[15] 李梦卿,杨妍旻.现代学徒制发展的诸种背景要素支撑功能比较研究[J].职教论坛,2013(16):19.
[16] 徐国庆.我国职业教育现代学徒制构建中的关键问题[J].华东师范大学学报(教育科学版),2017(1):30-38.
[17] 崔颖.高校课程体系的构建研究[J].高教探索,2009(3):88-90.
[18] 朱敏成.论现代学徒模式[J].中国职业技术教育,2001(11):45.
[19] 黄日强.德国手工业生产与学徒培训制度[J].职教通讯,2005(5):56.
[20] 徐国庆.英、德职业教育体系差异的政策分析及启示[J].教育科学,2006(3):70.
[21] 黄日强,胡芸.文化传统对英德职业教育的制约作用比较[J].职教论坛,2008(2):56.
[22] 李纷.英国的文化价值观念与教育[J].华东师范大学学报(教育科学版),1994(3):46.
[23] 黄日强.传统因素对英国职业教育的制约作用[J].安徽商贸职业技术学院报,2008(3):67.
[24] 陈明昆,沈亚强.学徒制在英国沉浮的背景分析[J].中国职业技术教育,2008(32):43.
[25] 任占营.职业院校教学工作诊断与改进制度建设的思考[J].国家教育行政学院学报,2017(03):41-45.
[26] 赵彦彬.日本近代发展职业教育的经验及其启示[J].河北大学成人教育学院学报,2006,8(1):33-35.
[27] 曹勇,秦玉萍.日本政府主导型"产学官"合作模式的形成过程、推进机制与实施效果[J].自然辩证法通讯,2011,33(5):93.
[28] 沈雕,胡幻.以"产学官"合作为代表的日本现代学徒制研究[J].职教论坛,2018(9):

173-178.

[29] 时临云,张宏武.日本产学研合作的体制、政策及其对我国的启示[J].改革与战略,2010,26(11):176.

[30] 徐国庆.我国职业教育现代学徒制构建中的关键问题[J].华东师范大学学报(教育科学版),2017(1):30-38+117.

[31] 刘晓.我国学徒制发展的历史考略[J].职业技术教育,2011(09):72 75.

[32] 赵伟.学徒制发展的历史逻辑和我国的选择[J].中国职业技术教育,2013(10):33-37.

[33] 李梦卿,等.现代学徒制的中国本土化探索与实践[J].职教论坛,2015(1):76-81.

[34] 吴晶.我国现代学徒制的研究综述[J].中国职业技术教育,2016(31):14-18.

[35] 卢晓东,陈孝戴.高等学校"专业"内涵研究[J].教育研究,2000(7):47-52.

[36] 徐越.从战略高度做好新一轮学科专业结构调整工作[J].中国高等教育,2001(7):47-52.

[37] 石岩,等.消费升级下我国健身休闲服务业的创变之路[J].体育学研究,2018(2):67-75.

[38] 励效杰.产业学院的制度逻辑及其政策意义[J].职业技术教育,2015(31):49-52.

[39] 丁远坤.建构主义的教学理论及其启示[J].高教论坛,2003(3):165-168.

[40] 欧阳忠明,韩晶晶.成本—收益视角下企业参与现代学徒制研究[J].现代教育管理,2016(6):85-93.

[41] 王玉苗,庞世俊.职业教育课程内容的透视:知识观的视角[J].河北师范大学学报,2008(11):109-113.

[42] 李国.基于WSR方法论的群众体育系统影响因素与评价模型研究[J].体育科学,2012,32(4):29-34.

[43] 姚贵平.解读职业教育"双师型"教师[J].中国职业技术教育,2002(6):12-16.

[44] 孔凡哲.基础教育新课程中"螺旋式上升"的课程设计和教材编排问题探究[J].教育研究,2007(5):62-68.

[45] 李茂国,朱正伟.面向工程过程的课程体系研究[J].高等工程教育研究,2014(4):1-5+14.

[46] 夏建国.高等职业教育课程模式及评价[J].教育发展研究,2005(8):75-77.

[47] 张俊青,彭朝晖,杨筱玲.职业院校专业建设诊断与改进的理论思考[J].高教论坛,2017(4):113-117.

[48] 李雁冰.论综合素质评价的本质[J].教育发展研究,2011(24):58-64.

[49] 张瑞,刘志军.教师:不可或缺的课程评价主体[J].课程·教材·教法,2008(8):11-16.

[50] 姚梅林.从认知到情境:学习范式的变革[J].教育研究,2003(2):60-64.

[51] 肖凤翔,史可可.简论职业教育利益主体的演变[J].职教论坛,2012(13):8-11.

[52] 苏敏.现代学徒制实施条件的研究——基于广东省的调研[J].职教论坛,2015(25):28-33.

[53] 刘会平.江苏省高校体育院系体育行业职业资格培训与鉴定现状调查与分析[J].湖北体育科技,2015(4):302-304.

[54] 彭召波.江苏推进现代学徒制的实践与探索[J].职业技术教育,2017(27):52-57.

[55] 孙日强,石伟平.国际视野下学徒制质量保障的实践举措与制度框架研究[J].职教论坛,2015(25):34-37.

[56] 周俊.基于质量提升的职业院校教学工作诊断与改进研究[J].中国职业技术教育,2015(26):35-38.

[57] 孙华.高职院校专业负责人"专业诊断能力"分析与提升研究[J].机械职业教育,2014(11):51-53.

[58] 刘海.教学诊断与改进:职业院校质量提升的内生动力[J].职业技术教育,2016,37(18):19.

[59] 陈向平.基于诊改实践的高职院校内部质量保证体系建设研究[J].职教论坛,2019(2):33-39.

[60] 朱映凯.德国"双元制"职教体制的考察与启示[J].湖南教育,2005(7):40-41.

[61] 蔡京枚.英国 BTEC 课程模式实施探索[J].上海商业职业技术学院学报.2004(3):5.

[62] 张阳,王虹.现代学徒制在高职院校人才培养中的实践与探索[J].中国职业技术教育,2014(33):77-80.

[63] 李介.国外校本课程开发模式带给我们的启示[J].教育理论与实践,2010(9):18.

[64] 马俊苹.现代学徒制对体育高职教育人才培养模式改革的探讨[J].兴义民族师范学院学报,2016(4):83-85+109.

[65] 黄泽江,孙德朝,蔡存军.高校体育人才培养模式的进退维谷与创新路径选择[J].广州体育学院学报,2014(4):100-103.

三、其他类

[1] 习近平.决胜全面建成小康社会夺取新时代中国特色社会主义伟大胜利——在中国共产党第十九次全国代表大会上的报告[N].人民日报,2017-10-28.

[2] 教育部网站.高等职业教育已成高等教育半壁江山[EB/OL].http://www.moe.gov.cn/jyb_xwfb/s5147/201606/t20160629_270038.html.

[3] 中华人民共和国教育部网站.《2015 中国高等职业教育质量年度报告》发布[EB/OL].http://www.moe.edu.cn/jyb_xwfb/s5147/201507/t20150723_195187.html. 2015-07-23.

[4] 中华人民共和国教育部网站.高等职业教育创新发展行动计划(2015—2018 年)[EB/OL].http://www.moe.edu.cn/s78/A07/zcs_ztzl/ztzl_zcs1518/.

[5] 廖波光.高职商务英语专业实践课程开发[D].长沙:湖南农业大学.2008:35.

[6] 教育大辞典编纂委员会.教育大辞典[Z].上海:上海教育出版社,1990:134.

[7] 熊苹.走进现代学徒制[D].上海:华东师范大学,2004:8.

[8] 张海鹏.中国近代史和中国现代史的分期问题[N].人民日报,2009-11-20(7):2.

[9] 王伟巍.澳大利亚"新学徒制"改革研究[D].大连:辽宁师范大学,2014:8.

[10] [德]费利克斯·劳耐尔.在实践性团体中学习:现代学徒制[A]//石伟平.时代特征与职业

教育创新[C].上海:上海教育出版社,2006:330-340.

[11] 田英玲.瑞士现代学徒制"三方协作"研究[D].沈阳:沈阳师范大学,2014:3.

[12] 关晶,石伟平.现代学徒制为何国际上受青睐[N].中国教育报,2014-9-29(6):1.

[13] 吴艳红.英澳现代学徒制比较研究[D].南昌:东华理工大学,2013:5.

[14] 胡弼成.高等学校课程体系现代化研究[D].厦门:厦门大学,2004:20-21.

[15] 张永林.高等职业教育专业课程设计研究[D].天津:天津大学,2015:139-140.

[16] 关晶.西方学徒制研究[D].上海:华东师范大学,2010:138.

[17] 孙玫璐.职业教育制度分析[D].上海:华东师范大学,2006:82.

[18] 吴景松.政府职能转变视野中的公共教育治理范式研究[D].上海:华东师范大学,2008:43.

[19] 陈莹.德国职业教育本质特征之研究[D].上海:华东师范大学,2012:173.

[20] 王永.技工教育:积跬步至千里[N].中国劳动保障报,2012-9-12.

[21] 段锋.1958年天津实验半工半读教育[N].中国教育报,2009-8-21.

[22] 齐亚丛.我国现代学徒制的实践现状及对策研究[D].石家庄:河北师范大学,2017:47.

[23] 教育部办公厅关于全面推进现代学徒制工作的通知[EB/OL].http://www.moe.gov.cn/srcsite/A07/s7055/201906/t20190603_384281.html.

[24] 顾明远.教育大词典(第三卷)[K].上海:上海教育出版社,1991:26.

[25] 辞海编辑委员会.辞海[K].上海:上海辞书出版社,2000:34.

[26] 王琼.补肾活血化痰法治疗老年高血压病的临床研究与机制初探[D].广州:广州中医药大学,2016:28.

[27] 李美华.消费升级背景下山地户外运动产业能级提升研究[D].天津:天津财经大学,2018:47.

[28] 赵娜.基于组织理论视角的地方政府执行力弱化问题研究[D].长春:吉林大学,2016:29.

[29] 中华人民共和国教育部网站.高等职业学校教学标准[EB/OL].http://www.moe.gov.cn/s78/A07/zcs_ztzl/2017_zt06/17zt06_bznr/bznr_gzjxbz/.

[30] 左彦鹏.高职院校"双师型"教师专业素质研究[D].沈阳:辽宁师范大学,2016:14.

[31] 马良军.高等职业教育专业实践课程评价研究[D].天津:天津大学,2014:139.

[32] 江苏省人大常委员会网站.江苏省国民经济和社会发展第十三个五年规划纲要[EB/OL].http://www.jsrd.gov.cn/huizzl/qgrdh/20181301/sycy/201802/t20180227_491059.shtml.

[33] 中国江苏网.关于聚力创新深化改革打造具有国际竞争力人才发展环境的意见[EB/OL].http://jsnews.jschina.com.cn/swwj/201701/t20170125_16429.shtml.

[34] 中华人民共和国教育部网站.关于开展现代学徒制试点工作的意见[EB/OL].http://old.moe.gov.cn/publicfiles/business/htmlfiles/moe/s7055/201409/174583.html.

[35] 刘志波.网络课程评价及其评价指标体系的建构[D].西安:陕西师范大学,2003:29-31.

[36] 林红梅.丹麦中等职业学院专业课程设置研究[D].重庆:西南大学,2013:23.

四、外文文献

［1］ Axmann, M. (2013) Overcoming the work-inexperience gap through quality apprenticeships-the ILO's contribution［A］.In Akoojee,S.Apprenticeship in a globalized world:premises,promises and pitfalls［C］.Berlin:LIU VERLAG Dr.W.Hppf,p.19.

［2］ Greinert,wolf-Dietrich.The German system of vocational edueation:history,orsanization,prospects［M］.Baden-Baden:Nomos Verl.-Ges,1994:11.

［3］ Scott,Honathan French.Historical Essays on Apprenticeship and Vocational Education［M］.Ann Miehigan:Arbor Press,1914:56.

［4］ CEDEFOP. Towards a history of vocational education and training in Europe in comparative perspective［M］.Luxembourg:Office for Official Publication of the European Communities,2004:22-43.

［5］ 産学官連携データ集は産学官連携の実態をわかりやすく図表などで示すデータ集です.［EB/OL］.［2017-11-19］.https://sangakukan.jp/top/databook_contents/2016/2_statistical_data/4_science_technology_foreign/pages/2016_kenkyuuhi/2016_kenkyuuhi.html.

［6］ Billett, S. (2001).Learning in the workplace.Singapore:CMO Image Printing Enterprise,107. Polanyi M. The Study of Man［M］.London:Rout—ledge&Kegan Paul,1957:12.

［7］ Polanyi M. Personal Knowledge［M］.Toward a Post—Critical Philosophy,London and Henley:Routledge & Kegan Paul,1958:100.

［8］ Polanyi,Michael. The Tacit Dimension［M］. London:Routledge&Kegan Paul,1966.

［9］ Becker,Gary. Human Capital［M］. Chicago:University of Chicago Press,1964.

［10］ Mager, R. F. (1997).Preparing instructional objectives:a critical tool in the development of effective instruction.The Center for Effective Performance,Inc.,pp.13-19.

［11］ Bound,D,& Symes,C.(2000). A welcome note. In Working knowledge:productive learning at work proceedings of the international conference(Sydney,Australia,December 10-13,2000).

［12］ Chappell,C.(2000). New knowledge and the construction of vocational education and training practitioners In Working knowledge:productive learning at work,proceedings of the international conference(Sydney,Australia,December 10-13,2000.

［13］ Jackson,P. W. (Ed).(1992). Handbook of research on curriculum. New York:Macmillan Publishing Company,p.128.

［14］ A.V. Velly,The Curriculum:Theory and Practice,London:Paul Chapman Publishing Ltd,p.187.

［15］ E.W. Eisner,The Educational Imagination;On the Design and Evaluation of School Programs,New York:Ma cmillan,1985,p. 152.

［16］ Kridel,C.Encyclopedia of Curriculum Studies［M］.Los Angeles:SAGE,2010:867.

[17] Nygaard,C.,Hojlt,T.&Hermansen,M.Learning-based Curriculum Development[J].Higher Education,2008(55):33-50.

[18] Seppänen, R., Blomqvist, K. and Sundqvist, S. (2007) Measuring inter-organizational trust—A critical review of the empirical research in 1990—2003. Industrial Marketing Management 36 (2): 249-265.

[19] [日]石井良助.德川慕令考.前集第六[M].创文社,1981.

[20] [日]大内兵卫,土屋乔雄.明治前期财政经济史料集成[M].明治义献资料刊行会,1962.

附 录

附录1 调查问卷

1.1 "基于现代学徒制的高职体育类专业课程体系建设"调查问卷(教育专家)

尊敬的专家:

您好!这份问卷是关于基于现代学徒制的高职体育类专业课程体系建设的调查,调研的目的主要是为了能够了解基于现代学徒制模式下的高职院校体育类专业课程体系构建现状。调研采用不记名的方式,结果仅用于科学研究,请您如实填写问卷,我们将对您填写的结果保密。

"基于现代学徒制的高职体育类专业课程体系构建与实施研究"课题组

填写说明:1. 请在相应选项后的方框里画上"√";

2. 请在"＿＿＿＿"上填写您的情况或答案;

3. 选择题,若无特殊说明,每题只选一项。

一、基本情况

1. 您的性别:A. 男□;B. 女□
2. 您的教龄或研究工作年限:A. 5年以下□;B. 6—10年□;C. 11—15年□;D. 16年以上□
3. 您的职称:A. 讲师□;B. 副教授□;C. 教授□;D. 其他职称系列高级职称□
4. 您的学历:A. 本科□;B. 硕士研究生□;C. 博士研究生□

二、调查问卷

1. 您认为国家推行现代学徒制的主要原因是:

A. 职业院校人才培养模式的反思□;B. 社会体育产业发展对体育运营与管理类人才的大量需求□;C. 西方现代学徒制培养人才模式的启示□;D. 其他□;

2. 您对当前高职教育体育运营与管理专业人才培养质量的满意程度为：

A. 非常满意□；B. 比较满意□；C. 不太满意□；D. 很不满意□；E. 说不清□

3. 您对当前高职教育体育运营与管理专业课程体系的满意程度为：

A. 非常满意□；B. 比较满意□；C. 不太满意□；D. 很不满意□；E. 说不清□

4. 您认为高职院校体育类专业试点现代学徒制的可行性如何？

A. 非常可行□；B. 比较可行□；C. 不太可行□；D. 很不可行□；E. 说不清□

5. 您认为高职院校体育类专业试点现代学徒制的必要性如何？

A. 非常必要□；B. 比较必要□；C. 不太必要□；D. 很不必要□；E. 说不清□

6. 您认为高职院校体育类专业试点现代学徒制过程中需要加强哪些方面的工作？（多选题）

A. 相关制度建设□；B. 校内外师资队伍建设□；C. 课程体系建设□；D. 实践教学条件改善□；E. 其他□

7. 您认为基于现代学徒制培养模式的高职院校体育类专业在企业学习的时间应该约多长时间？

A. 1个月□；B. 3个月□；C. 一学期□；D. 一学年□；E. 两学年□

8. 您认为高职院校体育类专业试点现代学徒制过程中，选取合作企业时最应该注重的是：（多选题）

A. 企业的知名度□；B. 企业经营内容与专业的契合度□；C. 企业的规模□；D. 企业与学校合作的意向程度□；E. 其他□

9. 您认为基于现代学徒制的体育类专业与其他试点专业的课程体系主要区别表现在哪些方面？

A. 课程目标□；B. 课程内容□；C. 课程实施过程□；D. 课程评价□；E. 其他□

10. 您认为基于现代学徒制的体育类专业人才培养方案的课程体系中理论和实践课课时的比例大约为：

A. 7∶3□；B. 6∶4□；C. 5∶5□；D. 4∶6□；E. 3∶7□

11. 您认为校内教师和企业师傅最大的区别是：

A. 知识储备量□；B. 知识储备类型□；C. 授课方式□；D. 授课内容□；E. 区别不大□

12. 您赞同当前基于现代学徒制的高职教育体育类专业的课程体系需要进行改革吗？

A. 完全赞同□；B. 赞同□；C. 不赞同□；D. 非常不赞同□；E. 说不清□

13. 您认为基于现代学徒制的高职教育体育类专业的核心课程应该包括以下哪些课程？（课程具体名称不同，但内容基本相同的列为同一选项）（多选题）

A. 经济学（体育营销实务、体育经济学、体育产业经济概论）□；B. 管理学（体育管理学、体育俱乐部经营与管理）□；C. 体育社会学（社会体育、体育公共关系、社区体育）□；D. 运动技能类课程（健身房运动、时尚运动）□；E. 其他建议□

14. 您认为当前高职教育体育类专业的课程体系结构是否合理？
   A. 非常合理□;B. 比较合理□;C. 不合理□;D. 非常不合理□;E. 说不清□
15. 您认为基于现代学徒制的体育类专业人才培养方案的课程体系中专业必修课与选修课课时的比例大约为：
   A. 7∶3□;B. 6∶4□;C. 5∶5□;D. 4∶6□;E. 3∶7□
16. 您认为基于现代学徒制的体育类专业人才培养方案的课程体系中通识课程与专业课程课时的比例大约为：
   A. 7∶3□;B. 6∶4□;C. 5∶5□;D. 4∶6□;E. 3∶7□
17. 您认为高职教育体育类专业课程体系改革最重要的保障条件是：(多选题)
   A. 教师业务能力□;B. 资金投入□;C. 制度保障□;D. 教学场地设施□
18. 您认为当前基于现代学徒制的体育类专业的课程设置是否能更好地达成专业人才的培养目标？
   A. 完全能□;B. 基本能□;C. 说不清□;D. 不太能□;E. 完全不能□
19. 您认为当前基于现代学徒制的体育类专业的课程设置是否应该加强新型时尚健身项目和课程的开发？
   A. 完全应该□;B. 应该□;C 说不清□;D. 不应该□;E. 很不应该□
20. 您认为当前基于现代学徒制的体育类专业的课程目标是否符合社会需要？
   A. 非常符合□;B. 比较符合□;C. 不清楚□;D. 不太符合□;E. 非常不符合□
21. 您认为基于现代学徒制模式培养的体育类专业人才应该具备哪些核心能力？(多选题)
   A. 运动能力□;B. 教学训练能力□;C. 活动组织能力□;D. 科研能力□;E. 健身指导能力□;F. 自学能力□;G. 审美能力□;H. 社会活动能力
22. 您认为基于现代学徒制模式培养的体育类专业学生在校期间应该侧重于哪些能力的培养？（多选题）
   A. 运动能力□;B. 教学训练能力□;C. 活动组织能力□;D. 科研能力□;E. 健身指导能力□;F. 自学能力□;G. 审美能力□;H. 社会活动能力
23. 您认为基于现代学徒制模式培养的体育类专业学生在企业期间应该侧重于哪些能力的培养？（多选题）
   A. 运动能力□;B. 教学训练能力□;C. 活动组织能力□;D. 科研能力□;E. 健身指导能力□;F. 自学能力□;G. 审美能力□;H. 社会活动能力
24. 您对基于现代学徒制模式培养的体育类专业的课程体系构建还有哪些好的建议？

_____

_____

_____

1.2 "基于现代学徒制的高职体育类专业课程体系建设"调查问卷（校内专业教师）

尊敬的老师：

您好！本问卷是为了收集关于基于现代学徒制的高职体育类专业课程体系构建与实施的调查。调研的目的主要是为了能够了解当前高职院校体育类专业现代学徒制培养模式下的课程体系建设状况。问卷采用不记名方式，请如实填写。

"基于现代学徒制的高职体育类专业课程体系构建与实施研究"课题组

填写说明：1. 请在相应选项后的方框里画上"√"；

2. 请在"＿＿＿＿＿＿"上填写您的情况或答案；

3. 选择题，若无特殊说明，每题只选一项。

一、基本信息

1. 您的性别：A. 男□；B. 女□

2. 您的教龄年限：A. 5 年以下□；B. 6—10 年□；C. 11—15 年□；D. 16 年以上□

3. 您的职称：A. 讲师□；B. 副教授□；C. 教授□；D. 其他□

4. 您的学历：A. 本科□；B. 硕士研究生□；C. 博士研究生□

二、调查问卷

1. 您认为国家推行现代学徒制的主要原因是：

A. 职业院校人才培养模式的反思□；B. 社会体育产业发展对体育运营与管理类人才的大量需求□；C. 西方现代学徒制培养人才模式的启示□；D. 其他□

2. 您认为基于现代学徒制的人才培养模式和其他培养模式的主要区别是：

A. 培养目标□；B. 授课方式□；C. 授课内容□；D. 课程体系□；E. 其他□

3. 您对当前高职教育体育运营与管理专业课程体系的满意程度为：

A. 非常满意□；B. 比较满意□；C. 不太满意□；D. 很不满意□；E. 说不清□

4. 您认为当前高职教育体育类专业的课程体系结构是否合理？

A. 非常合理□；B. 比较合理□；C. 不合理□；D. 非常不合理□；E. 说不清□

5. 您认为高职院校体育类专业试点现代学徒制的可行性如何？

A. 非常可行□；B. 比较可行□；C. 不太可行□；D. 很不可行□；E. 说不清□

6. 您认为高职院校体育类专业试点现代学徒制的必要性如何？

A. 非常必要□；B. 比较必要□；C. 不太必要□；D. 很不必要□；E 说不清□

7. 您对当前高职教育体育运营与管理专业人才培养质量的满意程度为：

A. 非常满意□;B. 比较满意□;C. 不太满意□;D. 很不满意□;E. 说不清□

8. 您认为高职院校体育类专业试点现代学徒制过程中,校内专业教师扮演的角色是否重要?

A. 非常重要□;B. 很重要□;C. 一般重要□;D. 不重要□;E. 其他□

9. 您认为基于现代学徒制的体育类专业与其他试点专业的课程体系区别主要表现在哪些方面?

A. 课程目标□;B. 课程内容□;C. 课程实施过程□;D. 课程评价□;E. 其他□

10. 您认为基于现代学徒制的体育类专业人才培养方案的课程体系中理论和实践课课时的比例大约为:

A. 7∶3□;B. 6∶4□;C. 5∶5□;D. 4∶6□;E. 3∶7□

11. 您认为和企业师傅相比较,校内专业教师最大的优势是:

A. 知识储备量□;B. 教学经验□;C. 课程体系建设能力□;D. 继续学习能力□;E. 优势不大□

12. 您认为当前基于现代学徒制的高职教育体育类专业的课程体系需要进行重新构建吗?

A. 非常需要□;B. 需要□;C. 不需要□;D. 无所谓□

13. 您认为基于现代学徒制的高职教育体育类专业的核心课程应该包括以下哪些课程?(课程具体名称可能不同、但内容基本相同的列为同一选项)(多选题)

A. 经济学(体育营销实务、体育经济学、体育产业经济概论)□;B. 管理学(体育管理学、体育俱乐部经营与管理)□;C. 体育社会学(社会体育、体育公共关系、社区体育)□;D. 运动技能类课程(健身房运动、时尚运动)□;E. 其他建议□

14. 您认为高职院校体育类专业试点现代学徒制过程中需要加强哪些方面的工作?(多选题)

A. 相关制度建设□;B. 校内外师资队伍建设□;C. 课程体系建设□;D. 实践教学条件改善□;E. 其他□

15. 您认为基于现代学徒制的体育类专业人才培养方案的课程体系中专业必修课与选修课课时的比例大约为:

A. 7∶3□;B. 6∶4□;C. 5∶5□;D. 4∶6□;E. 3∶7□

16. 您认为基于现代学徒制的体育类专业人才培养方案的课程体系中通识课程与专业课程课时的比例大约为:

A. 7∶3□;B. 6∶4□;C. 5∶5□;D. 4∶6□;E. 3∶7□

17. 您认为当前基于现代学徒制的体育类专业的课程设置是否能更好地达成专业人才的培养目标?

A. 完全能□;B. 基本能□;C. 说不清□;D. 不太能□;E. 完全不能□

18. 您认为基于现代学徒制模式培养的体育类专业人才培养的课程体系是否契合当前行业发展的特点和规律？

　　A. 非常符合□；B. 比较符合□；C. 不清楚□；D. 不太符合□；E. 非常不符合□

19. 您认为基于现代学徒制模式培养的体育类专业学生在校期间应该侧重于哪些能力的培养？（多选题）

　　A. 运动能力□；B. 教学训练能力□；C. 活动组织能力□；D. 科研能力□；E. 健身指导能力□；F. 自学能力□；G. 审美能力□；H. 社会活动能力

20. 您认为基于现代学徒制模式培养的体育类专业人才应该具备哪些核心能力？（多选题）

　　A. 运动能力□；B. 教学训练能力□；C. 活动组织能力□；D. 科研能力□；E. 健身指导能力□；F. 自学能力□；G. 审美能力□；H. 社会活动能力

21. 您对基于现代学徒制模式培养的体育类专业的课程体系构建还有哪些好的建议？

_____

_____

_____

22. 您认为基于现代学徒制模式培养的体育类专业的课程体系构建过程中，校内专业教师应该从哪些方面提升自己？

_____

_____

_____

1.3 "基于现代学徒制的高职体育类专业课程体系建设"调查问卷（企业师傅）

尊敬的师傅：

您好！本问卷是为了收集基于现代学徒制的高职体育类专业课程体系构建相关资料的调查。调研的目的主要是为了能够了解当前高职院校体育类专业现代学徒制培养模式下的课程体系建设现状。问卷采用不记名方式填报，请如实填报。

"基于现代学徒制的高职体育类专业课程体系构建与实施研究"课题组

填写说明：1. 请在相应选项后的方框里画上"√"；

2. 请在"＿＿＿＿＿＿"上填写您的情况或答案；

3. 选择题，若无特殊说明，每题只选一项。

一、基本信息

1. 您的性别：A. 男□；B. 女□
2. 您的工作年限：A. 5 年以下□；B. 6-10 年□；C. 11-15 年□；D. 16 年以上□
3. 您的职务：A. 业务骨干□；B. 部门主管□；C. 部门经理□；D. 其他□
4. 您的学历：A. 专科□；B. 本科□；C. 硕士研究生□；D. 博士研究生□

二、调查问卷

1. 您对我国高职教育试点现代学徒制的了解程度如何？

   A. 非常了解□；B. 比较了解□；C. 不太了解□；D. 很不了解□；E. 说不清□

2. 您认为基于现代学徒制培养模式和传统的校企合作模式的主要区别在哪里？

   A. 培养目标□；B. 授课方式□；C. 授课内容□；D. 课程体系□；E. 其他□

3. 近年来，您工作的企业与高职院校的合作程度：

   A. 非常密切□；B. 比较密切□；C. 不太密切□；D. 很不密切□；E. 说不清□

4. 您认为当前高职教育体育类专业的学校课程体系结构是否合理？

   A. 非常合理□；B. 比较合理□；C. 不合理□；D. 非常不合理□；E. 说不清□

5. 您认为企业参与高职院校体育类专业试点现代学徒制的重要性如何？

   A. 非常重要□；B. 比较重要□；C. 不太重要□；D. 很不重要□；E. 说不清□

6. 您认为企业对学徒进行企业岗位知识的传授的必要性如何？

   A. 非常必要□；B. 比较必要☑；C. 不太必要□；D. 很不必要□；E. 说不清□

7. 您对当前高职教育体育运营与管理专业学徒的学习和工作满意程度为：

   A. 非常满意□；B. 比较满意□；C. 不太满意□；D. 很不满意□；E. 说不清□

8. 您认为高职院校体育类专业试点现代学徒制过程中，企业师傅扮演的角色是否重要？

A. 非常重要□；B. 很重要□；C. 一般重要□；D. 不重要□；E. 其他□

9. 您认为企业在参与基于现代学徒制的体育类专业课程体系构建的工作主要表现在哪些方面？

A. 课程目标□；B. 课程内容□；C. 课程实施过程□；D. 课程评价□；E. 其他□

10. 您认为和学校专业教师相比较，企业师傅最大的优势是：

A. 行业最新知识技能□；B. 实践教学经验□；C. 课程体系建设能力□；D. 继续学习能力□；E. 优势不大□

11. 您认为基于现代学徒制的高职教育体育类专业的核心课程应该包括以下哪些课程？（课程具体名称不同，但内容基本相同的列为同一选项）（多选题）

A. 经济学（体育营销实务、体育经济学、体育产业经济概论）□；B. 管理学（体育管理学、体育俱乐部经营与管理）□；C. 体育社会学（社会体育、体育公共关系、社区体育）□；D. 运动技能类课程（健身房运动、时尚运动）□；E. 其他建议□

12. 您认为基于现代学徒制的体育类专业人才培养方案的课程体系中理论和实践课课时的比例大约为：

A. 7∶3□；B. 6∶4□；C. 5∶5□；D. 4∶6□；E. 3∶7□

13. 您认为基于现代学徒制的体育类专业人才培养方案的课程体系中专业必修课与选修课课时的比例大约为：

A. 7∶3□；B. 6∶4□；C. 5∶5□；D. 4∶6□；E. 3∶7□

14. 您认为基于现代学徒制的体育类专业人才培养方案的课程体系中通识课程与专业课程课时的比例大约为：

A. 7∶3□；B. 6∶4□；C. 5∶5□；D. 4∶6□；E. 3∶7□

15. 您认为基于现代学徒制模式培养的体育类专业人才培养的课程体系是否契合当前行业发展的特点和规律？

A. 非常符合□；B. 比较符合□；C. 不清楚□；D. 不太符合□；E. 非常不符合□

16. 贵单位在选择企业师傅、评价师傅带徒的效果等过程中的规章制度完善吗？

A. 很完善□；B. 一般□；C. 不完善□；D. 很不完善□

17. 您认为基于现代学徒制模式培养的体育类专业学生在企业间应该侧重于哪些能力的培养？（多选题）

A. 运动能力□；B. 教学训练能力□；C. 活动组织能力□；D. 科研能力□；E. 健身指导能力□；F. 自学能力□；G. 审美能力□；H. 社会活动能力

18. 您认为，基于现代学徒制模式培养的体育类专业人才毕业后在贵单位应聘具备的优势是否明显？

A. 非常明显；B. 一般明显；C. 优势不大；D. 没有优势

19. 您认为在基于现代学徒制模式培养过程中，师傅带徒弟最困扰您的是？

A. 对学徒身份的困惑；B. 学徒接受能力的差别；C. 学校对学徒培养的期望值；D. 师徒关系的日常相处

20. 您认为基于现代学徒制模式培养的体育类专业人才应该具备哪些核心能力？（多选题）

A. 运动能力□；B. 教学训练能力□；C. 活动组织能力□；D. 科研能力□；E. 健身指导能力□；F. 自学能力□；G. 审美能力□；H. 社会活动能力

21. 您对基于现代学徒制模式培养的体育类专业的课程体系构建还有哪些好的建议？

_____
_____

22. 您认为基于现代学徒制模式培养的体育类专业的课程体系构建过程中，企业师傅应该从哪些方面提升自己？

_____
_____
_____

附录2 访谈提纲

2.1 "基于现代学徒制的高职体育类专业课程体系建设"访谈提纲（企业师傅）

1. 您以前了解现代学徒制吗？您认为现代学徒制和传统方式的师傅带徒弟有什么区别？

2. 您工作的企业有多大规模？有多少员工？您工作的企业和高职院校合作密切吗？

3. 您在您工作的企业工作多少年了？处在什么工作岗位？您对自己现状工作状况满意吗？

4. 您工作的企业在业内的知名度如何？主要的经营业务有哪些？典型的工作岗位有哪些？这个典型工作岗位的主要职责有哪些？

5. 您工作的企业近年来的工作人员培养和新员工的水平如何？

6. 您工作的单位在招聘新员工的时候，主要考虑哪些因素？是工作经历，还是培训经历，抑或是学历？对工作年限有要求吗？

7. 在实施现代学徒制的人才培养模式过程中，您工作的单位是如何对带徒师傅进行选拔的？是如何进行考核的？

8. 贵单位工作中遵守的工作标准，是自己制定的还是由行业协会制定的？

9. 您以前在现代学徒制合作项目中担任过师傅吗？您担任企业师傅是自愿报名还是企业安排的？您一般带几个现代学徒制的学徒？

10. 您认为在体育类专业开展现代学徒制的人才培养模式，带徒过程中遇到的最大的困惑和阻力是什么？和学徒相处最应该注意的是什么？

11. 您仔细阅读过体育运营与管理专业的学校和企业培养方案吗？您认为当前的课程体系设置中，学校课程体系和企业课程体系设置合理吗，有需要改进的地方吗？

12. 您认为高职教育体育类专业开展现代学徒制的人才培养模式的出发点是什么？学校的人才培养质量对企业的招聘员工等用工有帮助吗？

访谈时间：
访谈对象：
访谈地点：
访谈人：

2.2 "基于现代学徒制的高职体育类专业课程体系建设"访谈提纲（学校教师）

1. 您了解高等职业教育现代学徒制吗？
2. 您在这工作单位工作多少年了？学校实施现代学徒制试点工作有多少年了？
3. 您认为国家推行现代学徒制的主要原因是什么？您觉得有何价值吗？
4. 您认为贵校体育类专业的人才培养目标是什么？实施现代学徒制有助于实现这个目标吗？与传统的人才培养模式相比，现代学徒制培养模式有哪些优势？
5. 贵校体育运营与管理专业的师资力量如何？您认为工作单位在保障师资力量方面有哪些措施？
6. 贵校是如何选择合作企业的？
7. 贵校体育运营与管理专业每年的招生人数是多少？实行现代学徒班培养模式的有多少人？家长与学生的反馈效果如何？
8. 您认为实行现代学徒制培养前的体育运营与管理专业课程体系建设合理吗，有哪些需要改进的？
9. 您认为实行现代学徒制培养前后的体育运营与管理专业课程体系最大的区别是什么？
10. 您认为，目前高职体育运营与管理专业的学生核心素养是哪些？需要通过哪些课程来实现这些核心素养的获得？
11. 您认为学校老师和企业师傅在学生培养过程中扮演着什么样的角色？
12. 从课程体系建设出发，您对改善学生与行业需求的匹配关系有什么建议？
13. 您认为当前基于现代学徒制培养的体育运营与管理专业学生能否满足当前社会的需要？能否胜任行业内的工作岗位？

访谈时间：
访谈对象：
访谈地点：
访谈人：

2.3 "基于现代学徒制的高职体育类专业课程体系建设"访谈提纲（学生/学徒）

1. 你什么时候了解现代学徒制的？你认为什么是现代学徒制？
2. 对自己本专业的未来发展方向是否了解？你认真看过体育运营与管理专业的人才培养方案吗？
3. 你有没有签署现代学徒制三方协议呢？你是如何看待自己学生/学徒身份的转变的？
4. 你的父母有没有深入了解现代学徒制？他们对你参加现代学徒制的培养学习持什么态度？
5. 你认为校内课程和企业课程有哪些区别？课时、学时分配是否合理？
6. 你在企业学习过程中一共有几个师傅？让你印象最深刻的课程名称是什么？给你印象最深刻的师傅是哪位，为什么？
7. 毕业过后你是否打算就在合作企业就业？合作企业适合你的未来发展吗？
8. 你认为现代学徒制培养的班级课程体系与没有实施现代学徒制班级的课程体系最大的区别是什么？你认为哪一个更适合你的学业规划和职业发展？
9. 你学习技能的企业按月给付你工作报酬吗？如果有，标准与普通员工的区别大吗？
10. 你认为学校的老师和企业的师傅最大的区别是什么？
11. 你认为实施现代学徒制培养模式最大的困难是什么？

访谈时间：

访谈对象：

访谈地点：

访谈人：

2.4 "基于现代学徒制的高职体育类专业课程体系建设"访谈提纲（课程专家）

1. 您认为我国高职教育的现有的培养模式和人才培养质量需要改进吗？存在哪些教学和课程方面的制约因素？现代学徒制能在多大程度上解决这一困境？
2. 您认为现代学徒制试点专业师生比达到多少比较合理？
3. 您认为高职教育现代学徒制人才培养模式包含课程论的原始基因吗？
4. 您认为高职教育体育运营与管理专业现代学徒制需要制定特有的人才培养方案吗？如果不需要，为什么？如果您认为需要，应该如何制定？
5. 从传统的课程论来看，现代学徒制是否符合现代课程论的逻辑和规律？
6. 您认为高职教育体育类专业适合应用现代学徒制吗？
7. 您认为基于现代学徒制的人才培养模式主要从哪几个方面突破或者做出改变？
8. 您认为现代学徒制的实施效果的好坏主要取决于哪几个方面？学校和企业的课程体系设置应该做哪些工作？
9. 您认为针对体育运营与管理者专业试点现代学徒制人才培养模式，现有的课程体系应该如何重构，专业核心课程如何选取，实践课时与理论课时如何分配？
10. 学校内的课程教学与企业的课程教学各自承担什么样的角色？如何融会贯通？
11. 您认为基于现代学徒制的人才培养体系过程中，如何进行全程全方位的考核？考核指标体系如何建立？
12. 您认为基于现代学徒制的人才培养模式改革过程中，课程体系占有什么样的地位？主要从哪几个方面继续构建课程体系？
13. 如何评价实施现代学徒制的体育类专业课程体系的科学性与可操作性？

访谈时间：
访谈对象：
访谈地点：
访谈人：

2.5 "基于现代学徒制的高职体育类专业课程体系建设"访谈提纲（企业领导）

1. 您是什么时候开始了解现代学徒制的？您对企业与学校进行现代学徒制合作培养人才的模式持什么态度？您认为这种模式对企业有哪些意义？

2. 您认为学校的学习课程和企业安排的企业课程主要区别在哪里？企业课程体系是如何构建的？

3. 您认为行业标准是否应该植入高职教育体育运营与管理专业的课程体系中，如何植入？

4. 贵单位是如何选取企业师傅的？是如何考核、评价师傅的？

5. 您认为高职体育类专业学生应具备哪些专业技能和核心素养？应该如何获得？

6. 贵单位是否与学徒、学校签订三方协议？

7. 贵单位是否给予学徒工资或者工作补贴等？如何确定标准？

8. 在学徒毕业后，贵单位会优先考虑录用在贵单位学习过的学徒吗？为了帮助我们改进体育运营与管理专业人才培养方案与课程体系，请您谈谈其他任何有关的看法或建议。

9. 您认为高职教育学生在学校和企业学习的课程两者之间是什么样的关系？应该如何处理好这两者之间的关系？

10. 根据您对市场需求、专业发展方向的预测，在今后 5 年中，体育运营与管理专业学生培养的要求和现在相比，会在哪些方面有变化？

11. 您认为企业文化教育在整个课程体系中的地位是怎样的？您是通过什么方式进行企业文化教育的？

访谈时间：
访谈对象：
访谈地点：
访谈人：

2.6 "基于现代学徒制的高职体育类专业课程体系建设"访谈提纲（学校领导）

1. 您所在的学校的性质是国有公办还是民办高校？

2. 您认为我国高职教育的现有的培养模式和人才培养质量需要改进吗？还存在哪些教学和课程方面的制约因素？现代学徒制能在多大程度上解决这一困境？

3. 您所在学校是从哪一年开始实施现代学徒制的？试点专业有多少个？占学校总专业数的比例如何？

4. 您所在学校是如何确立现代学徒制试点专业的？如何选取合作企业的？

5. 您认为实施现代学徒制人才培养模式关键主体是谁？或者说谁处在更加主动的地位？

6. 您认为现代学徒制在中国的实践是否会和西方实行现代学徒制一样成功？或者更加成功？

7. 您所在学校是如何制定现代学徒制试点专业的人才培养方案和课程体系的？学校课程与企业课程是如何协调的？

8. 您所在学校和专业是如何组建双师型教师队伍的？如何与企业进行师资对接的？

9. 您所在学校在师资队伍建设方面是如何对待参与现代学徒制试点专业和非试点专业的？教师的管理有区别吗？

10. 您所在学校试点现代学徒制以来，制度建设是否完善？在哪些方面制定了比较完善的制度体系？

11. 您认为现代学徒制在人才培养方面最大的优点与不足是什么？在实际试点工作中，是如何与行业企业实行深度合作与对接的？

12. 您认为在现代学徒制试点工作中，最重要的因素是什么？是师资还是课程体系，是管理制度还是经费支持，抑或是其他因素？

访谈时间：
访谈对象：
访谈地点：
访谈人：